백제 고고학 편년 연구

백제 고고학 편년 연구

2015년 3월 30일 초판 1쇄 인쇄
2015년 3월 31일 초판 1쇄 발행

지은이 김일규

편집 권이지
출력 엘렉스
인쇄 한영인쇄사

펴낸곳 학연문화사
등록 1988년 2월 26일 제2-501호
주소 서울시 금천구 가산동 371-28 우림라이온스밸리 B동 712호
전화 02-2026-0541~4
팩스 02-2026-0547
E-mail hak7891@chol.net

ISBN 978-89-5508-325-5 93910
ⓒ 김일규, 2015
협의에 따라 인지를 붙이지 않습니다.

책값은 뒷표지에 있습니다.
잘못된 책은 바꾸어 드립니다.

백제 고고학 편년 연구

김 일 규

학연문화사

| 서 문 |

    역사는 史的 事實을 밝히는 학문이다. 기록된 문자자료와 물질자료는 史實을 조명하는데 가장 유효한 자료이다. 문헌사학에서 주로 이용되는 문자자료는 史實 증명을 위한 최고자료이지만 해당시대에 기록된 것과 후대에 기록된 것이 있으며 후자의 경우 객관성이 떨어지는 것은 사실이다. 또한 현대사회에서 가장 객관성을 요하는 미디어에 실린 事實조차 그 진위에 대한 많은 논란이 있는 것을 보면 고대에 기록된 문자자료를 아무런 여과 없이 그대로 받아들이기는 쉽지 않다. 고고학에서 주로 다루어지는 물질자료인 고고자료는 문자기록과 달리 왜곡될 소지는 없지만 이 역시 시간성과 공간성을 증명하는데 있어서는 그다지 자유롭지 못하다. 이처럼 문자자료와 고고자료 모두 반드시 절대성을 담보할 수 없으므로 그 해석에 있어서 다양성을 인정하지 않을 수 없다. 그렇다고 史實이 다양성을 가진다는 것은 아니다. 史實의 규명하는데 있어서 지나친 독단은 배제되어야 한다는 것이다. 다양성을 인정하면서 상호 보완과 조율을 거치는 과정에서 보다 史實에 가깝게 접근할 수 있을 것이다.

    문헌자료를 살펴보면 삼국시대 한반도는 전쟁, 동맹 등 다양한 방법으로 각국이 상호 교섭하였고 중국의 동진과 남북조, 낙랑, 일본열도의 왜와도 교류하였는데 최근 이와 관련된 고고자료가 속출하고 있다. 이러한 현상을 감안한다면 당시에도 각국은 상호 네트워크가 형성되어있었을 것이고 이는 물질적인 면에서도 충분히 반영되었을 것이다. 고고학에서 이와 관련성을 입증하려는 연구가 있지만 동시기 다

른 주제의 연구에 비하면 상대적으로 빈약하며 또한 그 진행방향이 다소 편향적이고 논의의 다양성이 떨어지는 것이 현실이다.

이 책은 고고학적 관점에서 삼국시대 백제의 국가체제 성립에 대한 시·공적 범위를 규명하는데 목적을 두고 있다. 이 연구의 주제를 백제 고고학 편년으로 한 것은 한성기 백제를 고고학적 방법으로 접근하되 동시기성을 담보할 수 있는 주변 제지역의 고고자료와 비교 검토를 통해서 상호 통용할 수 있는 보편적 편년을 확보하는 동시에 이에 근거하여 한성양식에 대한 재검토를 시도하고 그 시·공적 범위를 구체화하여 삼국시대 고고학 편년의 정합성을 추구하고자함이다.

가야와 신라고분을 주 전공으로 하던 필자는 2004년에 경기지역을 생활터전으로 삼으면서 자연스럽게 백제 고고학으로 연구의 대상을 전환하였다. 연구의 주 대상은 영남지역의 가야, 신라고고학과 경기지역의 한성백제 고고학을 편년위주로 비교하고 접목하는 과정을 통해 삼국시대의 편년체계를 재구성하는 것이었다. 이 과정에서 드러난 시간적 괴리의 원인을 백제 고고자료의 표준연대 근거자료로 이용되어온 중국과 일본 고고자료의 연대부여에서 찾아 이를 재해석하고자 하였다. 동시에 삼국 고고학에서 보편적으로 이용될 수 있는 표준연대자료를 제시하고자 하였다. 이상의 연구를 통해 백제 고고학과 신라·가야 고고학의 편년에서 확인되는 괴리를 해소하는 한편 백제 한성양식의 시·공적 경계를 구하였다.

이 책은 이상의 연구를 정리하여 부산대학교 고고학과 박사학위 논문으로 제출

한 것을 토대로 작성한 것이다. 이 책의 내용은 아직 논지의 내용이 미흡하고 다듬어야 할 부분이 많으며 향후 새로운 자료의 출토와 이론의 구축에 의해 보완될 여지가 많은 것도 사실이다. 이처럼 미비한 점들이 많음에도 불구하고 이 책을 출간한 것은 백제 고고학 나아가서는 삼국시대 고고학의 연구에 있어서 새로운 해석과 연구방향의 다양성을 제시하는데 조금이나마 보탬이 되고자 하는 필자의 바람에서이다. 이 점 많은 동학 선후배들에게 이해를 구하는 바이다.

여러모로 미숙한 필자가 이러한 조그마한 성과를 거둘 수 있기까지 많은 분들의 가르침과 도움이 있었다. 학위논문 심사위원으로 학문적 지도와 따끔한 비판, 충고를 아끼지 않으신 신경철, 김두철, 권오영, 이성주, 임상택 제 선생님을 비롯하여 많은 분들이 학문적 도움을 주셨다. 학부에서 대학원까지 전체과정의 지도교수를 맡아주시고 끊임없이 학문적 가르침과 자극은 물론 학자적 자세와 방향을 이끌어 주신 신경철 선생님, 유물실측과 고고학실무를 가르쳐주시고 많은 발굴현장을 함께 해주신 이상율선생님, 공부에 매진하도록 이끌어주신 이해련 선생님, 고고학 공부의 폭을 넓혀주신 지금은 고인이 되신 (故)손명조, (故)中島達也 두 분 선생님을 비롯하여 학은을 베풀어 주신 모든 분들에게 머리 숙여 감사를 드린다.

지금의 필자가 있기까지 모든 것을 이해하고 희생해주신 어머님, 공부에 전념할 수 있도록 물심양면으로 후원해주시고 배려해주신 장인·장모님, 모든 집안일과 아이들을 돌보며 항상 옆에서 격려와 뒷바라지를 해준 아내에게 가슴 깊은 감사의 뜻

을 전한다. 그리고 시간에 쫓기어 함께한 시간이 적음에도 잘 자라준 채은, 무현 두 아이들에게도 고마움을 전한다. 또한 이 책의 출판을 흔쾌히 수락해 주시고 형편없는 원고와 도면을 제대된 글로 편집해주신 학연문화사의 권혁재사장님과 권이지님을 비롯한 여러분께 감사드린다. 마지막으로 이 모든 일들이 무사히 잘 진행될 수 있게 해주신 하나님께 감사드립니다.

2015년 3월 수원에서

김 일 규

| 목 차 |

서 언

 2000년대에 들어서면서 대규모 토목개발의 증가로 인한 국토의 개발에 편승하여 전국적으로 대단위 발굴조사가 진행되었다. 이 결과 새로운 고고자료들이 속출하였으며, 백제와 관련된 고고자료도 예외는 아니었다. 특히 신라·가야고고학에 비해 상대적으로 조사가 적었던 백제 고분유적이 많이 조사되어 상호비교가 가능할 정도로 자료가 증대되었다. 또한 고분자료 이외에도 풍납토성을 비롯하여 취락, 생산 유적 등 다양한 백제관련 유적조사가 진행되어 많은 고고학 자료를 제공하고 있다.

 필자 또한 이 과정에서 새로운 백제관련 고고자료 제공의 일면을 담당한 바 있는데, 발굴현장 및 유물정리와 연구보고 과정에서 기존 백제 고고학의 연구 성과와 방법으로는 도저히 해석을 내리기가 곤란하거나 기존 견해와는 다른 판이한 결과를 초래하는 현상을 여러 면에서 확인할 수 있었다. 특히 신라·가야의 故地인 영남지역 동시기대 자료와 비교에서는 물론이고, 고구려와 낙랑, 중국, 일본의 동시기 자료와의 비교에서도 무언가 정합하지 않은 측면이 발견되고 있다. 이와 같은 현상의 원인에 대해서 여러모로 검토해본 결과 조사방법과 자료해석의 차이에 기인한 점도 일부 있었지만 결국에는 편년문제로 귀결되었다.

 백제는 『三國史記』에 기록된 도읍의 위치에 따라서 漢城期(기원전18년~기원475년), 熊津期(475~538년), 泗沘期(538~660년)로 나눌 수 있으며, 이 구분은 현재 문헌사학과

고고학에서의 중요한 시기 구분으로 이용되고 있다. 웅진기와 사비기의 연대는 국가체제가 완비된 이후의 사건이므로 그 시간비정에 異見이 없다. 그렇지만 한성기는『三國史記』초기 기사의 인정여부에 따라 국가성립기에 관한 의견이 크게 다르다[1]. 현재의 通說이라면 馬韓諸國의 한 소국인 伯濟國이 주변의 소국을 점령하여 영역화하면서 3세기 중후반에 고대국가로 성립했다는 것이다.

3세기 중후반 고대국가로 성장했다는 백제의 국가적 정치체제 형성에 대한 고고학계의 통설은 몽촌·풍납토성의 성곽, 가락동2호분을 대표로 하는 대형 분묘군, 한성양식 토기와 같은 특정 토기양식의 성립을 표지로 하였다.[2] 통설의 연대근거는『晋書』에 기록된 3세기 말엽(276~290) 9차례에 걸친 馬韓 諸國의 西晉 遣使의 주체가 백제이며 몽촌·풍납토성 출토 錢文陶器를 그 결과물로 해석하였다. 또한 3세기 말엽 마한의 西晉 遣使 교섭창구는 遼陽에 위치한 東夷校尉府이며, 東漢~魏晋代 遼寧地方의 直口壺系 陶器가 백제 국가단계 정치체 지배엘리트의 위신재로 선별 수용되어 정착한 것이 가락동2호분에서 출토된 흑색마연직구호와 같은 기형이며, 西晉 遣使 시점에 맞추어 그 출현을 3세기 중후반으로 편년하였다.[3] 그리고 동 고분에서 출토된 頸部突帶壺의 연대를 부산 동래패총 F8층 출토 경부돌대호편과 동일 형식으로 분류하고 F9·10층에서 출토된 일본 고분시대 土師器와 동일하게 3세기 중엽으로 편년하여 그 연대를 보강하였다.[4]

百濟라는 국명은『晋書』에서 近肖古王 때에 遣使하여 작위를 하사받은 기사에 처

---

1) 백제 한성기의 국가성립에 대한 諸說은 김기섭의 아래의 논문에 잘 정리되어있다.
  김기섭, 2011,「백제 漢城都邑期 연구 동향과 과제」『百濟文化』第44輯, 公州大學校 百濟文化研究所.
2) 박순발, 2001,『한성백제의 탄생』, 서경문화사.
3) 林淳發, 1999,「漢城百濟의 對外關係」『百濟研究』第30輯, 忠南大學校 百濟研究所.
  박순발, 2009,「Ⅴ. 유적 종합고찰, 硬質無文土器의 變遷과 江陵 草堂洞遺蹟의 時間的 位置」『주요유적 종합보고서Ⅰ 강릉 초당동 유적』, (사)한국문화재조사연구기관협회.
4) 주2) 박순발, 2001의 전게서.
  박순발, 2012,「백제, 언제 세웠나-고고학적 측면-」『백제, 누가 언제 세웠나-백제의 건국시기와 주체세력』2012'백제사의 쟁점'집중토론 학술회의, 한성백제박물관.

음 나타나고 이후『北史』,『南史』에 보일 뿐 그 이전의 사서에는 모두 馬韓만 존재한다. 그러므로 마한의 西晉 견사 기록을 백제의 성립으로 간주하는 설은 아주 주관적인 해석으로 밖에는 볼 수 없다.

475년 장수왕의 來襲에 따른 漢城 함락사건이 문헌사학계와 고고학계에 미치는 영향은 지대하다. 한강~아산만유역의 범위가 고구려의 영유권으로 된 시점이『삼국사기』에 기록된 529년 五谷전투부터라는 문헌사학계의 異見[5]이 일부 있지만, 475년 한성함락 시점부터 아산만유역까지 고구려영유권으로 설정하는 것이 학계의 정설로 되어 있다고 해도 과언은 아니다. 고고학계에서도 이 설에 따라 백제 한성양식 고고자료의 하한과 한강이남 고구려양식 고고자료의 상한을 475년에 맞추고 있는 것이 통설이다.

대다수의 연구자들은 475년을 기점으로 한성이라는 지역적 공간에서의 백제가 정치, 사회, 물질 상에서 완전히 종언을 고했다고 보고 있다. 따라서 한강~아산만유역에서 확인되는 백제 유적은 모두 475년을 하한으로 하며, 웅진기의 유적은 전무하다고 인식하고 있다. 또한 아산만 이남에서 확인되는 백제의 고고자료 중 그 이북에서 확인되는 자료와 동일한 형식의 것은 모두 한성기의 고고자료로 해석하고 있다. 이 경우 신라·가야·왜의 자료와 비교할 때 시간상으로 475년 이후에 해당되는 자료임이 명확함에도 불구하고 한성기로 편년하는 우를 범하고 있는 실정이다. 물론『三國史記』기사에 475년 이후의 한성, 한산성은 여전히 백제영역으로 되어 있지만, 이 경우 사료의 신빙성에 문제를 제기하여 신뢰하지 않는 모순을 보이고 있다.[6]

이러한 한성양식 고고자료의 475년 하한설정은 한성기 뿐만 아니라 웅진기의 고고자료에까지 영향을 미친다. 현재 공주지역인 웅진은 475년 문주왕부터 538년 성

---

5) 金榮官, 2000,「百濟의 熊津遷都 背景과 漢城經營」,『忠北史學』11·12合, 충북대사학회.
   손영종, 2006,『조선단대사(고구려사1)』, 과학백과사전종합출판사.
6) 노태돈, 2005,「고구려의 한성 지역 병탄과 그 지배 양태」,『鄕土서울』第66호, 서울特別市史編纂委員會.

왕16년 사비로 천도하기까지 63년간 백제의 도읍지였으며, 이 기간 동안 4명의 왕이 교체되었다. 63년의 시간은 형식학적 구분과 世代永續의 개념을 고려하면 적어도 3형식의 단계로 구분할 수 있는 시간이다. 그럼에도 불구하고 공주지역에서는 송산리고분군과 정지산 유적 등 일부 고고자료만 웅진기로 편년될 뿐 아산만 이북의 자료와 동일한 형식의 자료는 모두 한성기로 편년되고 있는 실정이다. 이 결과 동시기 신라·가야 고고자료의 비교에서 백제 고고자료만 연대적으로 유독 이질적이고 돌출되는 현상을 초래한다.

이상과 같이 백제 고고학의 편년은 고고학적 방법론보다는 문헌사료의 역사적 정황에 고고자료를 대입하여 연대를 산정하는 방법을 취하고 있는 현상에서 문헌사의 연대를 고증하는 보조적 역할에 머물러있다고 해도 지나치지 않다.

한성기 백제 고고자료는 일상생활의 취락유적 출토품이 대부분이고 상대적으로 동시기성의 장점을 가진 고분출토 자료가 빈약한 것이 사실이다. 고분의 부장 또한 薄葬이 많으며 영남지역 고분에서와 같은 유구의 중복현상은 거의 찾아볼 수 없다. 이러한 현상으로 인해 유구의 선후관계와 유물조합양상 비교에 의한 고고학적 상대연대설정이 영남지역에 비해 상대적으로 쉽지 않았던 것도 사실이다.[7]

六朝瓷器와 같은 중국제 유물은 국내자료와의 정치한 비교검토 없이 교차연대를 행하고 있다. 실제 동일한 자기유물임에도 연구자마다 我田引水 격으로 각각 다른 중국의 비교자료를 이용하여 각기 다른 연대로 편년하는 경우가 허다하다. 그리고 이 경우에는 교차연대법의 한계인 제작에서 매립되기까지의 과정, 사용시간과 세대전세 등의 假定年數를 전혀 고려치 않고 제작원향에서의 제작 또는 부장연대를

---

7) 최근 풍납토성 출토 자료를 중심으로 주거지와 한성양식 백제토기에 대한 형식분류와 편년을 행한 연구가 있다. 이 연구는 기존의 한성양식 토기의 편년연구에 비하면 일견 주거지의 변천과 토기의 기종별 변화에 따른 분류를 행하고 상대편년을 시도하였지만 절대연대와 시기구분은 기존의 통설과 부분적으로 한 단계정도의 차이만 확인될 뿐 전반적인 양상은 통설과 별반 차이를 확인할 수 없다.
한지선, 2013, 「한성백제기 취락과 토기유물군의 변천양상」, 『중앙고고연구』12, 중앙문화재연구원.

그대로 적용하여 그 유구와 동반유물의 역 연대를 부여하고 있다.

이처럼 현재의 백제 고고학 특히 한성기 백제 고고학은 고고학에서의 가장 기본적인 작업인 편년에서부터 많은 문제점이 노출되어 자칫 沙上樓閣이 될 수 있는 위험을 내포하고 있다.

이러한 문제점들의 해결은 요원하지만, 우선 고고자료의 정치한 분석을 통한 재정리의 필요성이 요구된다. 즉 소지역별 공간적 양식설정과 그에 따른 시간적 편년설정의 연구가 우선되어야 할 것이다. 이러한 연구가 진행된 후 영남지역 또는 중국자료와의 대비를 통한 교차연대를 활용하여 역연대연구를 선행한 후 사회상 복원을 행해야 될 것이다.

이 책은 지금까지 서술한 백제 고고학의 편년문제를 극복하기 위한 일환으로 작성하였다.

I 장에서는 삼국시대 표준연대자료를 제시하였다. 먼저 중국 六朝瓷器 중 한반도에서 출토예가 많은 기종을 중심으로 형식편년을 행하여 교차비교의 기준자료로 삼았다. 그리고 삼국시대 마구유물을 비교 검토하여 형식편년을 행하였다. 이 과정에서 마구연대의 표준자료로 이용되어온 安陽 孝民屯154號墓[8]와 朝陽 袁臺子壁畵墓[9]의 연대를 재검토하여 마구유물 편년의 정합성을 재확인하였다.

II 장에서는 I 장에서 제시된 표준연대유물에 근거하여 가야, 신라, 백제, 고구려 등 삼국시대 해당지역의 연대 설정 근거로 이용되어온 고고자료의 연대를 재검토하여 그 정합성을 살펴보았다. 금관가야 수장의 무덤군인 대성동고분군의 연대는 최근 발굴 조사된 91호분 출토 마구의 검토를 통해 그 정합성을 확인하였다. 신라의 대표무덤인 황남대총 북분에서 출토된 六朝瓷器와 북분의 연대를 비교하였다.

---

8) 中國社會科學院考古硏究所安陽工作隊, 1983, 「安陽孝民屯晉墓發掘報告」, 『考古』第6期.
9) 遼寧省文物隊·朝陽地區博物館文物隊·朝陽縣文化館, 1984, 「朝陽袁臺子東晉壁畵墓」, 『文物』第6期, 文物出版社.

백제 유적에서 출토된 六朝瓷器의 연대와 동반된 유물의 연대를 비교하여 六朝瓷器가 표준연대유물로 적합한지를 검토하였다. 고구려 적석총 출토 六朝瓷器를 편년하고 이와 동반된 마구의 연대를 비교하였다. 또한 적석총 출토 와당의 형식편년을 행하여 그 연대를 재검토하였다.

Ⅲ장에서는 한강 중하류유역 일상취락 출토 유물의 형식편년과 단계를 설정하였다. 그리고 한강 하구유역, 경기 서남부와 충청 북부지역 분묘출토 유물의 형식편년을 행하였다.

먼저 일상 취락 출토 유물의 형식편년을 행하여 중도식 토기의 상한을 제시하였다. 중도식 무문토기에 타날기법이 적용되는 변화상과 함께 시루의 변화와 주거지 내 부뚜막구조의 변화가 동반된 현상에서 획기를 설정하였다.

다음은 한강 하구유역과 경기 서남부, 충청 북부지역에서 조사된 분묘를 검토하여 삼한시대 후기의 고고학적 양상을 파악하고 백제의 국가성립 이전의 현상과 국가성립과 관련지을 수 있는 고고학적 변화양상 및 획기 여부를 살펴보았다. 한강 하구유역 분구묘에서 출토된 낙랑토기 백색옹과 분구묘의 형식편년을 통해 백제와의 관련성 여부를 검토하였다. 이 지역에서 조사된 분묘를 검토하여 동일 형식의 분묘범위와 타 형식의 분묘범위를 시·공적으로 구분하고, 또한 그것이 어떠한 변화과정을 가지며 그 요인은 무엇인지를 살펴보았다. 4세기 후반 마구가 부장되고 중도식 토기의 속성을 탈피한 심발형 토기가 부장되는 시점과 격자문타날 심발형 토기가 부장되고 대형 주구묘에 목곽묘가 채용되는 시점을 획기로 하여 전자를 백제의 권역 권, 후자를 영역 권에 편입된 시점으로 파악하였다.

Ⅳ장에서는 한성지역 고분과 풍납토성과 몽촌토성 출토 고고자료의 편년을 행하였다. 한성 중앙의 대표적 고분인 가락동2호분, 석촌동 적석총의 연대를 편년하여 백제에서 고총고분의 출현시점을 살펴보았다. 또한 풍납토성 축성이전 3중 환호의 유물과 토성 初築 土壘 내부에서 출토된 고구려토기를 편년하여 토성축성의 상한연대를, 그리고 흑색마연직구호와 삼족기의 형식편년을 통해 토성의 하한연대를

검토하였다. 몽촌·풍납토성의 하한연대와 함께 문헌자료를 검토하여 한성양식의 하한을 제시하였다. 덧붙여 이상의 검토 자료에서 획기를 설정하여 한성양식 여명기, 성립기, 발전기, 종말기로 구분하고 해당기의 양상을 제시하였다.

Ⅴ장에서는 웅진기의 고고학적 실체를 파악해보았다. 최근 발굴 조사되어 주목받았던 공주 수촌리고분군과 연기 송원리 유적 석실묘의 연대검토를 행하였다. 이 고분들에서 출토된 유물들 중에는 가야 고분 출토품과 동일한 형식의 마구와 성시구가 존재하고, 또한 동반된 소가야·대가야 토기와의 교차연대를 적용하여 이 고분들을 웅진기로 편년하였다.

결어에서는 전체 내용을 요약하고 백제 고고학의 향후 과제와 지향점을 제시하는 것으로 마무리하였다.

Ⅰ. 삼국시대 표준연대자료의 설정

　고고학 연구 목적은 고대문화의 복원이며 이를 위해 반드시 필요한 작업이 시간의 복원 즉 편년일 것이다. 고고학에서의 편년은 개별 고고자료의 연대결정에 머물지 않고 그것이 포함된 해당문화의 존재범위와 변화양상을 시·공적으로 인식하게 하며 나아가 인접한 문화 상호간의 다양한 상관관계를 파악할 수 있게 한다. 이처럼 고고학에서의 연대확인은 가장 기초적이고 중요한 작업이므로 그 필요성에 대해서는 부연할 필요가 없다.

　삼국시대 고고자료 중 최상의 편년자료는 기년명자료 및 중국의 기년자료와 교차연대를 적용할 수 있는 유물일 것이다. 그런데 연대 설정에 있어서 가장 유효한 기년명자료는 그 자체의 연대는 확실하다 하더라도 동반 자료의 연대를 반드시 보장할 수 없다는 한계를 가진다. 이 경우 층위·형식학적 검토에 의한 상대연대의 지원과 검증이 반드시 필요하다.

　삼국시대 기년자료는 백제 무령왕릉, 고구려 불상과 와당 등 몇몇 자료에 한정될 뿐이다. 무령왕릉의 경우 그나마도 형식학적 비교를 통해 연대를 산정하는데 가장 유효한 토기유물은 출토되지 않았다. 고구려 기년명 와당은 무덤의 매장시설처럼 시공간적으로 한정된 곳이 아니라 적석총의 적석부 내지는 그 주변 출토품이거나 수습된 것이 대부분을 차지한다. 그리고 이 와당들은 대부분 干支紀年이며, 年號銘

와당의 경우에는 중국의 해당 연호와 年數가 일치하지 않아 연대 산정에 異見이 분분하다.

중국의 기년자료와 교차연대를 적용할 수 있는 삼국시대 유물로는 고구려와 백제 유적 출토 六朝瓷器와 최근 김해 대성동고분에서 출토된 진식대금구와 마구 등의 중국제 유물이 대표적이다. 이 유물들은 해당지역에서 연대근거의 표지로 이용될 뿐만 아니라 대내외의 교류와 정치·사회변화 등과 관련된 다양한 연구소재로 활용될 수 있다.

삼국시대 고고학은 해당지역별로 모두 중국과의 교차연대에 근거하여 연대를 설정하고 있음에도 불구하고 그 편차가 심하다. 특히 고분연대는 중국의 朝陽 袁臺子 壁畵墓, 北票 馮素弗墓[10]와 같이 기년을 알 수 있는 유구에서 출토된 三燕馬具를 표준연대의 근거로 하여 출토된 마구와 토기유물의 형식조열 및 그 조합관계에 의해 편년하고 있다. 가야 고분편년 연구가 이를 가장 적극적으로 활용하고 있다. 한편 고구려와 백제의 경우에는 이 자료들을 참조하면서도 전자는 기년명 와당의 연대에, 후자는 六朝瓷器의 연대에 근거하여 동반유물과 유구를 편년하고 있다. 그런데 백제의 연대는 上記한 三燕馬具 연대는 물론 이에 근거한 가야 고분연대와도 상당한 격차를 가진다.

본 장에서는 이러한 삼국시대 고고자료의 연대격차의 원인이 어디에서 기인하는가를 살피고 그 해결책을 모색하고자 한다. 이를 위해 먼저 삼국시대 유적 출토 六朝瓷器와 연대비교를 위해 중국 六朝瓷器의 형식편년을 행한다. 다음으로 고구려, 가야, 백제 마구의 비교검토를 통해 해당지역 마구의 형식편년을 행하고 六朝瓷器와 함께 연대비교자료로 삼는다.

---

10) 黎瑤渤, 1973,「遼寧北票西官營子北燕馮素弗墓」,『考古』第3期, 科學出版社.

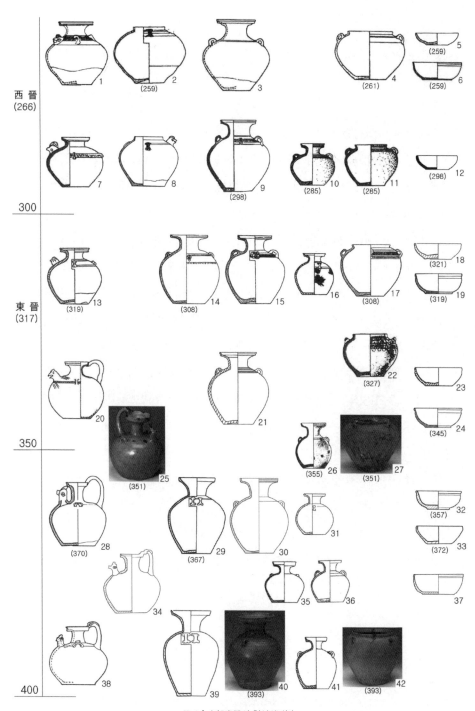

西晉
(266)

300

東晉
(317)

350

400

도 1 | 六朝瓷器의 형식편년(1)

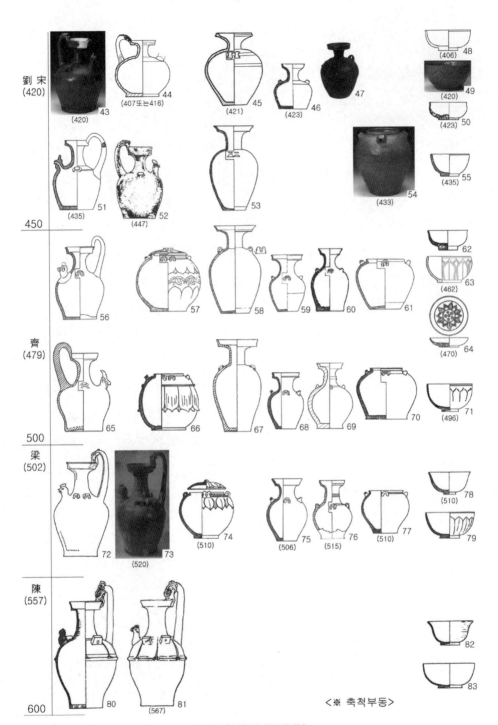

劉宋
(420)

450

齊
(479)

500

梁
(502)

陳
(557)

600

43
(420)

44
(407또는416)

45
(421)

46
(423)

47

48
(406)

49
(420)

50
(423)

51
(435)

52
(447)

53

54
(433)

55
(435)

56

57

58

59

60

61

62

63
(462)

64
(470)

65

66

67

68

69

70

71
(496)

72

73
(520)

74
(510)

75
(506)

76
(515)

77
(510)

78
(510)

79

80

81
(567)

82

83

<※ 축척부동>

도 2 | 六朝瓷器의 형식편년(2)

1. 六朝瓷器의 형식편년

六朝瓷器의 형식변천에 대한 연구는 먼저 盤口壺, 鷄首壺, 罐 등 특정 기종의 시대별 변천양상과 특징을 제시한 것이 있다.[11] 다음은 기종·기형별 형식 분류를 행하고 이를 크게 4분기하여 각 분기별 특징과 변천과정을 제시하는 한편 기년자료와 비교하여 편년을 행한 연구이다.[12] 이 연구들은 각 분기별 비교에서만 약간의 차이가 인정될 뿐 상대적 형식 변천과정은 대체로 일치한다.

그런데 六朝瓷器에 대한 이 연구들은 각 분기별 양상과 특징을 비교하여 각 시대별 변천과정은 잘 표현되어 있지만, 해당시대 내에서의 개별 기종과 기형의 속성 변화에 근거한 세분화된 형식 분류 및 그에 따른 소 분기설정은 이루어지지 않았다. 이는 해당시대별 기년자료의 출토예가 많은 중국 고고학의 특수성에서 기인한 것으로 추측할 수 있다.

본 장에서 검토할 六朝瓷器 역시 위의 제 연구에서 제시한 형식의 변화와 특징에서 크게 벗어나지 않는다. 다만 본 장에서는 계수호, 반구호, 관, 완의 기종을 중심으로 상기에 제시한 시대별로 분기한 형식보다 좀 더 세분된 형식편년을 시도해 보고자 한다.

---

11) 馮先銘, 1959, 「略談魏晋至五代瓷器的裝飾特征」, 『文物』第6期, 文物出版社.
　　馮先銘, 1960, 「瓷器淺說(續)」, 『文物』第4期, 文物出版社.
　　萬良田·萬德强, 1993, 「江西豊城龍霧洲瓷窯調査」, 『考古』第10期, 科學出版社.
　　曾凡, 1994, 「關于福建六朝墓的一些問題」, 『考古』第5期, 科學出版社.
　　魏楊菁, 2011, 「六朝靑瓷의 特徵에 대하여」, 『中國六朝의 陶磁』, 국립공주박물관·남경시박물관.
12) 魏正瑾·易家胜, 1983, 「南京出土六朝靑瓷分期探討」, 『考古』第4期, 科學出版社.
　　林忠干·林存琪·陳子文, 1990, 「福建六朝隋唐墓葬的分期問題」, 『考古』第2期.
　　何志國, 1992, 「四川六朝瓷器初論」, 『考古』第7期, 科學出版社.

1) 鷄首壺

鷄首壺는 六朝瓷器 중 가장 특징적인 기형이며 六朝時代의 고분연대를 파악하는 중요 기물로 鷄頭壺, 天鷄壺 등으로도 불리는데 東晉墓 출토품 중 저부에 음각된 "甖主姓黃名齊(?)之"의 명문에서 당시에는 甖으로 불렸을 것으로 추측한다.[13] 육조시대 계수호의 형태와 각 시기별 변천과 특징에 대해서는 여러 연구자에 의해 정리되어 있는데,[14] 대체로 동일한 견해를 피력하고 있다. 필자도 이에 동감하는데 간략하게 정리하면 다음과 같다.

기형은 기본적으로 盤口壺의 형태이다. 鷄首는 頸部와 注口가 없는 것→ 경부가 길어지고 注口가 형성된 것→ 注口가 없어지고 장식화된 것으로 변한다. 兩耳는 半環狀의 橫孔→ 半環狀·橋狀의 縱孔→ 橋狀의 縱孔→ 雙耳 橋狀의 縱孔으로 변한다. 동체부의 문양은 견부 문양대→ 무문→ 蓮花文→ 結縛狀 突帶文으로 변한다. 동체의 형태는 동체 고〈 동체 폭→ 동체 고≧동체 폭→ 동체 고〉동체 폭의 형태로 변한다. 구경부의 변화과정을 살펴보면 경부는 단경→ 세경→ 세장경→ 장경으로, 반구의 구연부는 短口緣→ 長口緣으로 변한다. 초기에 鷄頭와 대칭되게 鷄尾가 부착되어 있었는데 東晉時代부터 弧狀파수로 변한다. 호상파수의 변화는 만곡파수→ 龍頭장식 만곡파수→ 龍頭장식 지팡이형파수로 변한다.

이와 같은 계수호의 변화상을 六朝의 각 시대별로 정리하면 아래의 표1과 같다.

---

13) 白寧, 2011, 「靑瓷鷄頭壺에 대한 초보적 연구(淺析)」, 『中國六朝의 陶磁』, 국립공주박물관·남경시박물관.

14) 馮先銘, 1960, 「瓷器淺說(續)」, 『文物』 第4期, 文物出版社.
   魏正瑾·易家胜, 1983, 「南京出土六朝靑瓷分期探討」, 『考古』 第4期, 科學出版社.
   曾凡, 1994, 「關于福建六朝墓的一些問題」, 『考古』 第5期, 科學出版社.
   주13) 白寧, 2011의 전게문
   魏楊菁, 2011, 「六朝靑瓷의 特徵에 대하여」, 『中國六朝의 陶磁』, 국립공주박물관·남경시박물관.

표 1 | 계수호의 시대별 속성비교

	胴體	鷄首	注口	頸部	口緣部	把手	兩耳	文樣
東吳·西晉	高〈幅	頭	無	短頸	短	無(꼬리)	半環狀, 横孔	肩部有文樣帶
東晉	高〈幅	頭, 頸	有	細頸	短	彎曲, 龍頭飾	半環狀(横孔)·橋狀(縱孔)	無文樣帶
劉宋·齊	高≧幅	頭, 頸, 鷄冠 高	有	細頸·長頸	短·長	彎曲·지팡이형, 龍頭飾	橋狀(縱孔)	無文·肩部波狀文·胴體蓮花文
梁·陳	高〉幅	頭, 頸	無	長頸	長	지팡이형, 龍頭飾	雙耳, 橋狀(縱孔)	無文·結縛狀 突帶文

2) 盤口壺

東吳·西晉時代에는 盤口壺의 기형이 다양하지 않고 鷄頭의 유무를 제외하면 계수호와 거의 유사한 변화상을 가진다. 東晉時代가 되면 기형이 다양해지는데 개개기형의 변화상은 대체로 비슷한 양상으로 전개된다. 西晉時代까지는 동체 고〈동체 폭의 속성인데, 이후 동체 고가 동체 폭을 능가하여 종타원형 동체로 변하며 南朝 중엽부터는 포탄상의 아주 세장한 동체로 변하는 것도 있다. 이와 함께 경부 또한 세장한 형태로 변한다. 口頸部는 劉宋성립을 기점으로 하여 전후의 변화양상이 뚜렷한데, 반구의 구연은 短口緣→ 長口緣으로, 頸部는 逆凡字→ 逆八字→ 세장한 逆凡字 형태로 변한다. 口徑은 동체 최대경과 底徑에 비하여 점점 커지는데 南朝 후반대가 되면 口徑이 동체 최대경과 底徑보다 커진다. 東晉 早期까지 肩部에는 격자문 위주의 문양대와 양각된 鋪首文이 있지만 東晉 中期 이후 사라진다. 견부에 부착된 귀의 형태를 살펴보면 장경의 대형 반구호는 横孔의 半環狀 雙耳가 대칭되게 부착되어 있는데 반해 소형 반구호는 單耳가 부착되어 있다. 단경의 반구호는 東晉時代까지 半環狀의 귀를 가지는데 南朝代가 되어서야 橋狀의 귀가 확인된다.

3) 罐

罐은 반구호와 마찬가지로 그 기형이 다양한데, 본 항에서는 출토 량이 많고 그 변화상이 잘 나타나는 기형위주로 검토하였다. 관은 동체의 형태가 변화의 가장 큰 속성이다. 東晉時代까지의 동체 고< 동체 폭의 속성은 劉宋성립을 기점으로 동체 고=동체 폭의 속성으로 되고 이후 다시 동체 고< 동체 폭의 속성으로 변한다. 견부 에 부착된 귀는 兩耳와 四耳가 보통인데, 東晉 성립을 전후하여 橫孔의 半環狀보다 縱孔의 橋狀이 더 많아진다. 東晉 조기까지는 견부에 격자문 문양대와 압인된 連珠 文이 시문되고, 鋪首와 佛像 등이 양각으로 장식되어 있는데, 東晉 중기이후 이러 한 문양은 사라지고 횡집선문 내지는 문양대의 흔적만 잔존한다. 劉宋代가 되면 蓋 와 동체에 蓮花文이 시문된 기형이 등장한다. 귀의 형태변화는 계수호와 거의 동일 한데, 연화문이 시문된 관은 雙耳와 單耳가 각각 쌍을 이루는 六耳罐이 대부분이다. 일부 기형은 縱孔과 橫孔의 귀가 교차되게 부착된 것도 있다.

4) 盌 · 鉢

盌은 西晉時代까지 굽이 없는 기형이 일반적이다. 西晉-東晉 교체기에 굽이 부착 된 기형이 출현하여 이후 대세를 점하는데, 이 단계의 굽은 대부분 통굽의 형태이다. 南朝時代가 되면 완과 발은 기형이 다양해지고 시간상에 의한 속성 변화도 확연해 진다. 시간이 후행할수록 완과 발은 굽이 더 높아지고 오목 굽의 형태를 취하며 구경 대비 굽의 폭이 좁아지는 속성으로 변한다. 발은 일부 기형에서 구연부의 외반도가 강해지는데 구연과 신부단면이 S자를 이루기도 한다. 기 내·외면에 연화문이 시문된 기형도 확인되는데, 연화문의 형태는 곡선기의 정도가 시간적 속성을 반영한다.

이상 六朝瓷器의 대표적인 기종에 한해서 각 기형별 변천 양상을 살펴보았다. 이 에 근거하여 각 기형별 형식편년을 행하면 도1·2와 같다.

표 2 | 도1 · 2의 출토유구와 출처

유물 번호	유구	출처	유물 번호	유구	출처
1·3	南京栖霞山甘家巷 六朝墓M5	南京博物館·南京 市文物保管委員會 1976	39·41	南京司家山謝氏墓 M2	阮國林·李毅 2000
2·5·6	南京郭家山東吳 紀年墓M7	南京市博物館 1998	40·42	新昌縣大麕底東晉 太元十八年墓	浙江省博物館 2000
4	南京郭家山東吳 紀年墓M6	南京市博物館 1998	43·49	龍泉市査田鎭下保村 南朝 宋永初元年墓	浙江省博物館 2000
7	楊洲胥浦六朝墓M8.	胥浦六朝墓發掘隊 1988	44	南京司家山謝球夫婦 合葬墓M4	阮國林·李毅 2000
8	鎭江東吳墓 高化M1	鎭江博物館 1984	45	南京南郊六朝謝珫墓 M6	華國榮 1998
9·12	浙工衢縣絲街路村西晉 墓	衢縣文化館 1974	46·50	江西贛縣南朝末墓	贛州地區博物館·贛 縣博物館 1990
10·11	浙工安吉天子 崗漢晉墓M2	程亦胜 1995	47	浙工省博物館所藏 德淸對山窯址	王軼凌 2008
13·19	南京象坊村東晉墓 M1	江蘇省文物管理委員 會 1966	48	南京南郊六朝謝溫墓	華國榮·張九文 1998
14	徽馬鞍山桃沖村晉墓 M3.	馬鞍山市文物管理所 安· 馬鞍山市博物館 1993	51, 55	廣東新興縣南朝墓	古運泉 1990
15	南京市富貴山六朝墓 M2.	南京市博物館·南 京市玄武區文化局 1998	52	浙江省秀嶺水庫 南朝墓49號墓	浙江省文物管理委員 會 1958
16	南京市富貴山六朝墓 M4.	南京市博物館·南 京市玄武區文化局 1998	53	鎭江市東晉晉陵羅城 內 墓葬M5	鎭江博物館 1986
17	南京邁皐橋西晉墓	南京市文物保管委員 會 1966	54	溫嶺縣北山南朝 宋元嘉十年墓	浙江省博物館 2000
18	浙工奉化市晉紀年墓 M1	傳亦民 2003	56	瑞安市隆山宋大明五 年 磚室墓	浙江省博物館 2000
20·23	湖北漢陽蔡甸一號墓	湖北省博物館 1966	57~60 ·62	江蘇泰州市西郊 土 坑	葉定一 1996
21	幕府山東晉墓M4	南京市博物館 1990	61, 63	江西靖安虎山南朝墓 M3	江西省文物工作隊 1987
22	浙工省秀嶺水庫晉墓 M20	浙工省文物管理委員 會 1958	64	福建政和松源南朝墓 M831	福建省博物館·政和 縣文化館 1986

24	湖北枝江縣拽車廟東晉永和元年墓M2	黃道華 1990	65	江西淸江南朝墓3號	江西省博物館考古隊, 1962
25	溫州市双岑東晉永和七年墓	浙江省博物館 2000	66	廣東深圳宝安南朝墓M21	深圳博物館 1990
26	浙江省秀嶺水庫晉墓M44	浙江省文物管理委員會 1958	67·69	湖南資興南朝墓449號	湖南省博物館 1984
27	嵊州市城關鎭炎刂山東晉永和七年墓	浙江省博物館 2000	68	南京市花神廟南朝墓M1	南京市博物館·南京市雨花台區文管會 1998
28	无錫赤墩里東晉墓	馮普仁·錢宗奎 1985	70	安徽淮南南朝墓	淮南市博物館 1994
29	南京象山8號	姜林海·張九文 2000	71	廣西融安安寧南朝墓M5	廣西將族自治區文物工作隊 1984
30·31	鎭江鎭磗M3	鎭江博物館 1984	72	江西贛縣南齊墓M4	贛州市博物館 1984
32	南京呂家山東晉李氏家族墓M1	南京市博物館 2000	73·80	河南偃師北魏墓M2	偃師商城博物館 1993
33	南京象山9號	姜林海·張九文 2000	74	太原北魏辛祥墓	代尊德 1981
34	揚州胥浦六朝墓M4.	胥浦六朝墓發掘隊 1988	75·78·79	浙工瑞安梁天監九年墓	潘知山 1993
35	南京司家山謝氏墓M3	阮國林·李毅 2000	76	湖南資興南朝墓474號	湖南省博物館 1984
36	南京邁皐橋小營村東晉墓	顧蘇寧 1991	77	北魏宣武帝景陵91jLM6	中國社會科學院考古研究所洛陽漢魏城隊·洛陽古墓博物館 1994
37	江蘇吳縣何山東晉墓M1	郝明華 1987	81·83·84	太原南郊北齊壁畵墓	山西省考古研究所·太原市文物管理委員會 1990
38	湖北鄂州市塘角頭六朝墓M3	李桃元·徐勁松 1996	82	山西祁縣白圭北齊韓裔墓	陶正剛 1975

2. 삼국시대 마구의 비교검토

1) 安陽 孝民屯154號墓와 朝陽 袁臺子壁畵墓의 연대검토

도3-3은 安陽 孝民屯154號墓 출토 靑瓷四耳壺이다. 이 기형의 청자사이호는 도 3-1의 太康九年(288년) 기년묘[15] 출토 四耳壺의 형태를 고려하면 도3-1→2→3과 같이 동체 최대경이 하위에서 중위로 이행하고, 구경이 점차 좁아지면서 동체와 구연부의 경계 및 견부가 명확해지고, 저부는 말각평저의 속성으로 형식변화 됨을 알 수 있다. 도3-2·4~6은 漢陽 蔡甸1號墓[16]에서 출토된 유물이다. 도3-5의 청자완은 太興四年墓[17] 출토의 도3-7과 升平元年墓[18]에서 출토된 도3-11의 중간형식으로 볼 수 있다. 또한 도3-4의 계수호는 도1에 보듯이 4세기2/4분기로 편년되고, 도3-5·6의 완이 도3-9·11과 더 유사하므로 漢陽 蔡甸1號墓는 4세기2/4분기 후반으로 편년할 수 있다. 따라서 도3-2의 청자사이호보다 후행하는 도3-3의 청자사이호가 출토된 안양 효민둔154호묘는 4세기3/4분기로 편년할 수 있다. 이러한 효민둔154호묘의 연대는 前燕이 鄴城으로 遷都한 352년 이후에 조성되었으며 370년 前燕滅亡을 하한으로 하는 견해와도 일치 한다[19].

도3-8의 조양 원대자벽화묘 출토 瓷器鉢은 357년의 升平元年墓에서 출토된 도 3-9와 거의 흡사한 것에서 357년을 전후한 연대로 편년할 수 있다. 또한 원대자벽화묘는 후술할 笠形馬鈴을 비롯하여 출토된 마구도 효민둔154호묘와 동일한 형식

---

15) 江西省文物工作隊, 1987,「江西靖江虎山西晉,南朝墓」,『考古』第6期, 科學出版社.
16) 湖北省博物館, 1966,「湖北漢陽蔡甸一號墓淸理」,『考古』第4期, 科學出版社.
17) 傅亦民, 2003,「浙江奉化市晋紀年墓的淸理」,『考古』第2期, 科學出版社.
18) 南京市博物館, 2000,「南京呂家山東晉予氏家族墓」,『文物』第7期, 文物出版社.
19) 田立坤, 1991,「三燕文化存在的初步硏究」,『遼海文物學刊』第1期.
　　金斗喆, 2000,『韓國 古代 馬具의 硏究』, 동의대학교대학원 박사학위논문, 205쪽.
　　沈載龍, 2013,「中國系遺物로 본 金官加耶와 中國 東北地方」,『中國 東北地域과 韓半島 南部의 交流』第22回 嶺南考古學會 學術發表會, 嶺南考古學會.

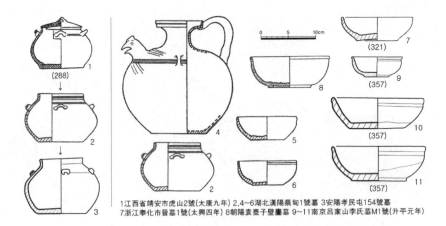

도 3 | 孝民屯154號 · 袁臺子壁畫墓 출토 瓷器의 편년 비교자료

1 江西省靖安市虎山2號(太康九年) 2,4~6 湖北漢陽蔡甸1號墓 3 安陽孝民屯154號墓
7 浙江奉化市晉墓1號(太興四年) 8 朝陽袁臺子壁畫墓 9~11 南京呂家山李氏墓M1號(升平元年)

단계이고, 벽화의 墨書가 "永和十年二月己卯朔"(354년) 또는 "太和元年二月己巳朔"
(366년)의 가능성이 제기된 것[20]에서도 동일한 연대가 산정된다. 따라서 원대자벽화
묘 역시 4세기3/4분기로 편년할 수 있다.

2) 三燕-高句麗 마구의 형식편년

도4·5는 三燕-고구려 마구를 형식편년 한 것이다. Ⅱ장에서 후술하겠지만 禹山
M3319호의 博室 출토유물은 4세기3/4분기 후반~4/4분기 전반으로 편년되고, 西大
墓와 禹山992호묘는 4세기4/4분기로 편년된다. 서해리2-1호묘에서는 이 고분들에
서 출토된 운주(도18·9·15·16)와 동 형식의 운주(도4·6·8)가 동반되므로 서해리2-1호묘
와 우산M3283의 표비는 각각 4세기3/4분기와 375년 전후로 편년된다. 상술한 효
민둔154호묘와 원대자벽화묘의 연대 및 후술할 고구려 와당과 동반된 입주부운주
의 형식변화양상을 감안하면 太王陵은 414년에 조영된 광개토왕릉으로 비정할 수
있으므로 태왕릉 출토 등자보다 약간 후행하는 속성을 가진 칠성산96호분은 5세기

---

20) 田立坤, 2001,「袁臺子壁畫墓的再認識」『서울大學校博物館 年報』13.
　　田立坤, 2002,「袁臺子壁畫墓的再認識」『文物』第9期, 文物出版社.

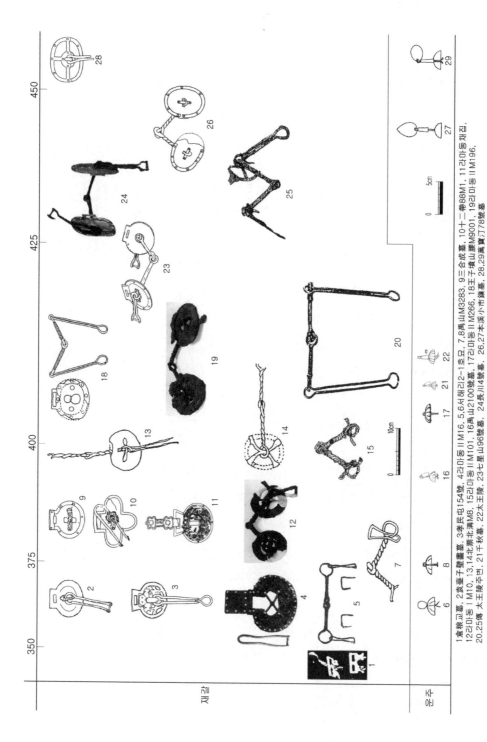

도 4 | 고구려 마구의 형식편년(1)

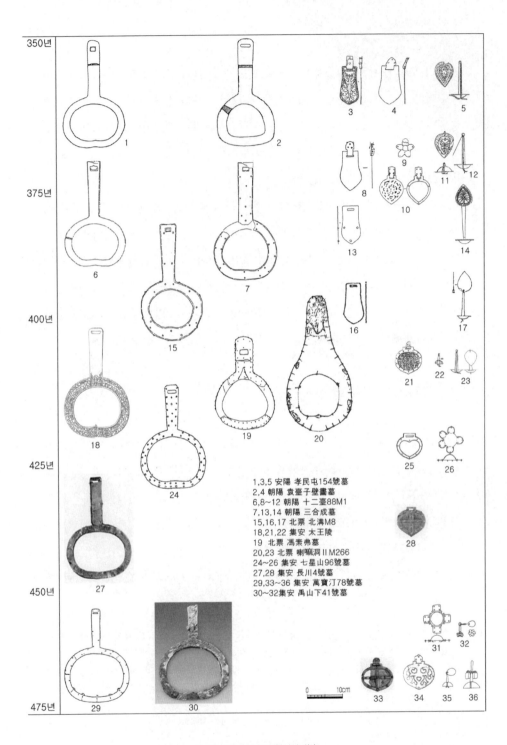

350년
375년
400년
425년
450년
475년

1,3,5 安陽 孝民屯154號墓
2,4 朝陽 袁臺子壁畵墓
6,8~12 朝陽 十二臺88M1
7,13,14 朝陽 三合成墓
15,16,17 北票 北溝M8
18,21,22 集安 太王陵
19 北票 馮素弗墓
20,23 北票 喇嘛洞ⅡM266
24~26 集安 七星山96號墓
27,28 集安 長川4號墓
29,33~36 集安 萬寶汀78號墓
30~32 集安 禹山下41號墓

0   10cm

도 5 | 고구려 마구의 형식편년(2)

1/4분기 후반 내지는 2/4분기 전반으로 편년할 수 있다. 또한 도5-23의 보요부운주는 길이가 짧아지고 소형화된 속성에서 이 계열 운주의 가장 만기형식으로 편년할 수 있다. 따라서 北票 喇嘛洞Ⅱ M266은 5세기1/4분기로 편년된다.그리고 喇嘛洞Ⅱ M266과 태왕릉 출토 운주보다 후행하는 운주가 동반된 本溪 小市鎭 晋墓 출토 판비와 보요부운주는 5세기2/4분기로 편년된다.

도5-27의 장천4호묘 등자는 칠성산96호분 등자에 후행하는 형식인 것에서 5세기2/4분기로 편년된다. 이 등자와 동반된 도5-28의 십엽형 행엽은 타출기법으로 十자문양을 새겨 넣었다. 이는 十자문 심엽형 행엽의 가장 고식으로 편년되므로 十자문 상판을 덧댄 형식의 행엽은 5세기 전반으로 소급될 수 없다. 그러므로 이보다 신식 제작기법으로 제작된 답수부에 스파이크가 박힌 도5-29의 만보정78호묘 출토 등자와 도5-33의 행엽은 5세기3/4분기로 편년된다.[21]

3) 금관가야 마구의 형식편년

도6은 금관가야의 재갈을 형식편년 한 것으로 이는 신경철의 편년 안[22]을 기본 골격으로 하여 신출 자료를 부가하고 일부 수정한 것이다. 최근 조사된 대성동91호분 출토 마구는 도11에서 제시한 바와 같이 동반된 笠形馬鈴의 형식편년에서 원대자벽화묘와 효민둔154호묘에 선행하는 4세기2/4분기로 편년되어 기왕의 대성동고분군의 편년과 금관가야 마구 편년의 정합성은 검증되었다.

도7은 가야 고분 출토 목심등자를 형식편년하고 동 형식의 백제, 일본 고분출토

---

21) 만보정78호묘 출토 보요부운주는 경주 황남대총 남분 출토품과 동일한 형식이며, 장천4호묘 등자에는 아직 답수부에 스파이크가 확인되지 않고, 만보정78호묘 등자부터 답수부에 스파이크 처리되었다. 그러므로 황남대총 남분에서 출토된 보요부운주가 만보정78호묘와 동일 형식이고 등자의 답수부에 스파이크가 처리된 것을 감안하면 황남대총 남분의 연대는 5세기 전반으로 소급시킬 수 없다.

22) 申敬澈, 1994,「加耶 初期馬具에 대하여」,『釜大史學』18.

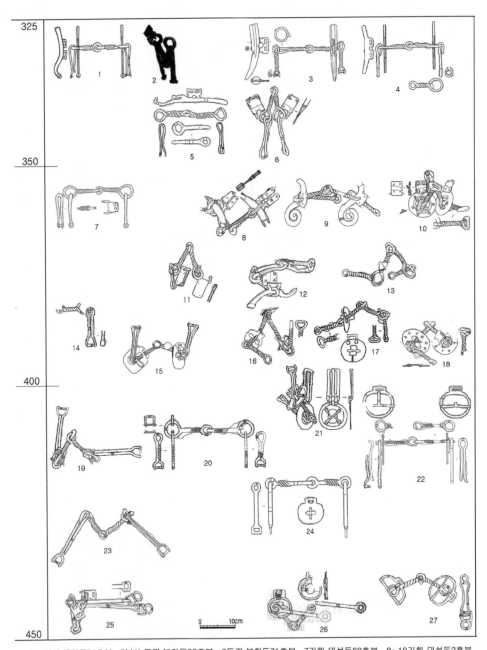

325

350

400

450

1~4김해 대성동91호분, 5부산 동래 복천동38호분, 6동래 복천동71호분, 7김해 대성동68호분, 8~10김해 대성동2호분
11동래 복천동69호분, 12동래 복천동60호분, 13김해 대성동47호분, 14동래 복천동42호분, 15,16김해 대성동57호분
17김해 대성동41호분, 18김해 양동리321호분, 19김해 대성동11호분, 20김해 대성동14호분, 21김해 대성동42호분
22동래 복천동31호분, 23동래 복천동22호분, 24동래 복천동35호분, 25,27동래 복천동10호분, 26동래 복천동39호분

도 6 | 금관가야 마구의 형식편년

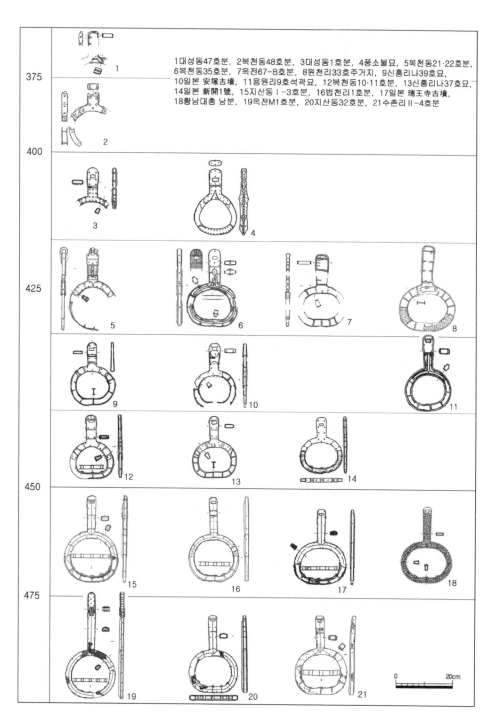

1대성동47호분, 2복천동48호분, 3대성동1호분, 4풍소불묘, 5복천동21·22호분, 6복천동35호분, 7옥전67-B호분, 8원천리33호주거지, 9신흥리나39호묘, 10일본 安塚古墳, 11용원리9호석곽묘, 12복천동10·11호분, 13신흥리나37호묘, 14일본 新開1號, 15지산동Ⅰ-3호분, 16법천리1호분, 17일본 瑞王寺古墳, 18황남대총 남분, 19옥전M1호분, 20지산동32호분, 21수촌리Ⅱ-4호분

도 7 | 목심등자의 형식편년

목심등자와 횡으로 비교한 도면인데, 백제와 일본 마구의 형식 변천양상은 가야마구와 동일함을 알 수 있다.[23]

5세기 전반의 등자편년은 도5-19의 풍소불묘 등자 연대를 근거로 하고, 도7-18의 황남대총 등자와 5세기 후반 장병등자의 편년은 도5-18의 태왕릉 등자와 그 보다 후행하는 형식인 도5-27의 장천4호 등자의 연대를 고려하여 산정한 것이다. 4세기3/4분기로 편년되는 효민둔154호묘의 연대와 등자의 형식학적 조열과 변천양상을 감안하면 태왕릉은 414년에 조영된 광개토왕릉으로 비정하더라도 아무런 문제가 없고, 후술할 와당의 연대에서 이는 뒷받침된다. 태왕릉이 414년에 조영된 광개토왕릉으로 비정되고, 풍소불묘의 415년 연대를 고려하면 도6·7의 금관가야 마구의 형식편년은 아주 안정된 것으로 볼 수 있다.

4) 백제 한성기 마구의 형식편년

백제 한성기를 대표하는 중심고분 유적은 석촌동고분군이다. 그러나 아쉽게도 이 유적은 서울시의 급격한 도시화개발로 인해 제대로 된 조사가 이루어지지 못한 채 대부분 파괴되고 말았다. 고분군의 일부 조사된 부분도 이미 파괴가 많이 진행되어 유존상태가 양호하지 않았다. 또한 석촌동고분군에서는 마구 자료가 출토되지 않아 백제 중심지의 마구양상은 제대로 파악할 수 없는 실정이다. 중앙과 지방고분의 위계에 따른 등급차이와 지체현상은 피할 수 없겠지만 본 항에서는 부득이하게 지방의 주요 고분군에서 출토된 마구로써 백제 마구의 변천을 파악해보도록 하겠다.

우선 백제 마구 중 가장 고식으로 분류되는 재갈이 출토된 金陵洞78-1號墓의 연대를 도출하여 백제 지역에서의 기승용 마구의 출현시점에 대해서 검토하고 이후

---

23) 이 형식편년은 김두철의 목심등자의 변천도에 근거하여 일부 수정 가감하여 작성한 것이다.
金斗喆, 2000,『韓國 古代 馬具의 硏究』, 동의대학교대학원 박사학위논문.

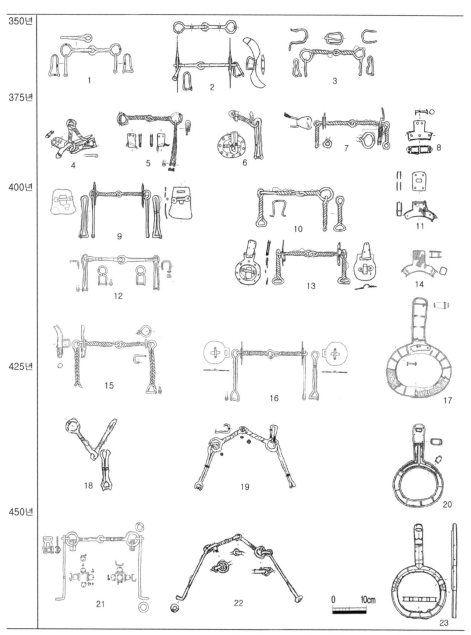

350년
375년
400년
425년
450년

1	2	3
4	5	6	7	8
9	10	11
12	13	14
15	16	17
18	19	20
21	22	23

0   10cm

1청주 봉명동C31호묘, 2충주 금릉동78-1호묘, 3수청동5-5-38호 주구묘, 4,6,8천안 두정동 I -5호묘,
5봉명동B79-2호, 7수청동5-2-18호 주구묘, 9수청동5-5-4호 주구묘, 10,11수청동5-1-43호 주구묘
12,14수청동5-1-67호 주구묘, 13수청동5-2-21호 주구묘, 15,17화천 원천리33호 주거지, 16원천리28호
수혈, 18안성 도기동C-9호, 19화성 마하리18호석곽묘, 20천안 용원리9호석곽묘, 21수청동4-5호 주구묘,
22,23원주 법천리1호분.

도 8 | 백제 마구의 형식편년

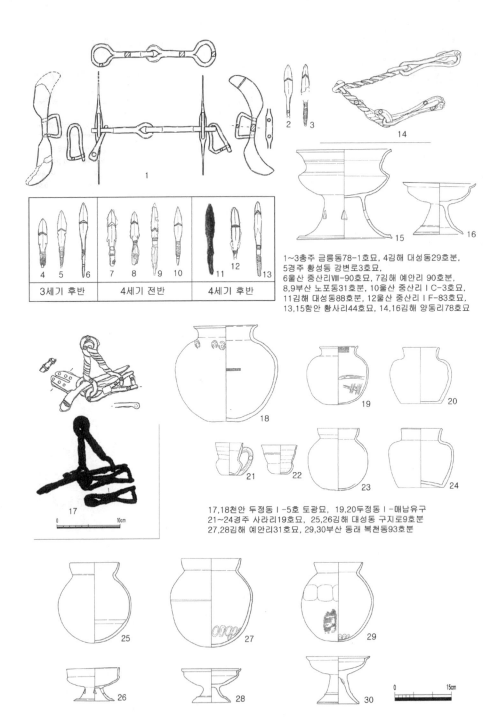

1~3충주 금릉동78-1호묘, 4김해 대성동29호분,
5경주 황성동 강변로3호묘,
6울산 중산리Ⅷ-90호묘, 7김해 예안리 90호분,
8,9부산 노포동31호분, 10울산 중산리Ⅰ C-3호묘,
11김해 대성동88호분, 12울산 중산리Ⅰ F-83호묘,
13,15함안 황사리44호묘, 14,16김해 양동리78호묘

3세기 후반	4세기 전반	4세기 후반

17,18천안 두정동Ⅰ-5호 토광묘, 19,20두정동Ⅰ-매납유구
21~24경주 사라리19호묘, 25,26김해 대성동 구지로9호분
27,28김해 예안리31호묘, 29,30부산 동래 복천동93호분

도 9 | 금릉동78-1호묘 · 두정동Ⅰ-5호묘 재갈의 편년 비교자료

마구의 변천양상을 살펴보겠다.

　금릉동78-1호묘에서는 도9-1의 鑣轡와 함께 도9-2·3의 골촉형 철촉이 동반 출토되었다. 재갈의 鑣는 영남지역의 삼한시대 전기 목관묘와 낙랑고분에서 출토된 S자형 鑣와 흡사하지만,[24] ㄷ자상의 표 입문금구와 衝, 인수의 형태는 3세기 말로 편년되는 고구려 고분인 만보정M242-1 출토 표비와 유사하다(도11-5). 만보정M242-1 재갈의 표 또한 S자형에 刺를 덧댄 형태다. 한반도 중부 이남에서는 복천동38호분 재갈의 함이 동일한 형태이다. 인수의 형태는 철봉의 한쪽 끝을 다른 쪽 끝단에 박아넣어 한쪽만 리베팅 처리하였다. 만보정M242-1 재갈의 인수는 리베팅 처리되었는지 사진과 도면상에서는 확실치 않다. 명확하지 않지만 도4-5의 서해리2-1호 재갈의 인수가 이러한 구조로 예상된다. 또한 백제 마구 중에는 도8-9의 水淸洞5-5-4호 주구묘 판비의 인수가 동일한 구조이다. 도8-3의 수청동5-5-38호묘 표비는 리베팅 처리 하지 않고 한쪽 끝을 다른 쪽 끝에 감은 구조에서 유사하다. 도32-16의 수청동5-5-15호묘 출토 표비 또한 인수의 한쪽 끝을 다른 쪽 끝에 감은 구조이며 함의 형태는 동일하다. 표가 없는 것을 제외하면 도8-1의 鳳鳴洞C31호묘 출토 표비와 흡사하다. 한편 도8-4·도9-17의 斗井洞Ⅰ-5호 토광묘에서 출토 된 표비는 보고서 도면에는 인수 양쪽 끝단을 리베팅 처리한 것으로 되어 있는데, 유물을 실견한 바에 의하면 도9-17의 사진처럼 한쪽만 리베팅 처리한 구조이다. 가야고분인 김해 양동리78호묘에서 출토된 도9-14 표비의 인수도 동일한 방법으로 리베팅 하였는데 인수가 길어진 속성을 제외하면 역시 동일한 구조이다.

　리베팅 기술의 유무를 제외하면 위에서 언급한 수청동 재갈은 금릉동78-1호묘와 같은 재갈을 모티브로 하여 제작된 것이다. 따라서 두 유형의 표비는 동일한 시간적

---

24) 삼한시대 전기의 S자형 표의 孔은 입면으로 볼 때 孔주변이 부풀어 아령형태이지만 금릉동 것은 1자형으로 차이가 있으며, 표 입문금구를 박아 넣은 孔으로 그 용도도 삼한시대 전기 재갈의 鑣의 孔과 다르다. 또한 표의 크기도 삼한시대의 것보다 작은 것에서 이를 계통상 직접적으로 연결하기는 곤란하다고 생각한다.

속성을 가진다고 볼 수 있다. 그런데 두 유적에서 확인되는 유구와 유물형태, 부장유물의 정도 및 한성 중앙과의 문화수준의 거리감 등을 감안하면 수청동 유적이 금릉동 유적에 비해 보다 선진적인 것은 당연할 것이다. 따라서 금릉동78-1호묘의 표비가 백제에서 제작된 마구라고 한다면 수청동지역에 리베팅기술이 보급 되지 않은 단계에 금릉동유적에 리베팅기술이 존재한다는 것은 금릉동78-1호묘의 재갈이 한성 중앙에서 유입된 것이고, 수청동의 것은 재지에서 제작된 것으로 밖에는 달리 설명할 수 없다. 따라서 최소한 이 두 유적에서 출토된 상기의 표비는 동일 단계의 것으로 볼 수 있을 것이다.

금릉동78-1호묘에서 표비와 동반된 도9-2·3의 골촉형 철촉은 장경식으로 逆刺가 없는 유엽형인데, 도9-3은 폭이 좁아 세장형으로 추정된다. 도9의 영남지역 고분 출토 골촉형 철촉의 형식편년양상을 보면 3세기 후반에는 단경식의 역자식 철촉의 빈도가 높고, 역자가 없는 형식은 극소수이다. 4세기 전반까지도 역자형 단경식 철촉이 여전히 유지되는데, 逆刺가 없는 형식의 빈도가 높아지고, 도9-9와 같이 세장한 형식이 보이기 시작한다. 4세기 후반이 되면 도9-11과 같이 역자는 흔적상으로 존재하고 대부분은 逆刺가 없는 형식으로 변한다. 도9-2는 도9-6·10·12와 비교되며, 도9-3은 도9-13과 유사하다. 도9-3의 세장한 형식의 철촉의 존재를 감안하면 금릉동78-1호묘 골촉형 철촉은 3세기대로 소급은 될 수 없을 것이며, 도9-13과 유사하므로 4세기 중후반대로 편년하면 안정적일 것이다. 이처럼 금릉동78-1호묘에서 재갈과 동반된 골촉형 철촉은 4세기 중후반의 형식에 해당된다.

Ⅲ장에서 후술하겠지만 봉명동C31호는 4세기3/4분기로 편년되고, 수청동5-5-15호묘와 동 38호묘도 동반유물의 검토에서 4세기3/4분기로 편년된다. 두정동Ⅰ-5호 토광묘 역시 4세기 말엽으로 편년된다.[25] 금릉동78-1호묘의 재갈은 함과 인수의 구조, ㄷ자상 입문금구 등에서 유사한 형태적 속성을 가진 도4-5의 서해리2-1호묘의

---

25) 김일규, 2011, 「봉명동유적을 통해 본 심발형토기의 출현의의」, 『考古廣場』8, 釜山考古學研究會.

백제 고고학 편년 연구

39

재갈과 마찬가지로 4세기3/4분기로 편년된다. 그리고 인수가 길어지는 신식 속성의 재갈이 출토된 수청동5-5-4호 주구묘와 김해 양동리78호묘는 5세기1/4분기로 편년된다. 또한 동반된 골촉형 철촉은 4세기 중후반의 형식이다. Ⅲ장에서 검토하겠지만 금릉동78-1호묘 출토 토기 또한 4세기 중엽으로 편년된다. 따라서 금릉동78-1호묘 출토 재갈은 표가 삼한시대 전기마구의 속성을 가진다고 하더라도 나머지 속성과 동반유물, 유구의 연대로 볼 때 4세기 중엽을 상회할 수 없다.

도9-17의 표비는 선술 한 바와 같이 삽자루형 인수 외환의 한쪽만 리베팅 한 구조로 인수의 중앙을 눌러 내·외환의 구분을 한 것과 길이가 길어진 것에서 금릉동78-1호묘 재갈보다 형식화 된 것으로 볼 수 있다. 그러나 도9-1의 인수가 조금 길어지고 중앙을 눌러 붙이면 도9-17의 인수와 동일한 형태를 가지는 것에서 한 단계 정도의 차이만 인정된다.

도9-17은 도9-18의 단경호와 동반되었다. 이 단경호는 도9-19의 단경호와 비교하면 크기와 동체 최대경이 좀 더 강조된 것을 제외하면 거의 유사한 형식인 것에서 격단의 차이는 인정되지 않고 동 단계 내에서의 新舊 정도의 차이로 볼 수 있다. 도9-19는 도9-20의 평저직구호와 동반되었다. 이 직구호는 전형적인 백제토기 기종이다. 그런데 경주 사라리19호 목곽묘에서 이와 동일한 기형인 도9-24가 동반되었다. 도9-20과 도9-24는 동일 형식으로 보아도 무방할 정도로 흡사하다. 경주 사라리19호 목곽묘에서는 도9-21·22의 도질토기 광구소호 및 도9-23의 土師器系 토기가 동반되었다. 평저화 되고, 동체가 축소된 광구소호는 4세기 말~5세기 초엽의 전형적인 형식이다. 또한 도9-23의 土師器系 토기는 도9-27과 도9-29의 중간적 형식으로 볼 수 있다. 도9-27과 도9-29는 각각 4세기4/4분기와 5세기1/4분기로 편년된다. 그러므로 경주 사라리19호 목곽묘 역시 이와 동일한 연대로 편년되며 동 형식의 도9-20의 토기가 출토된 두정동Ⅰ-매납유구는 4세기4/4분기 후반 이전으로는 소급될 수 없다. 도9-19와 거의 동 단계 형식의 단경호가 출토된 두정동Ⅰ-5호 토광묘의 연대는 4세기4/4분기로 편년하면 안정적이므로 도9-17의 표비 또한 동일하게 편년할

수 있다. 이처럼 도9-17의 두정동 Ⅰ-5호 토광묘 출토 재갈이 4세기4/4분기로 편년되므로, 한 단계 정도 고식 형식으로 분류되는 도8-2(9-1)의 재갈과 도8-1의 재갈이 출토된 금릉동78-1호묘와 두정동C31호묘는 4세기 중엽을 상한으로 하는 4세기 3/4분기로 편년하면 안정적일 것이다.

이상에서 현재 조사된 자료상으로는 백제 기승용 마구의 출현은 4세기3/4분기로 편년된다. 물론 이 자료들은 한성 중앙의 최상위계 고분출토품이 아닌 점에서 지체현상을 감안하지 않을 수 없다. 이러한 지체현상은 도8-7·9·13의 마구에서 확인할 수 있다. 이 재갈들은 도6의 가야마구와 비교하면 도8-7은 4세기3/4분기, 나머지는 4세기4/4분기로 편년할 수 있지만 전자는 표 입문 결합금구가 여러 차례의 수리 보수된 흔적이 나타나고, 후자는 양쪽 경판이 각각 다른 형태이며 다른 시간적 속성을 가진 것에서 다른 재갈의 경판을 재활용한 것이다. 이처럼 이 마구들은 부장용으로 제작된 것이 아니라 오랫동안 사용되던 것을 부장한 것으로 판단되는데 이 마구들과 동반되는 토기에서도 연대차가 명확하다. 이처럼 중앙의 최상위계의 고분이 아닌 지방의 고분에서 출토 되는 마구의 편년은 지체현상을 감안하여야 할 것이다. 지체현상에 의한 절대연대차이를 제외한 마구자체의 변천은 도6의 금관가야의 마구와 동일한 과정을 가지는 것을 알 수 있다.

Ⅱ. 삼국시대 표준연대유물의 정합성 검토

 본 장에서는 六朝瓷器와 마구를 연대설정의 표준유물로 하여 가야, 백제, 고구려의 교차연대자료와 비교하여 그 정합성을 검토해보겠다. 가야자료는 최근 조사된 대성동88호분 출토 진식대금구와 91호분 출토 三燕馬具의 상대연대비교를 행하여 해당연대자료가 적합한지 알아본다. 백제 유적에서 출토된 六朝瓷器는 중국의 六朝瓷器와 비교하여 편년한다. 동시에 삼연마구 연대에 근거한 신라·가야 고분 자료와 비교하여 동반유물을 편년하고 상호간의 연대와 상대순서 비교를 통해 해당 연대자료의 적합성 여부를 판단한다. 고구려의 고고자료는 적석총 출토 와당의 형식편년과 동반유물의 비교를 통해 그 연대를 산정한다.

 이상의 검토를 통해 삼국시대 考古編年에 이용된 표준연대유물의 정합성 여부를 살펴 삼국 고고학의 연대에서 확인되는 괴리를 조금이나마 좁혀보고자 한다.

1. 김해 대성동고분군 출토 교차연대자료의 검토

1) 대성동88호분 출토 晉式帶金具

도10은 晉式帶金具의 변천도이다. 진식대금구는 帶扣·帶端金具 모두 單龍文인 것(도10-1~3)과 帶扣金具는 龍鳳文, 帶端金具는 雙龍文을 투조한(도10-4~9) 두 계열로 나눌 수 있다.[26] 각 계열의 상대서열은 藤井康隆의 분류에 대체로 동의하는 바이지만 씨의 형식 분류에서 문양새김법의 속성을 단계설정과 분류의 우선순위로 두는 것에는 견해를 달리한다.

藤井康隆은 진식대금구의 편년에서 문양의 변화와 함께 새김기법을 분류의 기준으로 하였다. 그런데 형식 변화상의 분류과정에서 내부문양 새김기법과 같은 속성은 전체적인 외형보다 우선될 수 없다. 도10-4의 일본 出光미술관 소장품과 도10-5의 대성동88호분 출토품은 그 외형적 형태가 동일한 틀에서 제작된 것이라고 해도 무방할 정도로 흡사하다. 그런데 藤井康隆은 이 두 유물의 외형적 유사성보다 氏가 분류한 새김기법의 상대순서에 의해 대성동88호분 진식대금구를 出光미술관 소장품보다 후행단계의 형식으로 분류하였다. 그런데 외형적으로 동일한 형태의 대금구에 각기 다른 새김기법으로 세부문양이 새겨져 있다면, 각각의 새김기법은 동일한 시간성을 가지는 것으로 보는 것이 보다 객관적일 것이다.

도10-2는 내부문양의 새김표현을 제외하면 도10-1의 元康七年(297년)기년의 宜興周處墓 출토 대금구와 흡사한 것에서 동일한 연대로 편년할 수 있다. 도10-2의 銙는 그 형태와 문양속성에서 도10-5의 대성동88호분 출토 銙와 유사한데, 내부에 새겨

---

26) 藤井康隆은 전자를 중국 江南系인 A系列, 후자를 河北 中原系인 B系列로 구분하였다.
　　藤井康隆, 2013, 「대성동 88호분의 진식대금구(晉式帶金具)와 중국·왜」『최근 大成洞古墳群의 발굴성과』대성동고분박물관 10주년 기념 국제학술회의·공청회, 김해시·인제대학교 가야문화연구소.

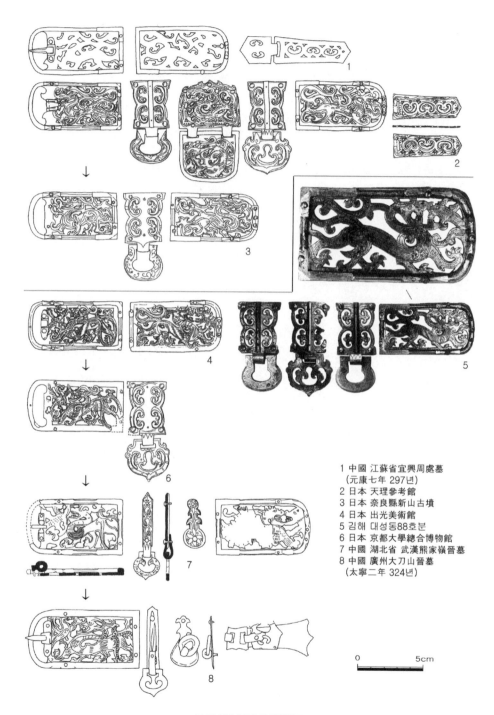

1 中國 江蘇省宜興周處墓
　(元康七年 297년)
2 日本 天理參考館
3 日本 奈良縣新山古墳
4 日本 出光美術館
5 김해 대성동88호분
6 日本 京都大學總合博物館
7 中國 湖北省 武漢熊家嶺晉墓
8 中國 廣州大刀山晉墓
　(太寧二年 324년)

0　　　　　5cm

도 10 ｜ 晉式帶金具의 변천도

진 문양만을 보면 도10-5보다 오히려 도10-2가 더 形骸化 되었다. 따라서 문양속성만 보면 出光미술관소장 대금구와 대성동88호분의 대금구가 도10-2보다 고식임을 알 수 있다. 그러므로 宜興周處墓의 연대를 고려하면 대성동88호분 출토 진식대금구의 원향에서의 연대는 297년을 하한으로 하는 3세기 말엽으로 편년할 수 있다.

2) 대성동 91호분 출토 笠形馬鈴

笠形馬鈴은 갓판 주연부가 外折된 轉의 유무 및 편구형과 제형으로 분류된 방울 단면형태가 각각 시간성을 가진다는 견해가 있다.[27] 이러한 견해에 동감하는데, 이에 근거하여 좀 더 세분하여 그 변천과정을 검토 해 보겠다.

도11의 笠形馬鈴의 변천과정을 살펴보면 삿갓모양의 갓 부분은 그 깊이가 깊어지는 속성으로 변하는 것을 알 수 있다. 이와 함께 반환상의 革紐연결부는 점차 폭이 좁아져 세장한 반타원상으로 변하는데 도11-6·7과 같이 세장한 반타원상의 봉에 투공을 한 형태를 거쳐 종국에는 도11-8과 같이 세장방형의 봉에 투공을 한 형태로 된다. 방울의 단면은 말각방형→ 종타원형→ 편구의 제형→ 제형으로 변하는데 편구의 제형을 기점으로 타원형 투창은 세장방형으로 변한다.

갓판은 그 형태가 점점 깊어지면서 단면이 삿갓상의 弧形에서 도11-24와 같은 반타원상의 弧形으로 변한다. 갓판주연에 轉이 형성되는 것은 도11-8과 도11-11에서 볼 수 있듯이 방울이 편구의 제형으로 변한 이후부터이다. 원대자벽화묘의 笠形馬鈴은 도11-11처럼 갓판에 전이 형성된 것과 도11-12처럼 단면제형 방울에 갓판에 전이 없는 것이 동반되어 전이 형성되기 시작하는 단계의 것이므로 전이 없는 笠形馬鈴만 출토된 대성동91호분보다 후행하는 단계의 형식이다. 도11-13의 安陽 孝民屯154號墓 출토 笠形馬鈴은 도11-8의 대성동91호분 출토품과 방울은 유사하지만

---

27) 沈載龍, 2013,「中國系遺物로 본 金官加耶와 中國 東北地方」『中國 東北地域과 韓半島 南部의 交流』第22回 嶺南考古學會 學術發表會, 嶺南考古學會.

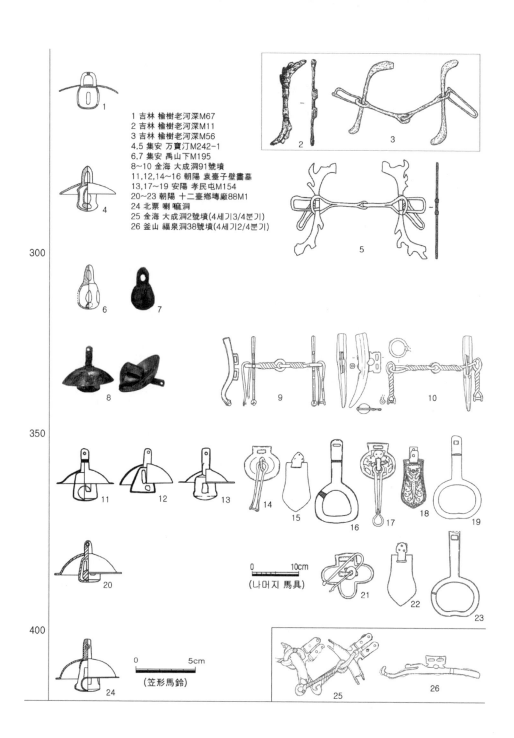

1 吉林 楡樹老河深M67
2 吉林 楡樹老河深M11
3 吉林 楡樹老河深M56
4,5 集安 万寶汀M242-1
6,7 集安 禹山下M195
8~10 金海 大成洞91號墳
11,12,14~16 朝陽 袁臺子壁畵墓
13,17~19 安陽 孝民屯M154
20~23 朝陽 十二臺鄕塼廠88M1
24 北票 喇嘛洞
25 金海 大成洞2號墳(4세기3/4분기)
26 釜山 福泉洞38號墳(4세기2/4분기)

도 11 ┃ 笠形馬鈴의 형식편년과 동반유물 양상

갓판에 전이 형성된 것이므로 대성동91호분 笠形馬鈴보다 신형식이다.

3) 대성동 91호분과 88호분의 연대

김해 대성동고분군은 29호분-55호분-13호분·18호분-2호분·68호분-3호분-39호분-1 호분의 순서로 조영되었으며 이러한 상대편년에 대해서는 異見이 없다. 유구의 형태와 출토유물에서 91호분은 13호분과, 88호분은 2호분과 동일단계로 편년한다.[28]

도11의 笠形馬鈴의 형식변천에서 보듯이 도11-8의 대성동91호분 출토품은 방울의 단면과 혁뉴연결부의 형태에서 도11-6·7의 禹山下M195 笠形馬鈴보다는 신식이며,[29] 대성동91호분의 상대연대는 조양 원대자벽화묘와 안양 효민둔154호묘에 바로 선행한다.

앞서 언급한 원대자벽화묘와 효민둔154호묘가 4세기3/4분기로 편년되므로 이에 바로 선행하는 대성동91호분의 연대는 4세기2/4분기로 편년되어 上記의 연대와 부합된다.

대성동88호분은 유구의 형태-깊어진 묘광, 시상석 조성과 토기의 형식에서 대성동91호분보다 후행하고 대성동2호분과 동일한 단계인 4세기3/4분기로 편년하고 있다.[30]

도11-10의 대성동91호분 표비[31]의 표 입문은 대성동13호분과 동단계인 도11-26

---

28) 申敬澈, 2013, 「大成洞88,91號賣의 무렵과 의의」, 『考古廣場』第13號, 釜山考古學硏究會.
   沈載龍, 2013, 「中國系遺物로 본 金官加耶와 中國 東北地方」, 『中國 東北地域과 韓半島 南部의 交流』第22回 嶺南考古學會 學術發表會, 嶺南考古學會.

29) 혁뉴연결부와 방울의 형태를 고려하면 禹山下M195호와 대성동91호분 입형마령 사이에 한 형식 정도가 게재될 개연성도 있다.

30) 주28) 申敬澈, 2013의 전게문.
   주28) 沈載龍, 2013의 전게문.

31) 沈載龍, 2013, 「金海市 大成洞88號賣과 91號賣의 性格」, 『한일교섭의 고고학-고분시대-』제1회 공동연구회, [한일교섭의 고고학-고분시대-]연구회.

의 복천동38호분 출토 재갈의 표 입문과 동일한 형태이다. 도11-25의 대성동2호분 출토 표비는 입문형태로 볼 때 도11-10의 입문에 곧바로 후속하는 형식임을 알 수 있다.

이처럼 대성동91호분은 안양 효민둔154호묘와 조양 원대자벽화묘의 연대를 감안하면 4세기2/4분기를 벗어날 수 없다. 재갈의 검토에서도 대성동2호분은 대성동91호분에 바로 후행하는 단계이므로 대성동2호분과 동일단계인 대성동88호분은 4세기 3/4분기로 편년되어 역시 상기의 연대와 부합한다. 그러므로 대성동88호분에서 출토된 晉式帶金具가 3세기 말엽에 유행한 형식으로 편년되더라도 이 연대를 그대로 대성동88호분에 적용시킬 수 없다.[32]

이상 대성동고분군 출토 東漢鏡과 진식대금구와 같은 위세품은 제작에서 입수, 입수에서 부장까지 시간적 간극과 전세의 가능성 또한 배제할 수 없으므로 교차연대에 의한 역연대산정의 표준유물로 취급하기에는 적합하지 않음을 알 수 있다.

2. 신라고분 출토 六朝瓷器의 검토

1) 皇南大塚 北墳 출토 六朝瓷器의 검토

도12는 경주 황남대총 북분 출토 黑釉(褐釉)盤口壺 및 유사한 기형의 六朝瓷器를 제시한 도이다. 도12-1의 황남대총 북분 출토 六朝瓷器는 그 법량에서 약간의 차이가 있을 뿐 도12-2(도1-31)의 鎭江 鎭磚M3출토 청자반구호 및 南京 小營村 東晉墓출

---

32) 대성동고분군에서는 이외에도 88호분과 동단계인 23호분과 70호분 주곽에서 각각 동한조기의 박국경과 동한 중만기에 유행한 연호문경이, 그리고 5세기 초엽으로 편년되는 14호분에서는 동한 중만기의 연호문경이 출토되었다. 따라서 진식대금구 역시 이 漢鏡과 같은 성격의 위세품으로 취급할 수 있으며, 유구의 연대 산정에 제작원향의 연대를그대로 적용시킬 수 없다.

1 황남대총 북분
2 鎭江鎭塲M3
3 南京小營村 東晉墓

도 12 | 황남대총 북분 출토 六朝瓷器의 편년 비교자료

토 흑유반구호와 유사한데 좀 더 세밀하게 분류하면 도12-2(도1-31)와 도12-3(도1-36)의 중간에 게재시킬 수 있다. 도1의 六朝瓷器 형식편년에 의하면 황남대총 북분 출토 흑유반구호는 4세기3/4분기 후반~4/4분기 전반으로 편년하면 안정적이다. 신라고분 편년에서 황남대총 북분의 연대는 남분의 피장자가 訥祇王일 경우 5세기4/4분기 전반으로 편년되며, 奈勿王이라고 가정하더라도 5세기2/4분기 전반을 상회하지 못한다. 따라서 어느 쪽이더라도 도12-1의 六朝瓷器 연대와는 최소 50년에서 100년의 격차가 난다.

3. 백제 출토 六朝瓷器와 동반유물의 편년

본 절에서는 백제고분과 유적에서 출토된 六朝瓷器와 동반유물을 신라가야 고분출토 토기, 馬具, 盛矢具 등과 교차편년하고 이 연대를 六朝瓷器의 연대와 비교해보겠다.

1) 몽촌토성

도13-1은 85-3호 수혈에서 출토된 盤口壺의 구경부편이다. 직각으로 꺾인 부가구연에 세장한 경부는 경의 기부가 구연 연결부보다 넓은 속성이다. 이러한 구경부 속성은 東晉 晚期 계수호의 특징인데 도1-28·34·38의 계수호 구경부와 유사하므로 도

13-1의 계수호 구경부편은 4세기 말엽으로 편년할 수 있다.

도13-2 역시 85-3호 수혈 출토품이다. 짧게 직립하는 구연, 縱孔을 가진 반환상의 耳가 부착되고, 耳 부근의 견부에는 횡집선이 시문된 四耳罐으로 복원할 수 있다. 이와 같은 기형은 도15-5와도 동체부의 팽배한 정도만 제외하면 기형상 유사성이 인정되며 이 경우 4세기 후반으로 편년된다. 한편 도13-8~10의 기형으로도 복원할 수 있는데 동체의 곡선정도로 볼 때 도13-9와 유사하다. 이 기형은 도13-8→9→10으로 형식조열 된다. 도13-8의 사이관은 435년 기년의 南朝墓 출토품이고 도13-10은 5세기 말엽으로 편년되므로 도13-9와 유사한 도13-2는 5세기 중엽으로 편년할 수 있다.

도13-3의 완은 구연하단에 회전 압흔이 강하게 잔존하며 굽이 없는 평저 속성을 가진 기형이다. 이 완은 도13-5의 南京 呂家山 李氏家族墓M2(357년 또는 375년) 출토 품[33]과 유사하다.

도13-4의 완은 도13-6과 거의 흡사하다. 도13-6은 435년으로 편년되는 도2-55보다 한 단계정도 후행하는 형식의 鉢과 동반하고 470년으로 편년되는 도13-7보다 약간 선행하는 형식이므로 450년을 전후한 5세기 중엽으로 편년할 수 있다. 따라서 도13-4의 몽촌토성 출토 완 또한 5세기 중엽으로 편년할 수 있다.

도13-1·2가 출토된 85-3호 수혈에서는 日本 古墳時代의 TK23형식의 須惠器가 동반되었다. TK23형식은 최근 일본의 須惠器 연대에 의하면 5세기3/4분기로 편년하는데,[34] 일본의 고전적 연대[35]와 낙동강하류의 도질토기와의 교차연대를 적용하면 6세기1/4분기로 편년 한다.[36]

---

33) 南京市博物館, 2000,「南京呂家山東晉李氏家族墓」,『文物』第7期, 文物出版社.
34) 田中淸美, 2007,「연륜 연대법으로 본 초기 須惠器의 연대관」,『한일 삼국·고분시대의 연대관 (Ⅱ)』, 부산대학교박물관·국립역사민속박물관 제2회 국제학술회의.
35) 田辺昭三, 1966,『陶邑古窯址群Ⅰ』, 平安學園.
　　田辺昭三, 1981,『須惠器大成』, 角川書店.
36) 金斗喆, 2006,「三國·古墳時代 年代觀」,『한일 고분시대의 연대관』歷博國際硏究集會, 國立歷史民俗博物館·韓國 國立釜山大學校博物館.
　　洪潽植, 2006,「加耶·新羅土器, 須惠器의 竝行關係」,『한일 고분시대의 연대관』歷博國際硏究集

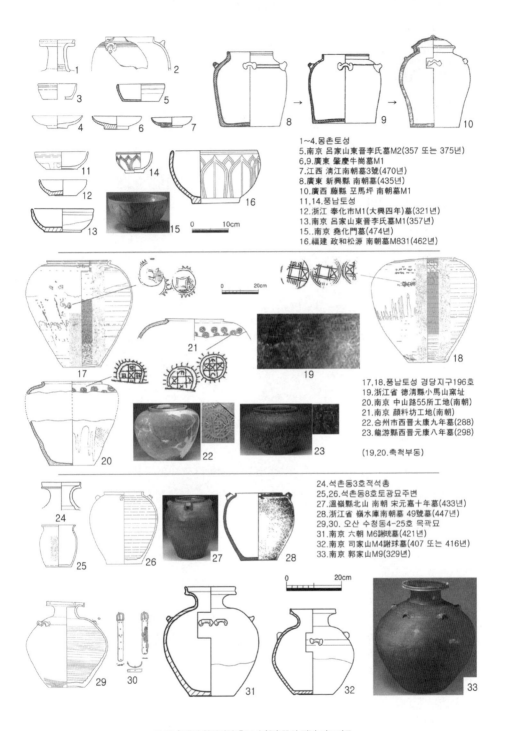

1~4.몽촌토성
5.南京 呂家山東晋李氏墓M2(357 또는 375년)
6,9.廣東 肇慶牛崗墓M1
7.江西 淸江南朝墓3號(470년)
8.廣東 新興縣 南朝墓(435년)
10.廣西 藤縣 圷馬坪 南朝墓M1
11,14.풍납토성
12.浙江 奉化市M1(大興四年)墓(321년)
13.南京 呂家山東晋李氏墓M1(357년)
15.南京 堯化門墓(474년)
16.福建 政和松源 南朝墓M831(462년)

17,18.풍납토성 경당지구196호
19.浙江省 德淸縣小馬山窯址
20.南京 中山路55所工地(南朝)
21.南京 顔料坊工地(南朝)
22.衢州市西晋太康九年墓(288)
23.龍游縣西晋元康八年墓(298)

(19,20.축척부동)

24.석촌동3호적석총
25,26.석촌동8호토광묘주변
27.溫嶺縣北山 南朝 宋元嘉十年墓(433년)
28.浙江省 嶺水庫南朝墓 49號墓(447년)
29,30. 오산 수청동4~25호 목곽묘
31.南京 六朝 M6謝琰墓(421년)
32.南京 司家山M4謝球墓(407 또는 416년)
33.南京 郭家山M9(329년)

도 13 | 백제 한성지역 출토 六朝瓷器의 편년 비교자료

2) 풍납토성

도13-11의 풍납 X Ⅳ가-1호 수혈 출토 청자완은 도13-12·13과 유사한 기형이다. 신부 만곡정도와 구연부 속성으로 볼 때 大興四年(321년) 紀年墓[37] 출토품인 도13-12(도1-18)와 357년으로 편년되는 도13-13과 비교되는 형식이다. 따라서 도13-11의 완은 4세기2/4분기로 편년할 수 있다.

도13-14의 풍납 X Ⅳ다-38호 수혈 출토 蓮花文 鉢은 도13-15·16과 유사하다. 그러나 기형 및 연화문의 곡선정도와 연화 끝부분의 돌출정도를 비교하면 474년으로 편년되는 도13-15의 堯化門墓[38] 출토 鉢에 보다 가깝다. 따라서 도13-14의 연화문 발은 474년을 전후한 연대가 산정된다.

경당196호에서 출토된 도13-17·18의 錢文陶器 옹은 도13-20·21의 저장용 옹과 유사한 기형의 黑釉陶器이다. 이는 도13-22·23의 西晉時代 罐과는 법량과 기형, 전문에서 차이가 확연하다.

도13-22·23과 같이 西晉代 錢文陶器는 "大泉五十"의 錢文이 많고 錢文의 字句가 대체로 명확하다. 그러나 도13-20·21과 같이 南朝代의 전문도기는 錢의 圓文이 井자형으로 구획되고 그 내부의 자구 또한 五를 표기한 X자형만 확인될 뿐 나머지 자구는 형태를 제대로 파악할 수 없을 정도로 퇴화되었다. 도13-18을 비롯하여 풍납토성과 몽촌토성에서 출토된 전문도기의 錢文 또한 圓文을 井자로 구획하고 그 내부의 X자형을 제외하면 격자문, 집선문과 같이 완전히 퇴화된 자구의 형태만 확인되

會, 國立歷史民俗博物館·韓國 國立釜山大學校博物館.

申敬澈, 2009, 「韓國考古資料로 본 日本 古墳時代 연대론의 문제점」, 『한일 삼국·고분시대의 연대관(Ⅲ)』歷博國際研究集會, 日本國 人間文化研究機構 國立歷史民俗博物館·大韓民國 國立釜山大學校博物館.

金一圭, 2011, 「陶質土器의 觀點에서 본 初期須惠器의 年代」, 『國立歷史民俗博物館研究報告』 第163集.

37) 傳亦民, 2003, 「浙江奉化市晉紀年墓的淸理」, 『考古』第2期, 科學出版社.
38) 南京市博物館, 2004, 『六朝風采』, 文物出版社.

어 南朝時代 전문도기와 유사하다.[39]

풍납토성 출토 대형 전문도기 옹은 "제작기법에서 吳와 西晉~東晉 早期의 중소형 錢文瓷器와는 명백히 구별되지만, 南京 六朝 建康城 南朝地層에서 출토된 갈유, 흑유의 전문도기 옹과 기형, 태토, 유약, 동체에 시문된 錢文과 그물문은 물론 제작기법까지 동일하다"고 한 王志高의 견해[40]는 주목할 만하다. 따라서 풍납토성 경당 196호 출토 흑유전문도기는 東吳·西晉代의 것으로 볼 수 없으며, 기형상 建康城遺址에서 출토된 南朝 중만기로 편년된 기형보다 다소 고식으로 볼 수 있는 점에서 東晉 晚期~南朝 劉宋代로 편년하는 것이 타당하다.

풍납ⅩⅣ가-1호 수혈에서 출토된 도13-11의 청자완과 동반된 장란형 토기와 장동호는 후술할 도20의 한강유역 백제토기 Ⅵ단계 이후의 형식에 해당되는 것으로 5세기 말엽으로 편년할 수 있다[41].

도13-14의 연화문 鉢이 출토된 풍납Ⅹ Ⅵ다-38호 수혈에서 동반된 장동호는 동탄 석우리 먹실유적 24호 수혈과 천안 용원리1호 석곽묘, 후술할 수촌리Ⅱ-4호 석실묘, 동5호 석실묘 출토 장동호와 아주 유사하다[42]. 석우리 먹실24호 수혈에서 출토된 파상문이 시문된 흑색마연직구호와 고배의 형식은 6세기1/4분기로 편년되며, Ⅳ장과 Ⅴ장에서 본격적으로 검토하겠지만 천안 용원리1호 석곽묘는 6세기1/4분기 전반, 수촌리Ⅱ-4호와 동5호 석실묘는 5세기4/4~6세기1/4분기로 편년된다. 따라서 연화문 발과 동반된 풍납Ⅹ Ⅵ다-38호 수혈 출토 장동옹은 6세기1/4분기를 전후한 연대를 산정할 수 있다.

전문도기가 많이 출토된 풍납토성 경당196호에서 동반된 흑색마연직구호는 최대경이 상위에서 중위로 이행하는 단계에 있으며, 평저 속성이 아직 유지되는 형식

---

39) 夢村土城과 神衿城 출토 錢文陶器의 錢文 역시 마찬가지이다.
40) 王志高, 2012, 「風納土城의 세 가지 문제에 대한 試論」, 『동북아시아 속의 풍납토성』(제12회한성백제문화제 국제학술회의 발표논문집), 百濟學會.
41) 김일규, 2013, 「한강 중·하류역 2~5세기 일상토기 변천」, 『考古廣場』12, 釜山考古學研究會.
42) 동체의 세장한 속성은 석우리 먹실24호 수혈 장동호보다 더 신식속성으로 볼 수 있다.

이다. 이와 같은 형식은 후술할 도50-2와 도50-4의 중간에 게재할 수 있으므로 5세기1/4분기 후반~2/4분기 전반으로 편년할 수 있다.

3) 석촌동 고분군

도13-24의 盤口壺 구경부 편은 3호 적석총 적석부에서 출토된 것이다. 구경부만 잔존하여 전체기형의 비교검토는 행할 수 없지만 기형과 법량의 비교에서 도13-29·31의 반구호 구경부와 아주 흡사하여 5세기 전반으로 편년할 수 있다. 이 청자 반구호가 매장주체부가 아닌 적석부에서 출토되어 3호 적석총의 조영연대와 결부시킬 수 있을지 확실치 않지만 적석총의 축조과정에서 들어간 유물이라고 한다면 석촌동3호 적석총의 연대는 5세기 전반 이전으로 소급할 수 없다.

석촌동8호 토광묘 주변에서 출토된 도13-26의 四耳罐은 최대경이 중상위에 위치한 계란형 동체를 가진다. 구연부는 짧게 직립하고 구연부 직하에 橋狀의 四耳가 대칭으로 부착되어 있다. 이 기형과 유사한 사이관은 도13-27(도2-54)의 433년 기념의 北山 南朝 宋 元嘉十年墓[43] 출토품과 유사한 것에서 5세기2/4분기로 편년할 수 있다.

사이관은 8호묘 주변에서 도13-25의 심발형 토기와 접하여 출토되었다.[44] 도13-25의 심발형 토기는 보고서의 사진을 보면 평행선문에 횡침선을 돌린 형태이다. 동체와 구경부의 속성에서 후술할 도20의 한강 중·하류역 일상 토기 VI단계에 해당되는 형식과 비교되므로 5세기 3/4분기로 편년할 수 있다.

---

43) 浙江省博物館, 2000, 『浙江紀年瓷』, 文物出版社.
44) 유물출토 정황과 주변 유구의 현황으로 볼 때 8호 토광묘와 별개유구의 부장유물로 판단 된다.

4) 오산 수청동4-25호 목곽묘

도13-29의 盤口壺는 縱孔의 半環狀 雙耳가 대칭을 이루며 4군데 부착되어 있다. 동체 최대경은 중위에 위치하고, 동체 하위는 시유되지 않았다. 이는 도13-31~33의 기형과 유사한데, 이 가운데 도13-33은 六耳壺이며 귀가 부착된 견부에 사격자의 문양대가 있는 기형으로 西晉 末~東晉 早期의 전형적인 반구호이다. 그런데 도13-33의 이러한 속성들은 도13-29에는 전혀 보이지 않으므로 도13-31·32의 반구호가 보다 유사성이 강하다. 도13-29의 반구호는 동체 형태는 도13-32와 유사하지만 구경부와 雙耳, 견부속성은 도13-31에 가깝다. 도13-31의 반구호는 421년, 도13-32의 반구호는 407년 또는 416년으로 편년되므로 이 두 반구호의 중간형식으로 볼 수 있는 수청동4-25호 목곽묘 출토 반구호는 5세기1/4분기의 연대를 산정할 수 있다.

수청동4-25호 목곽묘에서 동반된 장동호는 용원리1호 석곽묘와 석우리 먹실24호 수혈 출토 장동호보다 한 단계 정도 선행하는 형식이다. 또한 동반된 도13-30의 성시구는 土屋隆史의 연구에 의하면 6세기로 편년되는데 日本 長野宮垣外 SK18土壙墓 출토품과 합천 옥전 M4호분 성시구와 유사한 형식이다.[45] 그런데 이 형식의 성시구는 한반도에서 초출하는 자료이고, 일본 연대와 동반된 토기의 연대를 취하면 용원리1호 석곽묘보다 한 단계정도 선행하는 것에서 5세기4/4분기로 편년하면 안정적일 것이다.

5) 원주 법천리2호분

법천리2호분 출토 靑瓷羊形器는 주지하듯 南京 象山M7號墓[46] 출토품과 비교된

---

45) 土屋隆史, 2011, 「古墳時代における胡籙金具の變遷とその特質」, 『古文化談叢』第66集, 九州古文化研究會.
   土屋隆史, 2012, 「日本における胡籙金具の展開」, 『考古學研究』第59卷 第1号.
46) 南京市博物館, 1972, 「南京象山 5號, 6號, 7號墓 淸理簡報」, 『文物』第11期, 文物出版社.

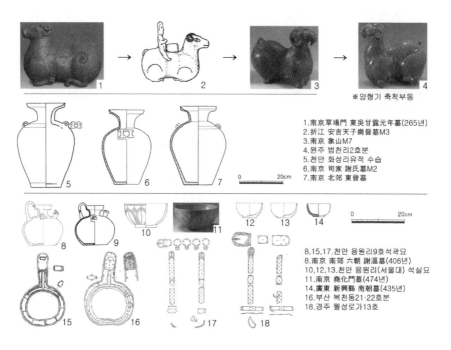

1. 南京草場門 東吳甘露元年墓(265년)
2. 折江 安吉天子崗晉墓M3
3. 南京 象山M7
4. 원주 법천리2호분
5. 천안 화성리유적 수습
6. 南京 司家 謝氏墓M2
7. 南京 北郊 東晉墓

※ 양형기 축척부동

8,15,17.천안 용원리9호석곽묘
8.南京 南郊 六朝 謝溫墓(406년)
10,12,13.천안 용원리(서울대) 석실묘
11.南京 堯化門墓(474년)
14.廣東 新興縣 南朝墓(435년)
16.부산 복천동21·22호분
18.경주 월성로가13호

도 14 | 한성 주변지역 고분출토 六朝瓷器 편년 비교자료

다. 도14-1의 南京 吳 甘露元年墓[47]와 도14-3의 象山M7號墓 출토 양형기를 비교하면
도14-4의 법천리2호분 양형기는 몸통의 길이가 짧아지고 목을 비롯하여 기고는 더
높아졌으며, 몸체의 羽翼문양선, 뿔과 눈썹의 음각선 표현 등이 더 간략화 되었다.
이러한 속성에서 상산M7호 양형기보다 신형식이며 보다 늦은 시기로 편년된다.[48]
상산M7호는 조영시점을 東晉 早期(322년)로 보고 있지만 夫婦를 비롯한 3인의 합장
묘인 것에서 양형청자를 비롯한 일부 유물은 東晉 中期까지 편년한다.[49] 따라서 이
보다 신식속성이 강한 법천리2호분 수습 양형기는 4세기 중엽을 상회할 수 없다.

47) 南京市博物館, 2004,『六朝風釆』, 文物出版社.
48) 李廷仁, 2011,「魏晉時代 靑瓷羊形器 硏究」『中國六朝의 陶磁』, 국립공주박물관·남경시박물관.
　　주40) 王志高, 2012의 전게문.
49) 주40) 王志高, 2012의 전게문.

법천리2호분에서 동반된 소형 흑색마연직구호는 시흥 능곡1-2호 석실묘 출토품과 동일한 형식이고, 심발형 토기는 후술하듯이 도20의 한강유역 일상 토기 Ⅵ단계의 형식으로 모두 5세기3/4분기로 편년할 수 있다.

6) 천안 화성리 출토 청자 반구호

천안 화성리 유적 출토 도14-5의 반구호는 도14-6·7과 유사한데, 구경부의 형태와 동체 최대경이 상위로 이행한 것에서 도14-6(도1-39)에 보다 가까운 형식이므로 도1을 참조하면 4세기4/4분기로 편년할 수 있다.

7) 천안 용원리 유적

도14-8은 용원리9호 석곽묘 출토 흑유 계수호이다. 이 계수호는 도14-9의 406년 기년의 謝溫墓[50]출토품과 비교되는데, 최대경이 상위에 잔존하는 고식 속성을 제외하면 도14-9와 거의 동일한 형식인 것에서 400년경으로 편년할 수 있다.

용원리9호 석곽묘에서 출토된 도14-17의 성시구는 부산 복천동21·22호분, 경주 황남동109호3·4곽, 경주 월성로 가13호분 출토품과 유사하다. 이 고분들은 모두 5세기2/4분기로 편년되는데 선술한 도7에서 보듯이 도14-15의 등자는 복천동21·22호분 보다 약간 후행하는 형식이지만 격단의 차이가 나지 않으므로 용원리9호 석곽묘 출토 흑색마연직구호도 5세기2/4분기로 편년할 수 있다.[51]

도14-10·12·13은 서울대박물관에서 조사한 용원리 석실묘 출토 청자발이다. 도14-10의 연화문 발은 474년으로 편년되는 도14-11과 거의 흡사하다. 도14-12·13은

---

50) 南京博物館·雨花區文化院, 1998,「南京南郊六朝謝溫墓」,『文物』第5期, 文物出版社.
51) 김일규, 2013,「가락동2호분 출토유물을 통한 조영시기 재검토」,『백제학보』제10호,
    김일규, 2014,「웅진기 백제양식 연대시론」,『百濟文化』第50輯, 公州大學校 百濟文化研究所.

백제 고고학 편년 연구

57

435년으로 편년되는 도14-14와 유사하다.

서울대 조사 용원리 석실묘에서 동반된 심발형 토기는 후술하듯이 도20의 분류에 의하면 Ⅶa단계보다 한 단계정도 후행하는 형식으로 5세기4/4분기로 편년할 수 있다. 또한 석실묘에서 출토된 것과 동일 계열의 성시구는 가장 고식이 5세기2/4분기 후반의 상주 신흥리 나39호묘 출토품이고, 6세기1/4분기의 함양 백천리1-3호분과 합천 반계제 가A호분에서도 출토되었다. 그러므로 서울대박물관 조사 용원리 석실묘는 5세기4/4분기를 전후한 시점으로 편년하면 안정적일 것이다.

8) 공주 수촌리 유적

도15-6의 수촌리Ⅱ-1호 목곽묘 출토 청자 有蓋四耳罐은 東晉 中·晚期로 편년되는 江蘇 諫壁磚瓦廠東晉墓[52]에서 출토된 도15-1·3·5보다는 도15-7의 四川綿陽M136[53] 출토 罐과 도2-61·70와 같은 南朝時代로 편년되는 罐에 보다 가깝다.

4세기4/4분기로 편년되는 도1-42의 罐은 견부에 횡집선문의 문양대와 양각된 鋪首문양이 잔존하는 등 東晉 晚期까지는 일부 고식속성이 확인된다. 또한 도15-1·3·5와 도1-42의 東晉 중·만기 사이관의 동체는 최대경이 중위에 가깝고 둥근 기가 잔존하지만, 도15-6은 최대경이 상위에 위치하여 역제형을 이루고 둥근 기가 거의 보이지 않는다. 도15-7, 도2-61·70과 같은 南朝時代의 罐은 동최대경이 상위에 있고, 견부가 발달하여 동체는 逆梯形에 가깝다. 이처럼 수촌리Ⅱ-1호 목곽묘의 청자사이관은 南朝 早期의 罐과 유사하므로 東晉-劉宋교체기를 전후한 5세기 초엽으로 편년하는 것이 안정적이라고 생각한다.

수촌리Ⅱ-1호 목곽묘에서 출토된 도15-11·12의 등자는 도15-13·14와 같이 5세기 3/4분기 후반~4/4분기 전반으로 편년되는 가야 고분출토 등자와 동형식이다. 도

---

52) 鎭江博物館, 1988, 「江蘇鎭江諫壁磚瓦廠東晉墓」, 『考古』第7期, 科學出版社.
53) 綿陽博物館, 1990, 「四川綿陽西山六朝崖墓」, 『考古』第11期, 科學出版社.

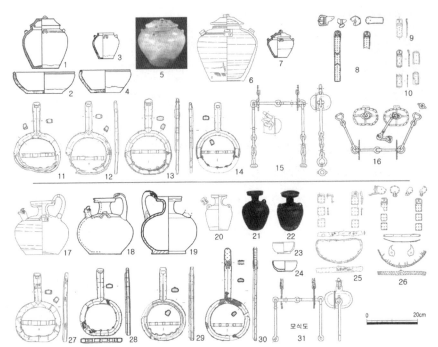

1,2 江蘇鎭江諫壁塙瓦廠M29. 3,4 江蘇鎭江諫壁塙瓦廠M27. 5 江蘇鎭江諫壁塙瓦廠M28. 6,8,11,12,15 수촌리 II-1호묘.
7 四川綿陽M136. 9 경주황남대총북분. 10 경주황남대총남분. 13 고령지산동(영)석곽묘3호. 14,16 합천 옥전M2호분.
17,20,23,25,27,31 수촌리 II-4호묘. 18 湖北鄂州市塘角頭六朝墓M3. 19,24 南京司家山M3謝球墓. 21,22 浙江德淸對山窯址.
26 함양 백천리1-3호분. 28 지산동32호. 29,30 옥전M1호분.

도 15 | 수촌리 II-1 · 4호 六朝瓷器와 동반유물의 편년 비교자료

15-15의 경판비는 도15-16의 옥전M2호분 경판비와 유사하다. 또한 도15-8의 성시구는 5세기4/4분기 전반으로 편년되는 도15-9의 황남대총북분 성시구와 유사하다. 따라서 수촌리 II-1호 목곽묘는 5세기4/4분기 전반으로 편년된다.

수촌리 II-4호 석실묘에서 출토된 도15-18의 흑유 계수호는 구경부의 형태는 407 또는 416년 기념의 謝球墓[54] 출토품인 도15-19와 유사하지만 동체 최대경이 아직 상위에 잔존하므로 도15-19보다는 다소 고식으로 볼 수 있다. 동체부와 계수의 형태는 도15-18과 유사한데, 동체부만 보면 도1-34의 계수호와 비교할 수도 있다. 그

---

54) 南京博物館·雨花區文化院, 2000,「南京司家山東晉, 南朝謝氏家族墓」『文物』第7期, 文物出版社

러나 파수를 제외한 전체적 형태에서 보면 도15-18(도1-38)과 동일 단계로 볼 수 있으므로 수촌리Ⅱ-4호 출토 계수호의 연대는 4세기4/4분기로 편년할 수 있다.

수촌리Ⅱ-4호 출토 흑유 전문도기 옹은 크기에서 차이가 있지만, 기형이 풍납토성 경당196호 출토 전문도기 옹과 유사하다. 이 전문도기는 구연부가 부안 죽막동 출토 흑유도기 및 도13-20의 南京 建康城 南朝地層 출토 흑유전문도기와 거의 흡사한 것에서 東晋-劉宋교체기 무렵의 연대를 산정할 수 있다.

도15-20의 소형 흑유반구호는 도1에서 보듯이 도1-41과 도15-21(도2-47)과 비교되는데, 도1-41에 비해 견부가 더 발달된 역제형에 가까운 동체를 감안하면 도 15-21(도2-47)과 유사하다. 따라서 연대는 東晋-劉宋교체기인 5세기 초엽으로 편년할 수 있다.

도15-23의 완은 도15-24의 謝球墓(407 또는 416년) 출토 완 및 도2-48의 謝溫墓(406년) 출토 완과 유사하여 5세기1/4분기로 편년된다.

수촌리Ⅱ-4호 출토 마구와 성시구 또한 가야 고분출토품과 비교할 수 있다. 도15-27의 등자는 도7에서 보듯이 5세기4/4분기로 편년되는 도15-28·29·30의 가야 고분출토 등자와 거의 동형식이다. 도15-25의 성시구는 6세기1/4분기로 편년되는 함양 백천리1-3호분에서 출토된 도15-26의 성시구와 흡사한 기형이다. 이처럼 수촌리Ⅱ-4호 석실묘 출토유물은 마구가 5세기4/4분기, 성시구는 6세기1/4분기로 연대차이가 난다. 수촌리Ⅱ-4호 석실묘는 Ⅴ장에서 다시 논하겠지만 도56-1·2와 같이 형식차가 뚜렷한 토기가 동반되었고 금속유물 또한 연대 차이가 명확하므로 5세기4/4분기에 조영되고, 6세기1/4분기에 추가장이 행해졌을 가능성이 높다.[55]

9) 익산 입점리86-1호 석실묘

도16-2의 입점리86-1호 석실묘출토 青瓷四耳罐은 447년으로 편년되는 도16-1의

55) 주51) 김일규, 2014의 전게문.

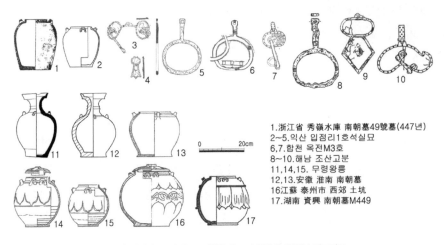

도 16 | 입점리1호 석실 · 무령왕릉 출토 六朝瓷器의 편년 비교자료

1.浙江省 秀嶺水庫 南朝墓49號墓(447년)
2~5.익산 입점리1호석실묘
6,7.합천 옥전M3호
8~10.해남 조산고분
11,14,15. 무령왕릉
12,13.安徽 淮南 南朝墓
16江蘇 泰州市 西郊 土坑
17.湖南 資興 南朝墓M449

秀嶺水庫南朝墓49號[56] 출토 사이관 및 433년의 도2-54와 유사하다. 동체의 곡선정
도와 저경의 폭이 큰 속성은 도16-1과 더 유사하므로 입점리86-1호분 출토 사이관
은 5세기2/4분기로 편년된다.

입점리86-1호분에서는 금동제 관모와 식리, 그리고 마구가 동반되었다. 도16-3의
경판비는 옥전M3호분 경판비와 유사하다. 5세기4/4분기 후반의 옥전M3호분의 연
대, 그리고 행엽과 판비 주연부 못의 개수가 시간성을 반영한다는 田中由理의 견해
[57]를 감안하면 86-1호분 경판비는 5세기4/4분기를 상회할 수 없을 것이다. 또한 도
16-4의 편원어미형 행엽도 황남대총 북분 행엽보다 신식이며 적어도 한 단계이상의
격차를 둘 수 있다. 도16-5의 등자는 옥전M3호분, 고성 송학동1A-1호분, 경주 계림
로14호분, 도16-8의 해남 조산고분 출토 등자와 유사한데, 이 중 해남 조산고분 출
토 등자와는 거의 흡사하다. 이 고분들은 5세기4/4분기 후반의 합천 옥전M3호분을

---

56) 浙江省文物管理委員會, 1958,「浙江省秀嶺水庫古墓發掘報告」,『考古學報』第1期, 科學出版社.
57) 田中由理, 2004,「Γ字形鏡板付轡の規格性とその背景」,『考古學研究』第51卷 第2號.
　　田中由理, 2005,「劍菱形杏葉と6世紀前葉の馬具生産」,『待兼山考古學論集』, 大阪大學考古學
　　研究室.

제외하면 모두 6세기 초엽으로 편년되므로 입점리86-1호분 출토 마구 역시 6세기 초엽의 연대를 산정 할 수 있다.

10) 무령왕릉

무령왕릉 출토의 도16-11의 四耳盤口壺는 도16-12(도2-69)와 유사한 기형이다. 경부의 돌대만 제외하면 도2-60과도 유사하다. 그런데 도16-11이 도16-12에 비해 최대경이 상위에 있고, 동체고도 높다. 동체부 형태의 변화상은 도2-59·68·75과 같은 기형의 사이반구호의 변화상에서 유추할 수 있다. 이 기형의 동체 변화상은 동체 최대경이 상위에 있는 역제형의 형태에서 점차 최대경이 중위로 이행하여 종타원형으로 변한다. 이러한 변화상과 도2-60을 고려하면 도16-11이 도16-12보다 고식일 가능성이 높다. 도16-12(도2-69)는 동반된 도16-13의 罐이 도2-70 및 510년으로 편년되는 도2-77과 유사한 것에서 5세기 말로 편년되고, 5세기3/4분기로 편년되는 도2-60의 四耳盤口壺를 감안하면 무령왕릉 출토 사이반구호는 475년을 전후한 연대를 산정할 수 있다.

도16-14·15의 연화문이 시문된 有蓋罐은 도16-16과 도16-17의 중간형식으로 둘 수 있다. 도2를 보면 도16-16(도2-57)은 450~460년경으로 편년되고, 도16-17(도2-66)은 5세기4/4분기로 편년되므로 무령왕릉에서 출토된 도16-14·15의 유개관은 475년을 전후한 시점으로 편년하면 안정적일 것이다.

이상의 백제 유적 출토 六朝瓷器와 동반유물의 연대를 비교 정리하면 표3과 같다.

표 3 | 六朝瓷器와 동반유물의 연대비교

연번	유구	六朝瓷器			동반유물과 유구의 연대
		기종	유색	연대	
1	석촌동 8호 주변	四耳罐	청자	5C 2/4	5C 후반
	석촌동 3호 적석총	盤口壺	청자	5C 1/4	5C 중후반
2	몽촌 85-3호 수혈	鷄首壺	흑유	4C 말엽	6C 1/4
		四耳罐	청자	4C 후반 또는 5C 중엽	
3	풍납 가-1호 수혈	盌	청자	4C 2/4	5C 후반
	풍납 다-38호 수혈	蓮花文 鉢	청자	474년경	6C 1/4
	풍납 경당196호	錢文陶器 甕	흑유	4C 말~5C 전반	5C 전반
4	수청동 4-25	盤口壺	청자	5C 1/4	5C 4/4
5	화성리 수습	盤口壺	청자	4C 4/4	
6	용원리 9호 석곽묘	鷄首壺	흑유	400년경	5C 2/4
	용원리 석실묘(서)	盌	청자	5C 2/4	5C 4/4
		蓮花文 鉢	청자	474년 전후	
7	법천리 2호분	羊形器	청자	4C 중후반	5C 3/4
8	수촌리 Ⅱ-1호분	四耳罐	청자	5C 초엽	5C 4/4
	수촌리 Ⅱ-4호분	鷄首壺	흑유	4C 4/4후반	5C 4/4造營, 6C 1/4追葬
		錢文陶器 甕	흑유	5C 전반	
		盤口壺	흑유	5C 1/4	
		盌	청자	5C 1/4	
9	입점리 86-1호분	四耳罐	청자	5C 2/4	6C 1/4
10	무령왕릉	蓮花文 六耳罐	청자	475년 전후	525년, 529년 王妃追葬
		盤口壺	흑유	475년 전후	
		盌	청자	5C 4/4	

4. 六朝瓷器의 특징 및 백제 유입시점과 배경

六朝瓷器는 東晉 中期를 기점으로 뚜렷한 변화양상이 확인된다.

기종구성에서는 東晉 早期까지 많이 확인되던 明器가 東晉 中期가 되면 완전히 사라지는데 일상용기의 종류도 罐, 壺, 鉢 위주로 기종이 감소되고, 문양이 간소화 된다.[58] 그리고 계수호가 성행한다. 물론 이전에도 계수호는 존재하지만 경부가 길 어지고 鷄頭부분을 注口로 변화시켜 일상용기화 한 것은 東晉 중기부터이다. 이는 明器가 사라지고, 일상용기가 보편적인 기종 위주로 그 종류가 감소되는 현상과 일 맥상통한다. 즉 東晉 중기가 되면서 瓷器가 陶器를 대신하여 일반화되기 시작한 것 으로 볼 수 있다. 黑釉陶瓷 또한 東晉 중기부터 일반화되는 특징이다. 물론 흑유도 자는 동한 말부터 확인되지만, 흑유의 농도와 광택, 유색상태는 東晉의 것과는 비교 될 수 없으며, 대량생산과 일반화된 것은 덕청요로 대표되는 東晉 中期부터이다.

백제 유적 출토 六朝瓷器는 기종에 있어서는 계수호, 반구호, 관, 완, 발, 대옹이 주를 이룬다. 시유형태는 청자와 흑유가 모두 확인되는데, 전문도기는 모두 흑유이 고 흑유 계수호도 다수 출토되었다. 법천리2호분 출토 청자 양형기를 제외하면 명 기로 볼 수 있는 기물은 없다. 이처럼 백제 유적 출토 六朝瓷器는 東晉 중기이후 六 朝瓷器의 양상과 대체로 일치한다.

錢文陶器는 風納土城, 夢村土城, 神衿城, 水村里Ⅱ-4號墳에서 출토되었는데, 유 색은 모두 흑유계통이고 청자는 없다. 기종은 대옹이며 편으로 출토된 것 또한 기벽 의 두께와 잔존하는 동체의 곡선으로 볼 때 대형 옹의 편일 가능성이 크다. 東吳·西 晉의 錢文瓷器는 罐 기종이 주를 이루고 청자가 대부분이다. 東晉時代의 錢文陶器 는 대형 옹이 주 기종이며 대부분이 흑유[59]이다.[60] 중국에서 흑유가 제작된 곳은 浙

---

58) 湯蘇嬰, 2000,「浙江出土紀年瓷槪述」,『浙江紀年瓷』, 文物出版社.
59) 褐釉라고 언급하였지만 갈유 역시 濃淡의 차이일 뿐 黑釉로 분류할 수 있다.
60) 한지수, 2011,「백제 유적 출토 중국제 施釉陶器 연구」,『中國六朝의 陶磁』, 국립공주박물관·남

江省의 餘杭窯와 德淸窯이다.[61] 또한 천안 용원리9호 석곽묘와 공주 수촌리Ⅱ-4호분, 경주 황남대총북분 출토 흑유도자는 모두 덕청요 생산품이라는 것[62]을 참조하면 백제 유적에서 출토된 흑유전문도기도 德淸窯 생산품일 가능성이 높다.[63] 그리고 도13-19의 德淸窯 출토 흑유 전문도기편[64]은 유색, 전문의 형태와 사격자문이 도13-18의 풍납토성 출토 전문도기 및 몽촌토성 출토 전문도기 편과 거의 동일하다. 따라서 상기의 백제 유적 출토 흑유도자는 덕청요에서 생산된 제품일 가능성이 아주 높다.

德淸窯는 東晉時代에 시작되어 100년 남짓 운영되다 南朝시대에 쇠퇴한 窯이다.[65] 이처럼 德淸窯가 東晉時代부터 窯業이 시작된 것을 감안하면 풍납토성과 몽촌토성 출토 전문도기는 東晉 이전으로 소급시킬 수 없을 것이다. 따라서 몽촌·풍납토성 출토 흑유전문도기는 기종과 유색, 전문의 비교에서 東吳·西晉의 錢文瓷器와 비교할 수 없으며, 덕청요의 窯業時點과 상기의 王志高의 견해를 감안하면 東晉 中後期~南朝의 劉宋代로 편년하는 것이 더 타당하다.

한성기~웅진기에 해당되는 백제 유적에서 출토된 六朝瓷器는 편을 포함해 백 수십 점에 달한다. 그런데 이 六朝瓷器 중에는 경당196호에서 출토된 대형 전문도기옹을 제외하면 동일기종의 동일기형으로 분류할 수 있는 것은 많지 않고, 대부분이 개개의 기형적 특징을 가지고 분류된다. 이는 六朝瓷器가 제작된 시간과 공간의 차이가 반영된 것으로 판단되므로 백제 유적 출토 六朝瓷器는 동일 시간, 동일 장소에

경시박물관.

61) 德淸과 餘杭은 인접해 있으므로 동일 窯業圈으로 볼 수 있다.
   白寧, 2011, 「靑瓷鷄頭壺에 대한 초보적 연구(淺析)」, 『中國六朝의 陶磁』, 국립공주박물관·남경시박물관.
62) 顧蘇寧, 2011, 「百濟遺蹟 出土 中國靑瓷와 南京出土 靑瓷와의 비교」, 『中國六朝의 陶磁』, 국립공주박물관·남경시박물관.
63) 주40) 王志高, 2012의 전게문.
64) 국립공주박물관, 2005, 『백제문화 해외조사 보고서Ⅴ』, 공주박물관 연구총서 제16책.
65) 邱曉勇·朱敏, 2011, 「六朝靑瓷의 재임기술(際燒工藝)에 관한 연구」, 『中國六朝의 陶磁』, 국립공주박물관·남경시박물관.

서 제작된 동일기형의 기종이 다량으로 수입된 것으로 볼 수 없다.

　이와 관련해서는 시대가 약간 후행하지만 중국 陶瓷史에서 唐의 무역용 자기를 언급한 孫長初의 견해[66]가 주목된다. 孫長初씨에 의하면 唐代에 무역용으로 제작된 자기는 대규모로 수출되었고, 무역용 자기의 가장 현저한 특징은 동일기종의 수량이 많으므로 한 종류의 기종을 몇 점만 파는 것은 불가능하다고 하여 수촌리 유적 출토 5점의 자기를 당시의 무역자기의 범주에 넣을 수 없다고 하였다.

　앞서 언급한 백제출토 六朝瓷器의 양상과 孫長初의 견해를 참조하면 백제 유적 출토 六朝瓷器는 도자무역의 결과[67]라기 보다는 근초고왕27년(372년)이래 백제와 東晉·南朝의 사신왕래 과정에서 입수되어 반입된 물품으로 보는 것[68]이 더 합당하고 생각된다.

5. 고구려 고고자료의 연대검토

1) 禹山M3319號

　禹山M3319호 적석총 전실묘에서는 靑瓷盤口壺 4점이 동반 출토되었다.[69] 도17-1·2의 청자반구호는 도17-7·8·21의 반구호와 비교된다. 도1·2에서 볼 수 있듯이 4세기 중엽이후 반구호의 형태는 동체대비 경부가 길어지고, 동체는 장동으로 되며, 견부의 문양대는 완전 퇴화되는 형태로 변한다.

---

66) 孫長初, 2013, 「수촌리출토 중국제 도자기 연구」 『수촌리유적의 고고학적 성과와 의의』공주 수 촌리유적 발굴 10주년 기념 국제학술대회, 공주시·충청남도역사문화원.

67) 成正鏞, 2003, 「百濟와 中國의 貿易陶磁」 『百濟硏究』38집, 忠南大學校 百濟硏究所.
　　成正鏞, 2010, 「백제 관련 연대결정자료와 연대관」 『호서고고학』第22輯, 湖西考古學會.

68) 주66) 孫長初, 2013의 전게문.

69) 吉林省文物考古硏究所·集安市博物館, 2005, 「洞溝古墓群禹山墓區JYM3319號墓發掘報告」 『東 北史地』第6期.

도17-2는 4세기2/4분기로 편년되는 도17-8(도1-21)과 유사한데 견부 문양대가 퇴화된 후행하는 속성을 감안하면 4세기2/4분기에서도 후반대로 편년할 수 있다. 도17-1은 동체대비 경부 길이와 견부 문양대 퇴화 등의 속성을 비교하면 4세기3/4분기로 편년되는 도17-7·21과 유사하다. 도17-21과 동반된 도17-22는 도17-13의 372년 기년의 象山M9호[70) 출토 盌과 거의 흡사한 기형이다. 동반된 도17-20의 계수호는 도17-19의 老和山興寧二年墓[71) 계수호와 거의 동일한 형식으로 볼 수 있다.[72) 이처럼 도17-21의 반구호는 동반된 유물의 형식비교에서 4세기3/4분기 후반으로 편년되므로 도17-1의 반구호 역시 동일한 연대를 부여할 수 있다. 도17-3의 반구호[73)는 4세기 중엽으로 편년되는 郭家山M4호[74)의 도17-12보다는 후행하는 형식으로 太平嶺寧康三年墓[75) 출토의 도17-9의 반구호와 법량과 외형적인 면에서 유사하므로 375년을 전후한 시점으로 편년할 수 있다.

도17-4의 시유도제 계수호는 주구부와 龍頭장식 파수의 존재에서 계수호로 분류되는데, 동체와 四耳 속성은 계수호와 다른 도17-15~17의 기형을 모방한 것으로 판단된다. 도17-16은 도17-15의 永和七年墓[76)출토 사이반구호와 도17-17의 370년 기년의 無錫東晉墓[77) 사이반구호의 중간형식에 해당되는 것에서 360년경으로 편년할 수 있다. 현재 자료로 볼 때 계수호의 파수에 용두문양을 장식한 것은 도17-18의 南

---

70) 姜林海·張九文, 2000,「南京象山8號, 9號, 10號墓淸理簡報」,『文物』第7期, 文物出版社.

71) 浙江省文物管理委員會, 1961,「杭州晉興寧二年墓發掘簡報」,『考古』第7期, 科學出版社.
　　浙江省博物館, 2000,『浙江紀年瓷』, 文物出版社.

72) 계수호의 동체가 긴 속성은 4세기3/4분기에 한정되며 도1-28을 기점으로 횡타원형의 형태로 변한다.

73) 魏存成, 1994,『高句麗考古』吉林大學出版社.

74) 南京市博物館, 1981,「南京北郊郭家山東晉墓葬發掘簡報」,『文物』第12期, 文物出版社.
　　魏正瑾·易家胜, 1983,「南京出土六朝靑瓷分期探討」,『考古』第4期, 科學出版社.

75) 주71) 浙江省博物館, 2000의 전게서.

76) 주71) 浙江省博物館, 2000의 전게서.

77) 馮普仁·錢宗奎, 1985,「无錫赤墩里東晉墓」,『考古』第11期, 科學出版社.

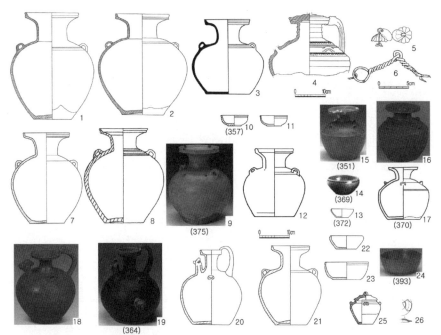

1~6集安禹山M3319. 7鎭江鎭전M3호. 8南京幕府山東晉墓M4호. 9溫州太平嶺東晉寧康三年墓. 10南京呂家山李氏家族墓M1.
11,12南京郭家山M4. 13南京象山9號王建夫婦墓. 14南京西善橋東晉泰和四年墓 15城關鎭剡山東晉永和七年墓.
16,18南京西善橋東晉墓. 17南京無錫赤墩東晉墓(370년). 19杭州老和山東晉興寧二年墓. 20~23江蘇吳顯何山東晉墓M1.
24新昌大오底東晉太元十八年墓. 25四川錦陽M136. 26廬線2100호묘

도 17 | 禹山M3319號 출토 六朝瓷器의 편년 비교자료

京 西善橋東晉墓[78]의 계수호가 가장 선행하는 것이다. 계수호 파수에 용두문양이
장식되는 것은 도17-18과 도1-34를 볼 때 360년경부터 출현하고, 北魏에서는 5세기
가 되어서야 본격적으로 청자가 제작되기 시작하므로 이러한 계수호와 사이반구호
를 모방한 도17-4의 시유도제 계수호는 4세기 말엽으로 편년할 수 있다.

그러므로 전실묘 출토 유물의 편년에 의한 우산M3319호의 하한연대는 4세기3/4
분기 후반~4/4분기 전반의 연대를 산정할 수 있다.

禹山M3319호의 적석부에서는 乙卯年과 丁巳年의 卷雲文 瓦當이 출토되었다. 도

---

78) 국립공주박물관·남경시박물관, 2011, 『中國六朝의 陶磁』.

18-7의 와당은 방형구획 면을 대각으로 나누고 대각분할 선을 기준으로 卷雲文을 대칭되게 시문하고, 방형구획선과 거치문이 있는 주연부 사이에 "乙卯年"干支를 배치한 형태이다. 이는 방형구획과 4분할을 제외하면 후술할 "太寧四年"銘 와당과 유사하고 도18-4의 낙랑토성 출토 와당과도 방형구획과 명문을 제외하면 유사성이 보인다.

도18-8은 중방을 중심으로 내구를 8등분하고 주연부 내측에 8개의 連弧文을 돌리고 분할된 면과 연호문 내에 권운문을 2개씩 총32개를 배치한 형태인데 주연부에 "太歲在丁巳五月卄日爲中郎及夫人造盖墓瓦又作民四千餞盦□用盈時興誥得享萬世"명문이 있다. 낙랑토성 출토품 중 도18-5의 와당은 연호문과 주연부 명문을 제외하면 권운문의 배치와 개수가 동일한 속성을 가지므로 도18-8의 丁巳年 와당은 도18-5의 와당에서 그 계보를 구할 수 있을 것이다.

우산M3319호 와당은 낙랑토성 출토 와당과 유사성이 확인되고, 상기의 六朝瓷器 편년으로 볼 때 乙卯年 와당은 355년, 丁巳年 와당은 357년으로 산정할 수 있다.[79]

도18-8의 丁巳年 와당에 명기된 "…中郎及夫人造盖墓瓦…"에서 와당은 무덤조영을 위해 제작된 것임을 알 수 있다. 따라서 우산M3319호는 357년에 조영된 것으로 볼 수 있다. 그런데 와당과 도17-2의 六朝瓷器를 제외한 나머지 출토 유물은 4세기 3/4분기 후반~4/4분기 전반의 연대가 산정되어 와당과 나머지 부장유물에서 시간차이가 확인된다. 中郎과 부인을 위해 무덤 덮개기와를 만들었다는 丁巳年 와당의 문구에서 中郎과 부인이 동시에 사망한 것이 아니라면 조영 당시부터 나머지 한 사람을 위한 추가장이 고려되었을 것이라고 생각한다. 매장주체부의 구조가 횡혈식 전실묘이고 와당과 전실묘에서 출토된 시유도제 계수호와 六朝瓷器는 시간차가 명확하며, 六朝瓷器도 4세기2/4분기와 3/4분기 후반으로 편년되는 다른 단계의 형식

---

79) 李展福 1984,「集安卷雲紋銘文瓦當考辨」,『社會科學戰線』第4期.
　　林至德·耿鐵華, 1985,「集安出土的高句麗瓦當及其年代」,『考古』第7期.

이 동반되었으므로, 우산M3319호는 357년에 조영되고 375년을 전후한 시점에 추가
장이 행해졌을 개연성은 충분하다.

2) "太寧四年"銘 瓦當

도18-6의 와당은 중방을 중심으로 내구를 8등분으로 분할하여 각 면에 卷雲文을
대칭으로 배치하고, 거치문이 있는 주연부와 문양대 사이에 "太寧四年·太歲□□閏
月六日己巳造吉保子宜孫"을 銘記하였다.

"太寧"은 東晉 明帝의 年號로 323~325년의 3년간이므로 太寧四年은 존재하지 않
는다. 이러한 연호연수의 불일치에 대해서 여러 견해가 있는데 3년의 誤記이므로
325년이라는 견해[80] 및 閏月日과 己巳가 일치되는 해는 太寧3년인 325년과 377년뿐
이고, 太寧4년이 존재치 않으므로 377년으로 편년하여 고구려 독자의 연호라는 견
해[81]가 있다. 한편 閏月을 제13월로 여겨 다음해 1월을 13번째 달로 취급하는 예가
종종 있는데 明帝死後에도 이 달을 明帝時의 月로 취급하여 326년 1월이 太寧四年
이며 325년 明帝死後 326년 2월에 成帝가 즉위한 것도 이 때문이라는 견해[82]도 있
다.

도18-6의 "太寧四年"銘 와당은 문양과 분할속성, 그리고 마주보는 권운문 사이의
분할선이 중방 쪽이 두껍고 주연 쪽이 뾰족한 錐狀을 띠는 것에서 도18-3의 낙랑토
성 출토 와당의 분할선과 유사하다. 따라서 이 계열의 와당은 도18-4→3→6의 순서
조열이 가능하다. 그러므로 도18-6은 도18-3의 낙랑토성 와당에서 변화된 형식으로

---

80) 李殿福 1981, 「集安高句麗墓研究」, 『考古學報』第4期, 科學出版社.
　　李殿福 1984, 「集安卷雲紋銘文瓦當考辨」, 『社會科學戰線』第4期.
　　林至德·耿鐵華, 1985, 「集安出土的高句麗瓦當及其年代」, 『考古』第7期.
81) 손영종, 2001, 『광개토왕릉비문 연구』북한의 우리 역사 연구 알기3, 사회과학원,
　　168~169쪽, 191쪽.
82) 耿鐵華·尹國有, 2001, 『高句麗瓦當研究』, 吉林人民出版社. 57쪽.

볼 수 있다. 그리고 주연부와 내구 사이의 명문대는 명문을 제외하면 낙랑와당의 주연부와 내구 사이에 구획선문과 문양대를 배치한 속성과 유사하다. 따라서 이 와당을 4세기 후반으로 내리는 것은 형식변화상 시간적 간극이 너무 크기 때문에 325년 또는 326년으로 편년하는 것이 합리적일 것이다.

3) 西大墓와 禹山992號墓 와당[83]

西大墓에서는 도18-11의 己丑年 와당이 禹山992號墓에서는 도18-12의 戊戌年 와당이 각각 출토되었다.

서대묘와 우산992호묘 출토 와당은 권운문의 개수와 배치양상을 제외하면 도18-8의 우산M3319호 출토 丁巳年 와당과 비교할 수 있다. 대신 주연부에 거치문이 조성되고, 명문이 연호문 내에 있으며, 권운문이 각 분할 면에 1개씩 배치된 점에서 차이가 있다. 이 형태의 계보는 낙랑 와당에서 찾아볼 수 없으며, 분할면의 개수와 연호문은 도18-8의 우산M3319호 丁巳年 와당과, 권운문의 개수와 배치양상은 도18-6의 "太寧四年"銘 와당과 연결시킬 수 있을 것이다. 낙랑와당의 경우 주연부에 문양과 명문을 시문한 것이 없다. 또한 명문대를 없애고 연호문을 돌린 후 그 내부에 명문을 배치한 것은 도18-6의 "太寧四年"銘 와당보다 한층 형식화 된 것으로 볼수 있으며, 우산M3319호 乙卯年 와당 역시 방형구획선이 약하게 내만하며[84] 구획선과 주연부 사이에 명문을 배치한 것에서 그 조형으로 볼 수 있다. 즉 연호문은 우산M3319호 丁巳年 와당에서, 연호문 내에 명문을 배치한 속성은 乙卯年 와당에서 그 조형을 구할 수 있다. 또한 우산M3319호 丁巳年 와당의 조형으로 볼 수 있는 도18-5의 와당의 존재에서 연호문과 연호문 내 명문배치, 주연부에 거치문속성을 가

---

83) 吉林省文物考古硏究所·集安市博物館, 2004, 『集安高句麗王陵』, 文物出版社.
84) 集安출토 "十谷民造"銘 와당 또한 乙卯年 와당과 같이 방형구획 되고 구획선과 거치문이 있는 주연부 사이에 十谷民造의 명문이 있다. 이 와당의 구획선은 乙卯年와당보다 내만기가 심하여 거의 연호문에 가깝다.

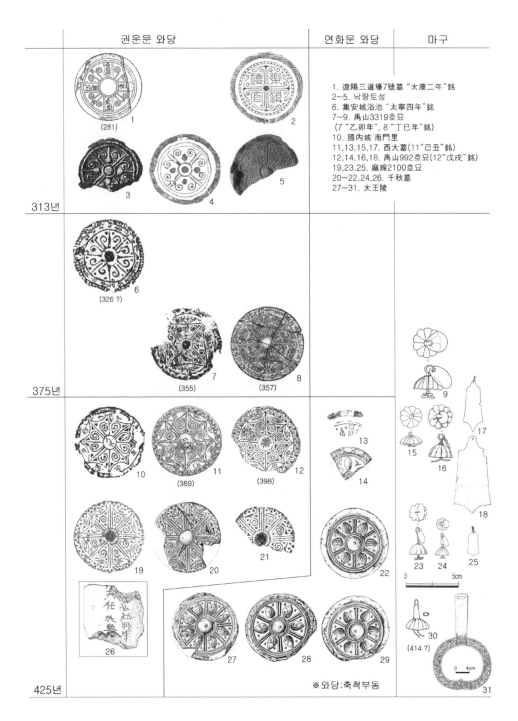

권운문 와당	연화문 와당	마구

313년

1. 遼陽三道壕7號墓 "太康二年" 銘
2~5. 낙랑토성
6. 集安城浴池 "太寧四年" 銘
7~9. 禹山3319호묘
 (7 "乙卯年", 8 "丁巳年" 銘)
10. 國內城 南門里
11,13,15,17. 西大墓(11 "己丑" 銘)
12,14,16,18. 禹山992호묘(12 "戊戌" 銘)
19,23,25. 麻線2100호묘
20~22,24,26. 千秋墓
27~31. 太王陵

375년

425년

※ 와당;축척부동

도 18 | 고구려 와당의 형식편년

진 서대묘와 우산992호묘 권운문 와당의 형식은 우산M3319호 丁巳年 와당 이전으로 소급시킬 수 없다.

한편 이 두 무덤에서는 蓮花文 와당편이 동반되었는데, 형식적으로 千秋墓와 太王陵 출토 와당보다 선행하는 것으로 볼 수 있다. 연화문 와당의 출현은 불교전래와 연관될 가능성이 고려되는데『三國史記』高句麗本紀에 의하면 小獸林王 2년(372년)에 불교가 전래되고 375년에 肖門寺와 伊佛蘭寺가 건립되었다. 그러므로 연화문 와당의 상한연대는 375년 이전으로 소급시키기는 힘들 것이다.

와당 형식을 비교하면 서대묘와 우산992호묘 출토 권운문 와당은 도18-19·20의 麻線2100號墓와 천추묘 출토 와당과 한 단계이상 격단의 차이를 인정할 수 없다. 또한 도18-18의 圭形步搖도 천추묘와 동단계로 분류되는 도18-25의 마선2100호 묘 출토 규형보요와 거의 유사한 형식이며 도18-17과 도18-25는 한 단계이상의 차이가 인정되지 않으며 동반하는 금·금동장식품들도 유사성이 강하다.[85] 마선2100호 묘에서 출토된 刀子形 철촉[86]은 신라·가야지역에서는 각각 5세기2/4분기의 전반과 후반으로 편년되는 포항 옥성리35호분과 복천동10·11호분에서 초출하는 형식이다[87]. 그리고 도17-26의 마선2100호 묘 출토 六朝瓷器 蓋片은 劉宋代로 편년되는 도17-25의

---

85) 禹山3283號墓에서는 도18-9·15·16과 흡사한 입주부운주와 도18-18과 유사한 규형보요가 출토되었다. 孫仁杰·迟勇·張雪岩, 1993,「集安洞溝古墓群禹山墓區集錫公路墓葬發掘」,『高句麗研究文集』, 延邊大學出版社. 이 고분에서 동반된 廣肩直口壺는 5세기 전반으로 편년되는 本溪 小市鎮 晉墓 출토품과 유사하며, 평저옹은 本溪 小市鎮 晉墓와 5세기 초엽으로 편년되는 七星山96號墓에서 출토된 것과도 아주 유사하다. 集安縣文物保管所, 1979,「集安縣兩座高句麗積石墓的淸理」,『考古』第1期.

86) 보고서의 도125-3(도판63-5)의 유물은 C형 鐵刀로 보고하였는데, 도자형 철촉으로 분류하는 것이 합당하다. 吉林省文物考古研究所·集安市博物館, 2004,『集安高句麗王陵』文物出版社.

87) 우병철은 5세기 초엽으로 편년되는 함안 도항리6호분 도자형 철촉을 도자형 철촉의 초현형식으로 분류하였다. 禹炳喆, 2005,「영남지방3~6세기 철촉의 지역성 연구」, 경북대학교 대학원 석사학위논문.
그러나 이 철촉은 전형적인 5세기 후반의 형식이며 동반된 철촉과는 확연히 구분되고 한 점만 그것도 편으로 출토되었다. 도항리6호분 철촉은 모두 도굴범위에서 출토된 것을 감안할 때 이 도자형 철촉 편은 6호분의 동반유물이 아닐 가능성이 아주 높다.

개와 유사하다. 도15-1과 같이 東晉 중기로 편년되는 자료는 기고가 높으며 구연이 잘 발달되어 있다. 반면 마선2100호묘에서 출토된 도17-26의 개는 기고가 낮고 구연부가 거의 퇴화된 형식이다. 이는 도15-7(도17-25)와 비교 되는 것에서 東晉 중기 이후로 편년된다.

따라서 서대묘와 우산992호묘 와당의 己丑年과 戊戌年의 간지연대는 4세기 전반으로 소급될 수 없으며 각각 389년과 398년으로 산정하는 것이 합당할 것이다[88].

동반된 유물에서도 4세기3/4분기 후반~4/4분기 전반으로 편년된 우산M3319호에서 출토된 도18-9의 입주부운주와 동일한 형식의 도18-15·16의 운주가 각각 서대묘와 우산992호묘에서 출토되어 이 연대를 보강한다.[89]

---

88) 우산992호묘 출토 馬胄·馬甲片이 5세기대의 고구려벽화와 영남지역과 일본에서 출토된 馬胄와 계보상 연계되고, 와당의 형식변화상 우산M3319호 丁巳年와당보다 후행하는 우산992호묘 와당의 戊戌年을 398년으로 상정한 연구에서도 이 연대는 방증된다. 宋桂鉉, 2005, 「桓仁과 集安의 고구려 갑주」, 『北方史論叢』3호, 高句麗研究財團.

89) 우산M3560에서도 동일한 형식의 운주가 진식대금구와 동반되었다.
　　孫仁杰·迟勇·張雪岩, 1993, 「集安洞溝古墓群禹山墓區集錫公路墓葬發掘」, 『高句麗研究文集』, 延邊大學出版社.
　　진식대금구는 심엽형 수식의 장방형과판과 방형수식의 방형과판이 출토되었다. 이 중 방형수식은 薄片上에 타출문(鏨点紋)으로 주연부를 장식하였다. 전형적인 진식대금구가 새김기법으로 문양을 새긴 것과는 비교된다. 4세기3/4분기로 편년되는 袁臺子·壁畵墓와 朝陽 奉車都尉墓에서 출토된 진식대금구는 여전히 새김기법으로 문양이 새겨져 있다. 그리고 5세기1/4분기로 편년되는 라마동Ⅱ266호묘에서 출토된 철제에 금박을 입힌 진식대금구에 여전히 이와 동일한 외형을 가진 과판이 출토되었다. 이러한 타출기법에 의한 문양표현은 칠성산196호분 출토 과판과 山城下330호분 출토 과판에 확인되는 것으로 5세기 전반대의 고분출토 대금구에서 확인되는 문양이다.
　　東潮, 1997, 『高句麗考古學研究』, 吉川弘文館.
　　또한 우산M3560에서 동반된 도기는 四耳를 제외하면 우산M3319출토 사이호와 유사하다. 따라서 이러한 타출문이 장식된 방형수식 과판의 대금구는 4세기 말엽을 상한으로 하고 그 이전으로 소급할 수 없다.

4) 集安 國內城 南門里 출토 권운문 와당

도18-10의 와당은 서대묘 출토 권운문 와당과 동일형식의 와당이다. 기존에는 연호문 내의 명문을 "太寧(?)□ 年四月造作"으로 판독하고 이 와당의 형식과 도18-6의 "太寧四年"銘 와당연대에 근거하여 서대묘의 己丑年 와당과 우산992호묘의 戊戌年 와당의 干支를 각각 329년과 338년으로 편년하는 것에 암묵적으로 동의하는 경향이 지배적이었다.[90] 최근 국내성 남문리에서 출토된 와당 중 중방에 "大吉"銘이 있는 와당의 자구를 "太歲甲戌九月造作"으로 판독하고 이와 형식이 동일한 도18-10 와당의 자구를 "太歲□申四月造作"으로 판독한 연구가 있다.[91] 씨는 전자의 甲戌을 314년으로 편년하고 중방에 "大吉"이 새겨진 와당연대를 4세기 조기로 편년하였다. 이 와당의 명문 판독에는 동감하지만 干支연대는 동의할 수 없다. 干支年代는 앞의 서대묘와 우산992호묘 출토 와당형식이 "太寧四年"銘 와당과 우산M3319호의 와당을 상회할 수 없으므로 甲戌은 一週 甲 내려 374년으로, "太歲□申四月造作"의 "□申"干支는 壬申 내지는 甲申으로 유추할 수 있고 이 경우 372년과 384년으로 편년할 수 있다[92].

---

90) 耿鐵華·尹國有, 2001, 『高句麗瓦當研究』, 吉林人民出版社.
    桃崎祐輔, 2009, 「고구려 왕릉 출토 기와·부장품으로 본 편년과 연대」, 『고구려 왕릉 연구』, 동북아역사재단.
91) 耿鐵華 2006, 「集安新出土文字瓦當及釋讀」, 『北方文物』第4期.
92) 이 와당과 후술할 도18-20의 천추묘 권운문 와당은 한 단계 이상의 형식차가 인정되지 않는다. 따라서 이 와당을 4세기 초로 편년할 경우에는 천추묘를 4세기 말로 소급시키더라도 70~80년의 시간차이가 나므로 한 단계의 형식 차에 의한 시간격차로는 합당하지 않다. 이는 동일형식의 와당이 출토된 우산992호묘 입주부운주와 한 단계 후행하는 와당이 출토된 마선2100호묘와 천추묘 입주부운주의 형식비교에서도 마찬가지다.

5) 千秋墓[93]

천추묘에서 출토된 도18-20의 와당은 도18-19와 거의 동형식인 것에서 마선2100호묘 와당과 동일 단계로 분류할 수 있다. 그러나 도18-21처럼 연호문이 퇴화된 속성을 가진 와당이 동반된 것에서 동 단계 내에서 新舊차이는 인정된다. 이는 도18-23·24와 같이 원통관의 유무를 제외하면 거의 동일한 형태의 입주부운주가 두 고분에서 출토된 것에서도 알 수 있다.

도18-26의 와편에는 "…浪(?)趙將軍…", "…□未在永樂…"의 字句가 새겨져있다. 永樂의 자구에서 천추묘는 廣開土王의 永樂年間(391~412년)에 조영된 무덤으로 판단할 수 있다. 또한 보고자의 견해와 같이 "□未"가 干支紀年이라고 한다면 永樂年間에는 乙未(395년) 또는 丁未(407년)가 해당된다. 동반된 도18-20·21의 권운문 와당 형식이 도18-12의 우산992호묘 와당보다 후행하는 것을 감안하면 丁未일 가능성이 더 높다. "永樂" 銘 와편의 출토에서 천추묘는 391년 이전으로 소급될 수 없다. 출토기와의 제작시점과 무덤의 조영시점이 차이가 없다면 천추묘 출토 권운문 와당이 우산992호묘의 戊戌年 와당보다 후행하는 형식이고 도18-26 기와를 고려할 때 천추묘는 407년을 전후한 시점에 조영된 무덤으로 편년할 수 있다.

6) 太王陵[94]

도18-27의 와당은 花葉이 8개인 것에서 도18-28·29보다 신형식이다. 도18-29와 같이 도18-22의 천추묘 출토 와당과 동일한 형식이 존재하지만, 도18-27처럼 8엽의 신식 와당이 동반되므로 태왕릉은 천추묘보다 상대적으로 후행하는 것을 알 수 있다. 그렇지만 도18-22·29가 동형식이고 도18-24와 도18-30의 입주부운주가 원통관의 길

---

93) 吉林省文物考古硏究所·集安市博物館, 2004, 『集安高句麗王陵』, 文物出版社.
94) 吉林省文物考古硏究所·集安市博物館, 2004, 『集安高句麗王陵』, 文物出版社.

이차이를 제외하면 거의 흡사하므로 양자 간에 시간차는 크지 않을 것이다. 이는 도18-31의 등자가 4세기 말엽으로 편년되는 도5-6의 十二臺鄕磚廠88M1[95] 출토 등자보다 후행단계의 형식이고,[96] 이 등자와 동 단계에서 보다 신식으로 편년되는 도5-24의 칠성산 96호 등자가 4세기 말~5세기 초로 편년되는 도5-15의 北票 北溝M8호 출토 등자보다 한 단계 후행하는 형식인 것에서도 방증된다. 따라서 태왕릉은 천추묘의 조영시점과 멀지않은 시점인 5세기1/4분기에 조영된 것임을 알 수 있으며 이 경우 414년에 조영된 광개토대왕의 무덤일 가능성이 높다.

이상 고구려 적석총 출토 와당 및 고분의 연대를 검토한 결과 기존에 4세기 전반으로 편년되던 서대묘와 우산992호묘 와당은 모두 4세기 말엽으로 편년되었다. 따라서 와당과 마구의 형식이 이보다 후행하고, "永樂"銘 와편이 출토된 천추묘는 광개토왕 재위기간인 407년을 전후하여 조영된 무덤으로 편년되며, 이보다 후행하는 태왕릉은 414년에 조영된 광개토왕릉일 개연성이 높다.

6. 소결

삼국시대 고고자료의 절대연대 산정은 중국 기년자료와 교차편년이 가능한 고고자료를 기준으로 하고 있다. 당시의 중국 선진문물은 동일한 성격이라도 그 파급에 있어서 정치적 상황, 지리적 위치와 발전정도에 따라 해당지역별 지체현상과 취급

---

95) 遼寧省文物考古研究所·朝陽市博物館, 1997,「朝陽十二臺鄕磚廠88M1發掘簡報」,『文物』第11期, 文物出版社.
96) 桃崎祐輔, 2006,「馬具からみた古墳時代實年代論」,『한일 고분시대의 연대관』歷博國際硏究集會. 류창환은 태왕릉 등자를 칠성산96호 등자와 동단계로 취급하여 광개토왕 재위기간에 제작되었을 가능성을 제시하고, 칠성산96호 등자를 十二臺鄕磚廠88M1의 다음 단계로 편년 하였다. 柳昌煥, 2007,「加耶馬具의 研究」, 동의대학교대학원 박사학위논문. 柳昌煥, 2013,「三燕·高句麗 馬具와 三國時代 馬具」,『한일교섭의 고고학-고분시대-』제1회 공동연구회,「한일교섭의 고고학-고분시대-」연구회.

방식의 차이를 고려하지 않을 수 없다. 그것이 희소성을 띠는 위세품일 경우 그 차이는 더 심해질 것이다. 또한 그것이 무덤에 부장된 유물일 경우에는 일반 부장품과는 반드시 차별되어야 할 것이다. 일반 부장품은 매장의례 과정에서 피장자에게 공헌하기 위해 제작된 것이므로 무덤조영 당시의 시간성이 그대로 반영되었을 것이다. 그러나 중국제 위세품은 제작에서 입수, 입수에서 사용 그리고 부장에 이르기까지의 다수의 시간적 경과를 고려하지 않을 수 없으므로 제작원향의 시간속성을 출토된 유구와 동반유물에 그대로 적용할 수 없다.

본론에서 살펴본 결과 삼국시대 유적에서 출토된 중국제 六朝瓷器[97], 진식대금구, 동한경과 같은 위세적성격의 중국제 외래유물은 제작원향과의 횡적동시성을 그대로 적용하여 절대연대의 기준자료로 이용하기에는 많은 문제점이 야기되었으므로 교차연대 적용의 표준연대유물로는 부적당함을 알 수 있었다.

고구려 적석총 출토 와당은 낙랑토성 출토 와당과 비교하여 형식편년을 시도하고 동반된 六朝瓷器와 마구로써 그 연대를 보강하였는데, 이 결과 통설의 연대보다 一週 甲 하향되는 연대가 산정되었다. 기존의 고구려 와당편년은 적석총의 墓主비정과 병행한 연구경향이 우세하였다.[98] 이러한 묘주비정과 결부시킨 연구는 고고학적 접근방법으로서는 다소 객관성이 떨어진다. 고고자료의 해석에 문헌을 적용하는 방법만큼 유혹적인 것도 없지만 이 경우 보다 철저하고 객관적인 검증이 반드시 뒤따라야만 한다.

대성동고분군의 편년을 재확인하면서 마구가 한·중은 물론 삼국 내에서도 해당

---

97) 백제 유적 출토 六朝瓷器 가운데 위세품은 계수호, 반구호, 관, 완 등 무덤에서 주로 출토되 는 기종에 한정되고, 생활유적에서 출토된 저장용 대옹과 같은 기형은 위세품으로 취급할 수 없을 것이다.
98) 고구려 적석총의 묘주비정에 관한 제 연구는 하기의 논문에 잘 정리되어 있다.
　桃崎祐輔, 2009, 「고구려 왕릉 출토 기와·부장품으로 본 편년과 연대」, 『고구려 왕릉 연구』, 동북아역사재단.
　東潮, 2009, 「고구려 왕릉과 능원제」, 『고구려 왕릉 연구』, 동북아역사재단.
　임기환, 2009, 「고구려의 장지명 왕호와 왕릉 비정」, 『고구려 왕릉 연구』, 동북아역사재단.

시대별 종적 변화과정은 물론 횡적 동시성을 띠는 자료임을 다시 확인 할 수 있었다. 그러므로 삼국시대 歷年代 산정을 위한 교차연대 적용의 표준유물로는 기승용 마구가 최적의 자료임을 알 수 있다.

Ⅲ. 백제의 국가체제 성립과정과 시·공적 경계

1. 한강 하류유역 일상 토기의 검토

1) 형식 분류

(1) 중도식토기-경질 무문토기-

현재 서울이 위치한 한강 중·하류유역을 중심으로 하는 지역은 백제가 출현하여 고대국가로 성장한 곳으로 비정되고 있다. 백제가 국가단계로 성립하기 이전의 토기양상은 경질무문토기로 불리는 중도식토기의 검토가 우선되어야 한다. 기왕의 통설에 의하면 이 지역에서의 토기조합의 변화양상은 '경질무문토기 단순기→ 경질무문토기+승문타날 단경호→ 경질무문토기+격자타날 호류→ 경질무문토기+승문, 격자문, 평행선문 타날 호류·심발·장란형토기·시루 및 낙랑계토기'의 조합으로 변천된다는 것이다.[99]

---

99) 박순발, 2001, 『한성백제의 탄생』, 서경문화사.
　　박순발, 2009, 「Ⅴ. 유적 종합고찰, 硬質無文土器의 變遷과 江陵 草堂洞遺蹟의 時間的位置」, 『주요유적 종합보고서Ⅰ 강릉 초당동 유적』, (사)한국문화재조사연구기관협회.
　　박순발, 2012, 「백제, 언제 세웠나-고고학적 측면-」, 『백제, 누가 언제 세웠나-백제의 건국시기와 주체세력』2012 '백제사의 쟁점' 집중토론 학술회의, 한성백제박물관.

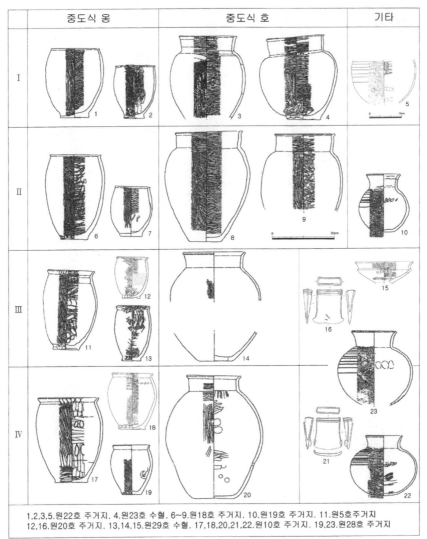

	중도식 옹	중도식 호	기타
I			
II			
III			
IV			

1,2,3,5.원22호 주거지. 4.원23호 수혈. 6~9.원18호 주거지. 10.원19호 주거지. 11.원5호주거지
12,16.원20호 주거지. 13,14,15.원29호 수혈. 17,18,20,21,22.원10호 주거지. 19,23.원28호 주거지

도 19 | 가평 대성리 유적 중도식토기의 형식편년

근래 대규모적인 발굴조사에 따른 새로운 자료의 증가로 기존의 견해와 다른 토기조합 양상이 확인되고 있다. 대표적 유적으로는 가평 대성리 유적, 남양주 장현리

유적, 화성 발안리 유적 등이 있다. 본 항에서는 이 자료를 바탕으로 한강 중·하류유역의 취락출토 일상 토기의 대표기종인 중도식토기의 편년을 검토해보겠다.

도19는 가평 대성리 유적 출토 중도식토기의 형식편년도이다.

중도식 옹은 먼저 구연의 속성이 내만구연에서 거의 돌대상으로 아주 짧게 외경하는 구연으로 변하는데 이후 점차 구연부가 길어지는 속성으로 변화된다. 동체 최대경은 중위에서 상위로 이동하고, 동체 최대경에 비해 기고는 점차 높아진다. 저부는 굽상에서 점차 굽이 약해진다.

중도식 호는 흔적상으로 짧게 외경하는 구연부가 점차 길어지는 속성으로 변한다. 동체 최대경은 상위에서 중위로 이행한다. 동체 최대경에 비해서 경 기부의 폭과 구경의 폭이 축소된다. 저부는 경 기부와 동체 최대경에 비해 점차 폭이 커지고, 굽상 저부에서 말각평저로 변한다. 이러한 속성변화에 따르면 대성리 유적 출토 중도식토기의 형식편년은 도19와 같다. 현재까지 출토된 중도식토기 자료 중 대성리 유적 I 단계 이전으로 소급되는 형식군은 확인되지 않고 있다.

도20은 중도식토기 최고의 형식군인 대성리 유적 출토 중도식토기를 비롯하여 한강 중·하류역의 취락유적에서 출토된 중도식토기와 동반된 타날 단경호류와 출현기의 한성양식 백제토기의 형식편년도이다.

이 형식변천에서 보듯이 중도식토기 소형옹은 동체 최대경의 위치에 따른 동체 형태와 동체 최대경 대비 구경의 비가 큰 속성으로 작용하고 저부 속성도 그 변화상이 미약하게나마 확인된다. 동체 형태는 최대경이 중위에 위치하고 양단이 절단된 종 타원형에서 최대경이 상위로 진행되어 역 제형과 유사한 형태로 변한다. 이와 함께 구경은 동체 최대경과 거의 동일하거나 보다 커지는 변화가 확인된다. 저부는 高臺狀 평저에서 굽이 약화된 圓板狀 평저로 변한다. 이와 같은 속성을 조합하면 소형옹은 도20-1→5→11과 같이 형식조열 된다.

중도식토기는 도20-9·13과 같은 중형 옹의 기형에서도 그 변화상을 확인할 수 있다. 이 기형은 경부가 인정될 정도로 동체에서 구연으로 이어지는 기부가 발달된 속

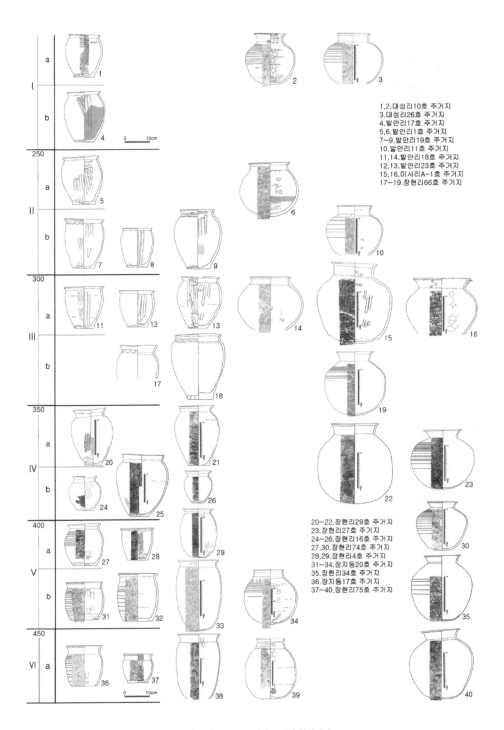

1,2.대성리10호 주거지
3.대성리26호 주거지
4.발안리17호 주거지
5,6.발안리1호 주거지
7~9.발안리19호 주거지
10.발안리11호 주거지
11,14.발안리18호 주거지
12,13.발안리23호 주거지
15,16.미사리A-1호 주거지
17~19.장현리66호 주거지

20~22.장현리29호 주거지
23.장현리27호 주거지
24~26.장현리16호 주거지
27,30.장현리74호 주거지
28,29.장현리4호 주거지
31~34.장지동20호 주거지
35.장현리34호 주거지
36.장지동17호 주거지
37~40.장현리75호 주거지

도 20 | 한강 하류유역 일상 토기의 형식편년

성을 가진다. 동체 최대경이 중위에서 상위로 이행되면서 구연부가 길어지고 구경이 커지는 속성으로 변한다. 이러한 변화를 고려하면 도20-9→13→7·18→20으로 형식조열 된다.

한편 도20-21은 격자문 타날을 제외하면 도20-20과 거의 동일한데, 이처럼 이 단계가 되면 중도식 무문토기 기형에 타날기법이 채용되기 시작한다. 물론 도19-11의 중도식 옹과 같이 대성리 유적 단계에 이미 중도식 무문토기 기형에 평행선문 타날이 확인된다. 그렇지만 이는 정면과정에서 마연으로 타날 흔적은 지워 그 흔적만 잔존하는 것으로 문양효과는 찾아볼 수 없다. 그런데 도20-21은 타날을 성형과 정면 수법에 모두 적용하고 또한 문양효과를 낸 것에서 뚜렷이 차별된다. 이러한 기형은 중도식토기 옹에서 후술할 타날 심발형 토기와 장란형 토기로의 이행 과정에 있는 과도기적 기형으로 구분할 수 있다.

(2) 장란형 토기

장란형 토기는 엄밀히 구분하면 장동옹으로 분류되는 기종인데, 혼란을 피하기 위해서 기존에 명명되는 장란형 토기로 분류하여 검토한다.

장란형 토기는 도20-21·25·26과 같은 중도식 옹+타날 속성의 기형에서 변화발전된 기종으로 추정할 수 있다. 도20-29는 동체 하위를 제외한 동체상부와 구연부를 비교하면 도20-21·26과 흡사하며, 저부 또한 굽이 사라지고 저부 내면의 평저화가 약화되는 것을 감안하면 이 기형이 장란형 토기의 계보임은 충분히 예상할 수 있다. 도20-29의 장란형 토기는 저면과 동체하부는 격자문 타날, 나머지 부분은 승문 타날 된 것에서 성형과정에서 바닥의 원저화를 시도했음을 알 수 있다.

장란형 토기의 가장 큰 특징은 타날 성형에 의해 얇아진 기벽과 원저 속성이다. 속성변화에 의한 기형의 변천과정을 살펴보면 먼저 구연부는 외만도가 약해져 외경구연으로 되는 동시에 구연 단 외측에 돌대가 형성되기도 한다. 동체 최대경은 중위에서 상위로 진행되면서 동체부와 구연기부의 경계가 약해지고 구연기부와 구경

이 커진다. 또한 동체 상위와 하위의 호상의 만곡정도는 약화되어 동체부가 거의 원통형에 가깝게 되고, 대신 저부는 원저화가 가속된다.

이상의 속성변화를 종합하면 장란형 토기 옹은 도20-29→33→38의 순으로 조열할 수 있다.

(3) 심발형 토기

이 기형 역시 평저옹 기종이지만 혼란의 가중을 피하기 위해 기존에 命名된 심발형 토기로 분류하여 그 편년을 검토해보겠다.

심발형 토기는 중도식 소형옹에서 그 계보를 구할 수 있지만 타날 성형과 횡침선 조정, 구연부의 빠른 회전물손질 조정, 동체부와 저부경계의 횡방향 깎기 조정, 바닥면의 방형받침판 흔적 등 중도식토기와는 전혀 다른 제작수법이 관찰된다. 따라서 기형적인 면에서는 계통적으로 연결할 수 있어도 생산 시스템적인 측면에서는 심발형 토기와 중도식토기는 별개의 제작공정에서 생산된 토기임을 알 수 있다.

도20-27과 도20-28의 심발형 토기는 동일 기종이지만 기형이 다르고 전자의 기형은 승문 또는 평행선문 타날이 주를 이루고 후자는 대부분 격자문 타날이 주를 이룬다. 물론 도20의 Ⅵ단계 이후가 되면 이렇게 구별되던 타날이 양 기형에서 혼재되거나 평행선문이 일반화지만 그 이전에는 이 두 기형이 외형적 형태와 성형수법의 차이에서 명확히 구분되므로 제작공정 또는 기능적인 측면에서 차이를 짐작할 수 있다. 출토상황을 살펴보면 전자의 기형은 주로 취락유적에서 출토빈도가 높고, 후자는 분묘에서 출토빈도가 높으므로 전자는 일상용기, 후자는 공헌용기일 가능성도 배제할 수 없다.

취락유적에서 출토예가 많은 도20-27의 기형은 구연과 동체에서 그 속성변화를 살필 수 있다. 동체부는 최대경이 중위에서 상위로 이행한다. 이 결과 동체부는 양단 절단 타원형→ 말각 방형→ 역 제형의 형태로 변한다. 구연부는 도20-27처럼 동체에서 약하게 직립상으로 내경하다가 다시 강하게 외경하여 구연으로 연결되는

속성에서 점차 동체부에서 직립 또는 약하게 외경하다가 짧게 외절하는 구연으로 변한다. 외절하는 구연은 종국에 구연부 끝단에서 강하게 외절하여 도20-36·37과 같이 수평구연을 이룬다. 이러한 속성변화에 의하면 승문타날+횡침선의 심발형 토기는 도20-27→31→36과 같이 형식조열 할 수 있다.

(4) 단경호

단경호는 기형별로 여러 계통으로 구분되는데 본 항에서는 취락에서 출토예가 많고 형식변화상이 뚜렷한 기형을 검토대상으로 하여 분류를 시도해보겠다.

경부가 내경 하는 속성을 가진 도20-6과 같은 기형은 옹과도 유사하다. 이 기형은 내경정도가 심화되면서 동체 최대경에 비하여 동고가 높아지고, 구경이 좁아지는 속성으로 변하는데, 이 속성변화에 의하면 도20-6→14→ ·· →34→39와 같이 형식조열 할 수 있다.

도20-15·19의 기형 또한 동일계열로 분류할 수 있다. 이 기형은 직립하는 경부에서 외경 속성으로 변하고, 동체는 최대경이 상위에서 중하위로 이행하여 견부를 제외하면 역 제형상의 동체는 말각 방형으로 변한다. 이러한 속성변화에 의하면 도20-15→19→22와 같은 변화상을 살필 수 있다.

도20-16과 같은 수평구연을 가진 단경호는 동체 최대경 대 동체고, 견부의 기울기, 경부의 외경정도, 저부의 형태 등에서 그 속성변화를 살필 수 있다. 동체 최대경은 상위에서 중위로 이행되는데 이 과정에서 견부의 기울기가 심화되고 동시에 최대경의 폭이 감소하면서 동체고가 높아지는 변화상을 찾을 수 있다. 이 속성변화에 의하면 도20-16→23→30→35→40과 같은 순으로 형식조열 됨을 알 수 있다.

2) 단계설정과 편년

본 항에서는 중도식토기 최고 형식군에 해당하는 가평 대성리 유적에 대한 단계

설정을 행하여 중도식토기의 상한을 먼저 검토한 이후 한강 중하류유역에서 대성리 유적에 후행하는 중도식토기 형식군에 대한 단계설정 및 중도식토기 전체에 대한 편년을 행해보겠다.

(1) 대성리 유적의 단계설정

Ⅰ단계는 도19-1~5의 유물군인데, 대성리 원22호주거지, 원23호수혈[100]이 해당된다. Ⅰ단계는 내만구연옹과 구연이 돌대상으로 아주 짧게 외경하는 형태가 있다. 동체 최대경에 비해 기고가 높지 않고 저부는 高臺狀의 굽을 가진다. 중도식 호는 외경기미의 직립경부에 흔적 상으로 짧게 외절하는 구연을 가지며 동체 최대경과 저경에 비해 구경이 크다. 저부는 굽을 가지거나 굽이 없는 평저의 형태 및 약하게 외경하는 구경부에 장동을 가지는 기형도 있다. 낙랑토기와 함께 격자문·승문 타날 단경호가 동반한다. 주거지는 방형의 소형주거지가 확인되는데 벽면에 접하여 L자상의 쪽 구들이 설치된 구조이다.

Ⅱ단계가 되면 Ⅰ단계의 내만구연 옹이 계속 잔존하지만 돌대상의 짧은 구연이 형성된 외반구연 옹이 많아진다. 동체 최대경에 비해 기고가 더 높아지고 동체 상부의 내경도가 심화된다. 저부는 굽이 약화되는데 일부 굽이 사라진 평저도 확인된다. 중도식 호 역시 Ⅰ단계와 유사하지만 동체 최대경의 돌출정도와 저부의 축약이 강조되며 동체고가 높아진다. 경부는 외경기미가 거의 사라진 직립경부에 Ⅰ단계보다 길어진 구연을 가진다. 저부는 굽이 탈락된 평저이다. 격자문타날 단경호와 승문타날 단경호가 동반되는데 승문타날의 비율이 높다. 격자문타날 단경호와 승문타날 단경호 및 와질제의 盆形土器와 구연내부 타날흔이 잔존하는 단경호 등 낙랑계 토기가 동반한다. 원18호·19호주거지가 대표적 유구이다. 주거지는 凸字形과 呂字形이 공존하는데, 주거지 내부 중심축 상에 무시설 노지가 있다.

---

100) 수혈로 분류되어 있지만 내부에 노지가 있는 것으로 보아 소형 주거지일 가능성도 배제할 수 없다.

Ⅲ단계의 유구는 대성리 원5호·34호주거지가 대표적이다.

중도식옹은 Ⅱ단계보다 장동화가 더 진행된 세장한 동체에 동체 최대경이 중위 내지는 중상위에 위치한다. 동체 상부의 내경 정도가 더 심화되어 경기부가 축약된 속성을 가지며, 굽상 저부는 더 약화된다. 중도식 호는 동체 최대경이 중위로 이행하며 경 기부와 구경이 Ⅱ단계에 비해 축약된다. 저경은 Ⅱ단계에 비해 커지고, 저부와 동체 연결부분은 모가 약해져 부드럽게 동체로 연결된다. 타날 단경호는 전 단계와 비교하면 비율이 많아지며 규격도 더 커진다. 낙랑계의 분형토기, 완, 단경호가 동반되었다. Ⅲ단계의 주거지에는 노지에 잔자갈을 깔고 다시 그 위에 점토로 피복하고 주거지 오벽 쪽의 노지 안쪽에 판석상의 큰 돌을 세우고 점토로 피복한 막음시설을 하는 등 노지의 구조에 변화가 나타난다.

Ⅳ단계의 대표적 유구는 원10호·28호주거지가 있다.

중도식 옹은 동체 최대경이 상위로 이행하고 저부가 한층 축약된다. 굽상저부는 여전히 존재하지만 약화되어 거의 흔적만 잔존하는 것도 있다. 축소된 저경에 비해 구경은 확대되어 동체 최대경과 구경의 차이가 크지 않다. 중도식 호는 경 기부가 축약되고 기고에 비해 경부 또한 짧아진다. 동체 최대경은 중위에 위치하고 견부가 사라진다. 저부는 말각의 평저이며 저경이 확대되어 구경보다 더 커진 변화상이 보인다. 승문과 격자문타날 단경호가 동반되는데, 타날 단경호는 전 단계에 비해 원저화의 경향이 더 강하고 평저는 흔적상으로 원저에 가깝고 그 비율도 앞 단계에 비해 현저히 감소된다. Ⅳ단계에는 동체 중·상위는 승문, 저부는 격자문 타날 처리된 단경호가 확인되기 시작하는 것에서 타날 단경호가 한 단계 더 세분될 가능성이 있다. 또한 기형적으로 타날 단경호와 거의 유사한 형태의 중도식 단경호가 출토된다. 낙랑계 토기는 Ⅳ단계에도 동반된다. 주거지는 여·철자형이 일반적인데 원10호 주거지와 같이 노지에 접하여 기다란 강돌 세 개를 삼발이 형태로 설치하고 내부에 불을 지핀 취사를 목적으로 한 조리시설도 확인되었다.

(2) 한강 하류유역 일상 토기의 단계설정

한강 하류유역 취락에서 출토된 일상 토기는 그 변화상이 뚜렷하게 확인되는 양상에 의해 크게 다섯 단계로 구분할 수 있으며, 각 단계는 토기의 변천과정에서 확인되는 속성변화에 따라서 a, b의 소단계로 세분된다.

먼저 I단계는 대성리 유적 최후단계인 대성리 IV단계에 해당하는 대성리 원10호·원26호주거지, 대성리 II (겨)10호주거지가 I a단계에 해당되고, 발안리 유적 17호주거지가 I b단계로 분류된다. 한강 하류유역에서는 현재까지 I 단계 이전 즉 대성리 유적 단계까지 소급되는 유적은 검출되지 않았다.

II단계는 도20-5~10의 유물군이 해당된다. 발안리1호주거지, 장현리68호주거지가 II a, 발안리5호·11호· II b단계에 해당된다. 대성리 III단계인 대성리 원5호주거지 및 발안리5호주거지에서 각각 격자문타날 발과 옹형 토기편이 확인되었다[101]. 그런데 이러한 현상은 제작 시스템이 각기 다른 타날 단경호와 중도식토기가 일부 접촉된 결과로 볼 수 있지만 후술할 IV단계의 현상으로 볼 수 없다.

III단계는 도20-11~19의 유물이 해당된다. 발안리18호·23호주거지, 장현리67호주거지, 미사리A-1호주거지가 III a단계, 장현리66호주거지가 III b단계에 해당된다.

IV단계는 도20-20~26의 유물이 해당된다. 장현리27호·29호주거지가 IV a단계, 장현리6호·16호·35호·40호주거지가 IV b단계에 해당된다. IV단계에는 도20-21과 같이 중도식 기형에 타날수법이 본격적으로 도입된다. 또한 타날 심발형 토기가 출현한

---

101) 대성리 IV단계와 유사한 경기도 광주 장지동 유적 12호주거지 출토 유물 중 승문타날 심발형 토기(보고서 도34-3)이 있다. 이 기형은 5세기 후반으로 편년되는 화성 석우리 먹실 유적 6호 주거지 출토 심발형 토기(보고서 도19-1)과 거의 유사한 기형이다. 장지동 유적 12호주거지는 필자도 현장에서 확인한 바 있는 유구인데 잔존깊이가 10cm미만이며 출토 유물은 대부분 바닥면에서 출토되었지만 이 유물은 유구확인 면과 동일레벨에서 출토되었다. 이 유적은 청동기시대~삼국시대에 이르는 여러 시대의 유구가 심하게 중복되어 있거나 문화층의 교란 및 삭평이 심한 유적이다. 그러므로 이 유물은 12호주거지의 유물이라기보다 후대에 중복된 유구의 유물일 가능성이 있으며, 중복된 유구는 후대 상부 삭평으로 바닥면의 일부와 이 유물만이 남았을 가능성이 크다.

다. 도28의 시루의 형식변화상에서 볼 수 있듯이 Ⅳb단계에 해당되는 장현리6호·35호주거지에서 출토된 시루는 중도식 기형이지만 앞 시기의 다공시루와 달리 중앙의 원형 내지 방형구멍을 중심으로 타원형·제형·삼각형 등 5~7개의 큰 구멍이 방사상으로 배치된 것이다. Ⅳ단계는 앞 단계와 구별되는 특징을 가진 요소가 토기뿐만 아니라 주거지구조에서도 확인되는데,[102] 오벽에 직교되게 부뚜막을 설치한 장현리40호주거지가 대표적이다. Ⅴ단계가 되면 이러한 현상은 일반화된다.

Ⅴ단계는 도20-27~35의 유물이 해당된다. 장현리4호·42호·71호.74호주거지, 장지동14호주거지가 Ⅴa단계, 장현리34호·80호주거지, 장지동34호주거지가 Ⅴb단계의 유구이다. Ⅳb단계부터 시루의 변화 등 취사방법상에서 변화가 확인되므로 장란형토기의 출현시점은 Ⅳb단계까지 소급될 가능성이 높다. 토기는 거의 전기종에 타날수법이 채용되는데, 한성기 백제토기는 점차 기종이 다양해지고[103] 생활유적에서도 출토예가 많이 확인 된다.

Ⅵ단계는 도20-36~40의 유물이 해당된다. 장지동17호주거지, 장현리75호주거지가 Ⅵa단계에 해당된다. Ⅵ단계가 되면 한성기 백제토기의 기종조성이 완성되었다고 판단된다. 중도식토기는 여전히 동반되지만 출토비율은 감소된다. 즉 토기생산체제에서 한성기 백제토기의 제작 시스템이 완비된 시점으로 볼 수 있다. 그렇지만일상생활취락에서는 Ⅵ단계까지 중도식토기 생산체제가 명맥을 유지하였다.

(3) 대성리 유적 중도식토기 편년

대성리 유적에서는 다수의 外來系 유물들이 출토 되었다. 이 유물들은 교차연대를 적용하여 중도식토기를 편년하는데 최적의 자료라고 할 수 있다. 가평 대성리 유적의 중도식토기는 현재 출토 자료에 한정하는 한 최고의 형식군으로 분류되어 중

102) 李盛周, 2011,「漢城百濟 形成期 土器遺物群의 變遷과 生産體系의 變動」,「韓國上古 史學報」第71號, 韓國上古史學會.
103) 주102) 李盛周, 2011의 전게문.

도식토기의 상한을 제시하는 동시에 그 하한인 대성리 Ⅳ단계와 연결되는 한강 중하류유역의 중도식토기의 연대도 편년할 수 있다. 또한 미사리 A-1호주거지의 연대 등 통설의 백제토기 상한연대와도 관련되므로, 우선 가평 대성리 유적 출토 외래계 유물의 편년을 통해 대성리 유적의 연대를 검토해보겠다.

도21은 한반도와 일본열도에서 출토예가 많은 쌍합범주조철부(이조선주조철부와 무돌대주조철부)를 형식 분류하고 중국의 자료와 교차 편년한 것이다. 이조선주조철부는 너비 대비 길이가 점차 감소하고, 인부는 직선에서 弧狀으로 변하면서 그 폭이 넓어지고 종국에는 유견화 되는 형식으로 변한다.[104] 이러한 형식변화를 도면화 한 것이 도21의〔이조선주조철부의 형식변천〕이다.

이 형식변화에 따르면 도21-2, 도21-7·8의 山東 臨淄 金岭鎭 1號東漢墓[105]와 도21-3과 도22-14의 河北 定縣 北庄漢墓[106]출토 철부는 한반도 및 일본열도에서 출토된 이조선주조철부와 동일한 계보이며, 양 지역에서 출토된 철부보다는 고식에 해당된다. 山東 臨淄 金岭鎭 1號東漢墓를 보고자는 東漢 永平十三年(기원70년)에 歿한 齊王劉石의 묘로 보고하였다. 河北 定縣 北庄漢墓는 조영시점을 燒溝漢墓 Ⅴ기의 初葉에 해당되는 東漢 明帝 또는 章帝시기인 기원56~88년으로 보면서 墓主는 永元二年(기원90년)에 歿한 中山簡王劉焉의 묘로 보고하여 조영시점과 墓主의 歿年에서 모순이 확인된다.[107]

도22-10, 도22-17, 도23-3의 도기는 燒溝漢墓 Ⅴ기에 해당되는 도22-2와 유사하다. 이 도기들과 燒溝漢墓Ⅳ기의 도22-1, 燒溝漢墓Ⅵ기의 도22-3을 비교하면 동체부와 경부의 경계가 보다 명확하고, 부가구연이 퇴화된 것에서 도22-10·17,도23-3이 도22-2보다 동일단계 내에서도 좀 더 형식화가 진행된 것으로 판단된다. 이는 두 고분

---

104) 김일규, 2013, 「한강 중·하류역 2~5세기 일상토기 변천」, 『考古廣場』12, 釜山考古學研 究會.
105) 山東省文物考古研究所, 1999, 『考古學報』第1期.
106) 河北省文化局文物工作隊, 1964, 『考古學報』第2期.
107) 보고자도 이 문제점을 인식하고 있다.

에서 燒溝漢墓Ⅵ기에 해당되는 도22-6과 동일한 형식의 陶器 盒(도22-13·20)이 출토되었다. 또한 建寧二年碑文이 출토되어 169년의 기년이 확실한 洛陽 東漢 方士肥致墓에서도 이와 동일한 형식의 도23-7의 도기 합이 출토되었으며, 燒溝漢墓Ⅴ기~Ⅵ에 해당되는 도22-5와 동일한 형식(도22-19, 도23-2)이 河北 定縣 北庄漢墓와 152년 기년의 洛陽 李屯 東漢 元嘉二年墓에서 출토되고 있는 것에서도 뒷받침된다. 이처럼 두 고분에서 출토된 도기는 燒溝漢墓Ⅴ기 후반과 燒溝漢墓Ⅵ기로 편년되어 보고자의 연대와는 차이가 확연하다. 도23-1~3의 도기는 洛陽 李屯 東漢 元嘉二年墓 출토품인데, 元嘉二年은 기원152년에 해당된다[108]. 燒溝漢墓Ⅵ기에 해당되는 洛陽 東漢 光和二年(기원179년)王当墓에서는 燒溝漢墓Ⅵ기인 도22-3과 동형식의 도기와 도22-10·17·21과 유사한 燒溝漢墓Ⅴ기의 도기가 동반하였다[109]. 이처럼 燒溝漢墓Ⅴ기에 해당되는 도기들이 燒溝漢墓Ⅵ기의 전반까지도 출토예가 많이 확인되므로 山東 臨淄 金岭鎭1號東漢墓와 河北 定縣 北庄漢墓는 燒溝漢墓Ⅴ기에서도 후반이후로 편년된다. 그러므로 굳이 두 고분의 묘주를 상정한다면 보고자와 달리 전자는 東漢順帝 永和六年(141년)에 몰한 齊王无忌의 墓로, 후자는 永和五年(140년)에 몰한 中山孝王弘의 묘로 비정하는 것이 보다 타당하다고 생각된다. 따라서 도21-2·3의 주조철부의 연대는 보고자와 달리 1세기까지 소급될 수 없고, 2세기 전반의 상한연대를 산정할 수 있다.

도21-30·31은 서산 예천동 원18호분구1에서 출토된 철모로 도21-4의 철부와 동반하여 출토되었다. 도21-30의 이단병식철모와 도21-31의 관부돌출형 철모는 영남지역에서는 목곽묘 출현기에 출토되는 전형적인 형식이다. 2세기 말엽으로 편년되는 김해 양동리162호분[110]과 울산 하대 가지구 43호분에서 출토된 철모와 거의 동일한

---

108) 洛陽市文物工作隊, 2007, 「洛陽李屯東漢元嘉二年墓發掘簡報」, 『洛陽考古集成 秦漢魏晋南北朝 卷下』.

109) 洛陽博物館, 2007, 「洛陽東漢光和二年墓發掘簡報」, 『洛陽考古集成 秦漢魏晋南北朝卷下』.

110) 김해 양동리162호분에서 출토된 漢鏡 2점은 燒溝漢墓Ⅴ기로 편년되는 형식인데, 이

형식이다.

도21-8은 河南省 澠池縣 澠池火車站 窖藏출토 철부로 "澠池軍右"의 銘文이 있다. 澠池火車站 窖藏에서는 "澠", "澠左", "澠右", "澠池軍左", "成右" 등의 명문이 있는 동일한 형식의 철부가 401점 출토되었다. 보고자는 "銘文 中 "左", "右", "軍" 등의 字는 曹魏時代 軍事編制의 官營標識이다"고 하여 이러한 명문을 가진 철기를 曹魏時代 屯田의 군사편제와 관련하여 官에서 주조된 농기와 병기로 판단하였다.[111] 따라서 도21-7·9·10 등 도21-8과 동일한 형식의 철부는 東漢末 이후 曹魏代에 유행한 것임을 알 수 있다. 따라서 도21-7~10의 철부는 3세기 전반으로 편년할 수 있고, 曹魏代에 유행한 형식임을 감안하면 그 상한은 2세기대로는 소급될 수 없다. 이 외에 安徽省 固鎭縣 濠城 垓下遺蹟에서 출토된 철기군을 보고자는 東漢末期로 편년하였는데, 이 중 鐵錛이[112] 도21-7~10의 철부와 흡사하다. 따라서 도21-7·9·10의 도21-8과 동일형식의 철부는 東漢末 이후 曹魏代에 유행한 것으로 3세기 전반으로 편년되고, 曹魏時代에 유행한 형식임을 감안하면 그 상한은 3세기 초엽 이전으로 소급시킬 수 없다.

한편 이러한 이조선주조철부는 北京 大葆臺 1號 漢墓 출토 철부와도 유사하다. 그런데 西漢時代의 大葆臺 1號 漢墓 출토 철부와 萊蕪開省庄 출토 이조선주조철부용범의 형태는 공부에서 인부까지 사선으로 연결되어 인부가 공부보다 넓은 평면 제형철부이다. 이에 반해 도21의 이조선주조철부는 공부에서 인부로의 측면선

한경은 東漢 元嘉二年(152년)墓(河南省文化局文物工作隊, 1966, 「河南新安古路溝漢墓」, 『考古』第3期.)의 출토 예와 燒溝漢墓Ⅵ기의 도기와 동반(中國社會科學院考古研究所河南第二工作隊, 1985, 「河南偃師杏園村的兩座魏晋墓」, 『考古』第8期. 洛陽市文物第二工作隊, 2007, 「洛陽市南昌路東漢墓發掘簡報」, 『洛陽考古集成 秦漢魏晋南北朝 卷下』, 804~811쪽)하는 등 燒溝漢墓Ⅵ기의 東漢晚期 고분(湖南省博物館, 1984, 「湖南資興東漢墓」, 『考古學報』第1期. 97~100쪽)에서도 출토예가 다수 확인된다. 한경의 연대와 함께 묘제 및 동반된 토기와 철기의 형식을 고려하면 양동리162호분의 연대는 소구한묘Ⅴ기 말~Ⅵ기에 비정되어 2세기 중엽을 상회할 수는 없고, 2세기 말엽으로 편년된다.

111) 李京華, 1976, 「澠池縣發現的古代窖藏鐵器」, 『文物』第8期.
112) 黄立水, 1993, 「垓下遺址出土一批漢代鐵器」, 『考古』第1期, 90쪽 도3-7.

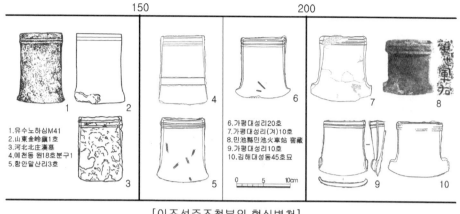

[이조선주조철부의 형식변천]

1.유수노하심M41
2.山東金岭鎭1호
3.河北庄漢墓
4.예천동 원18호분구1
5.함안말산리3호

6.가평대성리20호
7.가평대성리(겨)10호
8.민池縣민池火車站 窖藏
9.가평대성리10호
10.김해대성동45호묘

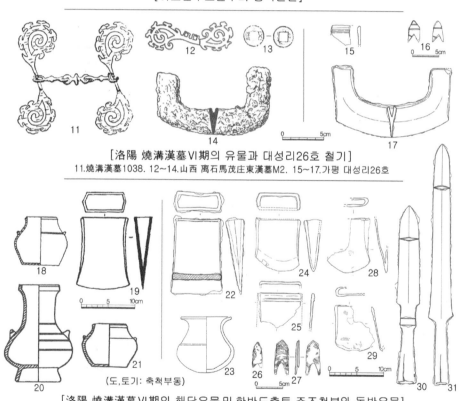

[洛陽 燒溝漢墓Ⅵ期의 유물과 대성리26호 철기]
11.燒溝漢墓1038. 12~14.山西 离石馬茂庄東漢墓M2. 15~17.가평 대성리26호

(도,토기: 축척부동)

[洛陽 燒溝漢墓Ⅵ期의 해당유물및 한반도출토 주조철부와 동반유물]
18,19.廣西 鍾山張屋東漢墓M27, 20,21.廣東 瀾石東漢墓4호, 22,23.김해양동2호묘,
24~27.철원와수리26호. 28,29.가평대성리(겨)10호. 30,31.서산 예천동 원18호분구1

도 21 | 이조선주조철부의 편년

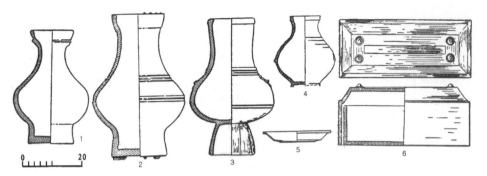

[洛陽 燒溝漢墓Ⅳ~Ⅵ期의 유물]
1.1113호, 2.1008호, 3.1037호, 4.1040호, 5.1027호, 6.1035호(1; Ⅳ기, 2; Ⅴ기, 5; Ⅴ~Ⅵ기, 3,4,6;Ⅵ기)

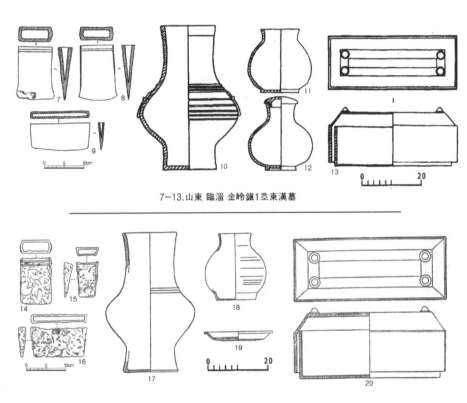

7~13.山東 臨淄 金岭鎭1호東漢墓

14~20.河北 定縣 北庄漢墓

도 22 | 이조선주조철부와 동반유물의 편년 비교자료

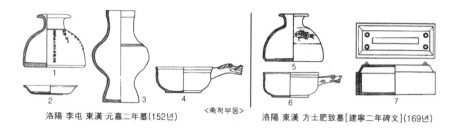

洛陽 李屯 東漢 元嘉二年墓(152년)　　　＜축척부동＞　　　洛陽 東漢 方士肥致墓[建寧二年碑文](169년)

도 23 | 燒溝漢墓Ⅵ期의 해당유물 양상

이 거의 수직으로 평면형태가 장방형이며, 인부가 확장되는 것은 주조 후 탈탄공정을 거쳐 가열 단타에 의해 이차적으로 인부를 형성하는 작업에 의한 것이거나, 도 21-7~10과 같이 주조 시 견부가 형성된 것이다. 따라서 전자의 서한대 철부와 후자는 계열을 달리하여 취급해야 할 것이다. 또한 한강 중·하류유역에서 이 형식의 철부와 동반된 중도식토기의 형식 및 그 전후한 형식과 동반되는 낙랑계토기 중 기원후 2세기 이전으로 소급되는 것은 없으며, 후술할 가평 대성리 29호수혈 출토 일본 야요이계 토기 또한 2세기 후반을 상한으로 한다. 또한 이 형식의 철부는 각각 3세기 초엽의 김해 대성동45호분과 4세기 전반으로 편년되는 김해 대성동 91호분 및 4세기 말의 중국 조양 북표 喇嘛洞Ⅱ M209호에서도 출토되었다. 특정 고고자료는 동시기의 다른 고고자료와의 관계성, 혹은 맥락 가운데서 해석되어야 한다[113]는 것을 감안하면 대성리 유적 에서 출토된 이조선주조철부는 大葆臺 1號 漢墓 출토 철부와는 다른 계보의 것으로 2~4세기에 걸쳐 중국과 한반도, 일본에서 유행한 형식임을 알 수 있다.

이상에서 도21-1~3의 주조철부가 2세기 전반으로 편년되므로 이보다 늦은 형식인 도21-4~6의 이조선주조철부는 2세기 후반, 도21-7~10은 3세기 전반으로 편년된다. 대성리Ⅳ단계 유구에서 출토된 도면23-7·10 철부의 연대를 참조하면 대성리Ⅳ

---

113) 佐々木憲一, 1999,「日本考古學における古代國家論」『國家形成期の考古學』大阪大學 考古學 研究室10周年記念論集, 眞陽社.

단계는 3세기 초엽을 상한으로 편년할 수 있다.

　도21-28·29는 대성리Ⅱ(거)10호주거지출토 주조철부편으로 도21-7·8과 동반유물인데, 철원 와수리26호주거지에서도 도21-24의 주조철부가 도21-25의 이조선주조철부편과 동반되어 출토되었다[114]. 이러한 주조철부는 도21-22와 같이 김해 양동2호묘에서도 출토되었는데, 동반된 토기(도21-23)는 주머니호의 가장 후행하는 형식으로 목관묘의 최후단계에 부장된다. 영남지방 토기편년에 의하면 김해 양동리162호와 동 단계 내지 약간 선행하는 단계로 2세기 중후반으로 편년된다. 도21-22의 김해 양동리2호묘 출토 주조철부는 측면선과 인부가 직선적인 속성에서 측면선과 인부가 호상을 이루는 나머지 철부보다 선행하는 형식으로 볼 수 있다. 한편 이와 유사한 기형의 철부(도21-19)가 중국 廣西 鐘山 張屋 東漢墓M27에서 출토되었다[115]. 廣西 鐘山 張屋 東漢墓M27에서는 도21-18의 도기도 출토되었는데 이는 도21-21의 廣東 瀾石 東漢墓4號[116]출토 도기와 동일한 형식이다. 廣東 瀾石 東漢墓4號에서는 燒溝 漢墓Ⅵ기에 해당되는 도21-20·21의 도기와 도26-11의 漢鏡이 출토되었다. 따라서 廣西 鐘山 張屋 東漢墓M27 역시 燒溝漢墓Ⅵ기에 해당되는 2세기 후반~3세기 초엽의 연대가 산정된다. 그러므로 대성리Ⅱ(거)10호주거지와 철원 와수리26호주거지 출토 주조철부는 2세기 후반이전으로는 소급될 수 없다. 동해 송정동Ⅲ-1-7호주거지는 토기의 양상에서 대성리Ⅱ단계와 동일한데,[117] 도21-5와 거의 유사한 형식의 철부가

---

114) 인부가 사용에 의해 마모가 심하여 인부의 변형이 심하고 공부가 거의 인부까지 미치고 있지만, 원형은 도21-19나 도21-22의 형태를 취했을 것이다.

115) 廣西壯族自治區文物工作隊·鐘山縣博物館, 1998,「廣西鐘山張屋東漢墓」,『考古』第11期.
　　湖南省 資興 東漢墓 M521에서도 동일형식의 철부가 출토되었는데, 동반하는 연호문경으로 東漢 중기로 편년하고 있다(湖南省博物館, 1984,「湖南資興東漢墓」,『考古學報』第1期). 그런데 이 형태의 연호문경은 燒溝漢墓Ⅵ기와 曹魏代까지도 출토예가 확인되므로, 燒溝漢墓 Ⅵ기의 도기가 동반하는 鐘山張屋 東漢墓M27의 연대가 하한 자료로 더 적합할 것이다.

116) 廣東省文物管理委員會, 1964,「廣東佛山市郊瀾石東漢墓發掘報告」,『考古』第9期.

117) 대성리Ⅰ단계에 해당되는 형식도 보이지만 전반적으로는 대성리Ⅱ단계의 유물의 형식상과 일치한다.

동반된다. 따라서 대성리Ⅱ단계는 2세기 후반이전으로 소급될 수 없다.

도21-12~14는 山西 离石馬茂庄 東漢墓M2[118]에서 출토된 유물이다. 이 중 도21-14의 '凹'자형삽날은 대성리26호주거지 출토의 도21-17과 아주 흡사하다. 山西 离石 馬茂庄 東漢墓M2의 연대는 도21-12의 鑣轡가 燒溝漢墓Ⅵ기에 해당되는 燒溝漢墓 1038 출토품인 도21-11과 동일하고, 보고자의 검토에서 도21-13의 東漢 桓靈之間 (146~189년)에 유행한 오수전이 출토되어 2세기 후반대로 편년된다. 도21-14와 동형 식의 도21-17의 '凹'자형삽날이 출토된 대성리26호주거지에서는 도21-15의 이조선 주조철부편이 동반되어 앞의 이조선주조철부의 연대를 보강한다.

대성리Ⅲ단계의 대성리 원29호수혈에서는 일본 北九州의 彌生時代 후기후반으로 편년되는 下大隈式토기를 모방한 彌生系토기(도19-15, 도24-5)가 출토되었다. 이 토기는 도24-6·7의 경남 고성 동외동패총 출토유물과 비교되는 것에서 下大隈式토 기를 모방하여 고성 또는 주변의 남해안지역에서 제작되었을 가능성이 높다.[119]

도24의〔北部九州彌生土器編年圖〕4양식 (11), (19)와 5양식 (7)에서 보듯이 도24-5 의 토기는 도24-3·4보다 약간 선행하거나 동형식군 내에서 古相으로 볼 수 있다.[120] 도24-3은 도24-1의 漢鏡이 출토된 日本 福岡縣 三雲寺口 2號石棺墓의 祭祀遺構에서 출토된 토기이고, 도24-2·4는 日本 福岡縣 原田1號石棺墓에서 출토되었다.[121] 도24-1 의 연호문경의 형식은 도25에서 보듯이 燒溝漢墓Ⅵ기로 편년되는데, 東漢 初平二 年(191년)기년 고분과 西晉早期까지 그 출토예가 확인되기도 한다.[122] 또한 도24-2의

---

118) 山西省考古研究所·呂梁地區文物工作室山·离石縣文物管理所, 1992, 「山西省离石馬茂 庄東漢畵像石墓」『文物』第4期.
119) 寺井 誠, 2008, 「中繼地の形成」『九州と東アジアの考古學』九州大學校考古學研究室50周年 記念論文集.
　　주104) 김일규, 2013의 전게문.
120) 일본 야요이시대 편년에서 下大隈式은 2세기 중엽으로 편년되고 있다.
　　武末純一, 2004, 「第2章 彌生時代の年代」『考古學と實年代』ミネルヴァ書房.
121) 埋藏文化財研究會, 1994, 『倭人と鏡-日本出土中國鏡諸問題-』第2分冊, 第35回 埋藏文化財研 究會
122) 楊作龍·毛陽光 主編, 2007, 「漢代墓葬」『洛陽考古集成 秦漢魏晋南北朝 卷上』.

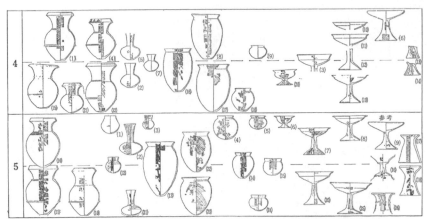

日本 北九州彌生後期土器編年圖(柳田 康雄 1987에서 편집)

1.日本 福岡縣 三雲寺口 2號石棺墓, 3.日本 福岡縣 三雲寺口 2號石棺墓 祭祀遺構,
2.4.日本 福岡縣 原田1號石棺墓, 5.대성리29호수혈. 6.7.고성 동외동패총

도 24 | 가평 대성리 유적 출토 彌生系 土器 편년 비교자료

변형사엽문경 역시 燒溝漢墓Ⅵ기에 해당되는 것으로 주로 桓·靈帝시대에 유행하고
123) 이후 삼국시대까지 출토된 유물이다. 따라서 이러한 형식들의 漢鏡은 중국 내에
서도 그 상한연대를 2세기 후반 이전으로는 소급시킬 수 없으며 유행 시기도 東漢
晚期~曹魏代이다. 그러므로 도24-3·4의 토기는 중국의 漢鏡연대를 그대로 적용하더
라도 2세기 후반 이전으로는 소급시킬 수 없다. 결국 일본 야요이시대의 下大隈式
土器를 모방하여 한반도 남해안지역에서 제작되었을 가능성이 높은 도24-5의 토기
연대는 대성리 유적 보고서에 언급된 바와 같이 2세기4/4분기를 상한으로 편년하

洛陽市第二文物工作隊, 2007b, 「嵩縣果酒廠晉墓發掘簡報」, 『洛陽考古集成 秦漢魏晋 南北朝
卷 下』, 996~1013쪽
123) 孔祥星·劉一曼, 2003, 『中國古代銅鏡』

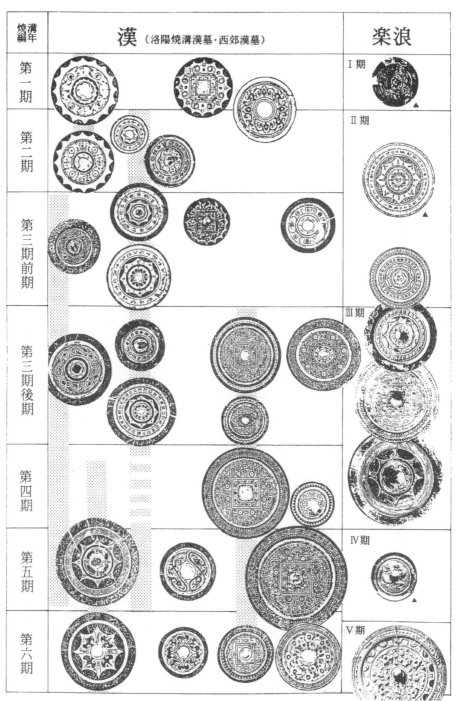

도 25 | 漢鏡의 변천도(高倉洋彰 1994에서)

면 안정적일 것이다.[124] 대성리 원29호수혈 출토 야요이계 토기가 2세기4/4분기의 연대로 편년되는 것을 감안하면 日本 九州 야요이시대 후기후반의 연대는 2세기 후반까지 떨어질 개연성도 충분히 고려할 수 있다.

이상에서 도19의 대성리 I 단계와 II 단계는 2세기 중엽, III 단계는 2세기 말엽, IV 단계는 3세기 초엽 내지는 3세기 전반으로 편년된다.

(4) 한강 하류유역 일상 토기의 편년

대성리 유적 IV단계가 3세기 전반으로 편년되는 것에서 도20의 한강 하류유역 일상 토기 I 단계는 3세기 전반으로 편년된다.

한강 하류유역 일상 토기 III단계에 해당되는 하남 미사리 A-1호주거지의 연대가 한성양식 백제토기의 출현과 관련되는 점은 상술한 바와 같다. 미사리 A-1호주거지 연대는 서기 200년경을 하한으로 하는 2세기 후반으로 편년되는 것이 현재 백제 고고학의 통설인데,[125] 동반된 방제경이 연대설정의 기준자료로 이용되고 있다. 하남 미사리 A-1호주거지 출토 방제경의 연대는 이천 효양산 유적 발굴보고자가 東漢 晚期의 박국경을 모방한 방제경으로 해석하여 이 연대를 제시한[126] 이래 통설에서도 이와 동일한 연대를 따르고 있다.

도26은 하남 미사리 A-1호주거지 출토 방제경 및 동한 만기의 박국경 및 동한 만기 이후의 사유경을 제시한 도면이다. 도26-8~11은 동한 만기의 전형적인 박국경 만기형식이며, 도26-13~16은 동한 만기 이후로 편년되는 방격사유경이다. 전자의 전형적인 박국경 만기형식은 방격의 각 외변 중앙에 T자상의 規矩文이 잔존하고, 도26-10의 거울만 방격의 각 모서리에 4개의 유가 있는 사유경일뿐 대부분의 박국

---

124) 김일규, 2009,「V. 고찰. 3. 가평 대성리유적의 원삼국시대 후기 취락」,『加平 大成里 遺蹟』, 京畿文化財團 京畿文化財研究院

125) 박순발, 2012,「백제, 언제 세웠나-고고학적 측면-」,『백제, 누가 언제 세웠나-백제의 건국시기와 주체세력』2012'백제사의 쟁점'집중토론 학술회의, 한성백제박물관.

126) 이재현, 1995,「V. 考察」,『利川 孝養山遺蹟 발굴조사 보고서』, 湖巖美術館.

[Ⅱ·Ⅲa단계유물과 미사리A-1호유물의 비교]

1,6.장현리68호 주
2,4,7.장현리67호 주
3,5.미사리A-1호 주

0   15cm

[洛陽 燒溝漢墓Ⅵ期의 博局鏡과 동반陶器]
8.燒溝漢墓20호, 9.西安 曹家墓9號, 10.廣州漢墓5039號, 11,12.廣東 瀾石東漢墓4호

0   5cm

(축척부동)

[洛陽 燒溝漢墓Ⅵ期後의 博局鏡 및 미사리A-1호 방제경]
13.浙江省 秀嶺水庫 晉墓53호,14.舊조선총독부소장, 15.日本 佐賀縣 上志波屋 遺蹟 圓墳
16.江西省 南昌市區 東晉墓, 17.미사리A-1호

0   5cm

도 26 | 미사리A-1호주거지 출토 방제경의 편년 비교자료

경 만기형식은 T자상 規矩의 양쪽에 유를 2개씩 배치한 속성이다. 이에 반해 후자
는 방격만 박국경과 유사할 뿐 規矩文은 없으며 방격의 각 외변 중앙에 유를 1개씩
배치한 사유경이다.

도26-17의 하남 미사리 A-1호주거지 출토 방제경은 반환상의 鈕를 중심으로 방
격으로 구획되고, 방격의 각 변 중앙 외측에 각1개씩 총4개의 유가 있으며 내·외구
문양대 구분 없이 집선문의 문양대가 외연을 이루는 형태이다. 동경 주연은 주조 후
주물 흔적을 제거하는 정도가 아니라 아주 조잡하게 마연되었으며, 문양대 내선은

주조 후에 음각으로 홈을 새겨 넣은 것이다. 이것에서 이 방제경은 주조된 당시의 형태를 가지는 것이 아니라 파손 또는 그와 유사한 상황으로 본래의 형태가 아닌 재가공 등으로 변형된 것으로 볼 수 있으므로 주조시점부터 사용, 재가공, 폐기까지 긴 시간적 격차는 충분히 예상할 수 있다.

도26-13~15의 방격사유경은 外區를 제거하면 도26-17의 방제경과 동일한 형태를 띠는 것에서, 하남 미사리 A-1호주거지 출토 방제경은 동한 만기의 박국경 만기형식이 아니라 이러한 방격사유경을 모방하여 제작한 것이 틀림없다. 박국경은 TLV상의 規矩가 점차 퇴화, 생략되는 형식변화를 보인다. 도26-13~15의 방격사유경은 도26-8~11의 燒溝漢墓Ⅵ기에 해당되는 박국경의 가장 늦은 형식과 비교하면 規矩가 없고, 방격만 남은 것에서 이보다 더 형식화 되었거나 이러한 형태의 박국경을 모티브로 하는 亞種일 가능성이 크다. 그러므로 도26-13~15의 방격사유경은 동한 만기에 성행한 도26-8~11의 박국경보다 후행하는 동경임이 틀림없다.

洛陽 西郊漢墓7011에서는 도26-11과 같은 방격 중앙의 T자형 규구가 퇴화되어 一자형으로 변형된 박국경 말기 형식과 함께 방격사유경이 동반 출토되었다.[127] 서교한묘7011은 前後室 구조의 전실묘인데 2인이 피장된 것에서 추가장이 확인된다. 방격사유경이 박국경 최 말기 형식보다 더 형식화된 것 내지는 그 아종인 것을 감안하면 방격사유경이 추가장 시 부장품일 것이다. 동한 만기에 유행한 박국경의 늦은 형식 중에서도 가장 말기형식이 출토된 것에서 서교한묘7011의 조영연대는 동한 말인 3세기 초엽을 전후한 시점으로 편년할 수 있다. 그러므로 박국경 최 말기보다 후행하는 추가장의 부장품인 방격사유경의 연대는 동한 말 이후 曹魏代~西晉代로 편년할 수 있다.

도26-13은 중국 浙江省 秀嶺水庫古墓 晋墓53號에서 출토된 것이다[128]. 보고자는

---

127) 中國社會科學院考古研究所洛陽發掘隊, 1963, 「洛陽西郊漢墓發掘報告」, 『考古學報』第2期, 科學出版社.
128) 浙江省文物管理委員會, 1958, 「浙江省秀嶺水庫古墓發掘報告」, 『考古學報』第1期, 科學出版社.

秀嶺水庫 晉墓53號를 秀嶺水庫古墓의 晉代墓葬 중 가장 이른 시기로 편년하고 있다. 秀嶺水庫 晉墓53號는 凸字形 무덤인데, 이 유적에서 조사된 凸字形 무덤은 총12기로 이 중 기년을 가진 무덤은 元康元年(299년)의 41호, 太興四年(321년)의 8호, 咸和二年(327년)의 20호, 咸和四年(329년)의 6호, 永和三年(347년)의 10호가 있으며 太興四年 이전으로 편년되는 것은 4기뿐이고 나머지는 東晉代로 편년된다.[129] 이 외의 다른 형태의 무덤 중 기년명이 있는 것도 41호의 元康元年 이전의 것은 없고 모두 東晉代의 무덤이다. 그리고 東吳의 天璽元年(276년)墓를 제외하면 53호묘보다 이른 시기의 묘는 東漢末期의 것이므로, 보고자의 견해대로 53호묘는 西晉代의 무덤일 가능성이 가장 높고, 東吳 天璽元年墓를 감안하면 그 조영시점은 276년 이후일 것이다.

도26-16은 중국 江西省 南昌市區 東晉墓에서 출토된 동경이다.[130] 이 동경은 도26-13~15의 방격사유경과 비교하면 유가 없고 방격의 폭도 넓으며 또한 방격 내부에 12간지의 명문이 있는 것에서 보다 신형식으로 볼 수 있다. 유가 없고 방격 내에 銘文을 배치한 것을 제외하면 도26-13~15와 유사한 점에서 방격사유경의 하한연대를 보강한다. 보고자는 이 무덤 출토유물이 南京 郭家山晉墓(咸和元年-326년) 유물과 유사한 것에서 東晉早期로 편년하였다.

주110)에서 언급한 바와 같이 연호문경과 같은 燒溝漢墓Ⅵ期의 漢鏡은 東漢 멸망 후에도 계속 그 출토예가 확인되고, 東晉 早期로 편년되는 도26-16의 동경과의 유사성에서 방격사유경의 하한연대가 산정되므로 도26-13~15와 같은 형식의 방격사유경은 東漢 멸망 후인 曹魏代부터 西晉代까지 유행한 형식임을 알 수 있다.

曹魏代~西晉代에 유행한 방격사유경을 모방한 하남 미사리 A-1호주거지 방제경은 그 제작시점은 西晉代(266년~316년)로 볼 수 있어도, 제작에서 사용, 재가공, 폐기

---

129) 浙江省 秀嶺水庫古墓는 東漢末~劉宋代의 무덤이 조사된 유적으로 東漢末 墓4기, 東吳 墓1기, 晉代 墓46기, 劉宋 墓5기가 조사되었다.

130) 陳定榮·許智范, 1984, 「南昌市區淸理一座東晉墓」, 『考古』第4期.

까지의 시간 그리고 방격의 폭이 넓은 후행하는 속성 등을 감안하면 그 폐기시점은 西晉·東晉 교체기인 4세기 초엽의 연대가 더 합당할 것이다. 그러므로 미사리A-1호 주거지로 대표되는 한강 하류유역 일상토기 Ⅲ단계는 4세기 전반으로 편년된다.

삼한시대 영남지역 목관묘 만기의 대표적 유구인 경주 사라리130호분과 출현기 목곽묘인 김해 양동리162호분 출토 방제경은 대부분 西漢 晚期의 日光鏡을 모방한 것이다. 앞서 언급한 바와 같이 양동리162호분에서는 동한 만기로 편년되는 연호 문경과 사유조문경이 출토되어 2세기 후반으로 편년되므로 서한시대 중원지역 일 광경의 연대와는 200년 정도의 격차가 난다. 미사리A-1호주거지에서 출토된 사유 경을 모방한 방제경과 같은 특정 고고자료는 동반 자료와의 조합관계는 물론 동단 계의 다른 고고자료와의 관련성 내에서 해석해야만 한다. 이러한 고고학의 가장 기 본적 방법론을 무시한 채 그것의 모티브인 원향의 한경 연대를 그대로 차용하여 그 연대근거로 삼아 편년하고 이를 표준연대자료로 이용한다면 해당시기 한강 중하류 유역의 연대는 물론이고 한반도 나아가서는 동북아 전체의 고고학 연대에 많은 혼 란을 초래할 것이다.

이상에서 하남 미사리A-1호주거지에 바로 후행하는 '중도식 무문토기 기형+격자 문 타날 조정' 을 특징으로 하는 한강 중하류유역 일상 토기 Ⅳ단계인 남양주 장현 리29호주거지와 충주 하천리F-1호주거지의 연대는 4세기 후반으로 편년된다.

도27-1~13은 한강 하류유역 일상토기 Ⅴ·Ⅵ단계의 유물과 영남지역 고분출토품 을 비교한 것이다.

도27-6~9는 Ⅴb단계에 해당되는 유물인데 도27-9의 철촉은 도27-10·12의 부산 복 천동10·11호분, 상주 신흥리 나39호묘 출토 철촉과 동일 형식이다. 이 두 고분은 출 토 재갈의 편년에서는 전자가 후자보다 후행하는 속성이 확인되지만 동일 단계 내 에서 新古相으로 구분해도 무방하다고 생각된다. 상술한 도7의 목심등자편년에서 는 신흥리 나39호묘 등자가 병부 2단 보강의 고식속성이 잔존하지만 전 단계에 비 해 소형화 되고, 2단 보강의 속성을 제외한 외형적 유사성은 도7-12~14의 등자와 유

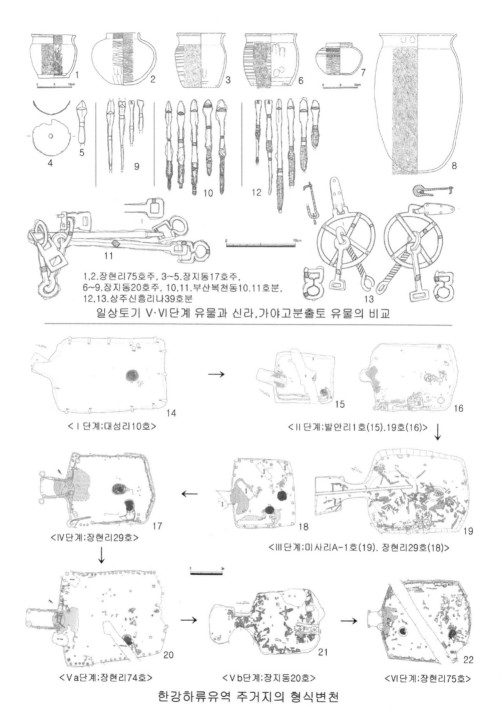

1,2.장현리75호주, 3~5.장지동17호주,
6~9.장지동20호주, 10,11.부산복천동10.11호분,
12,13.상주신흥리나39호분
일상토기 V·VI단계 유물과 신라,가야고분출토 유물의 비교

<I단계;대성리10호>   <II단계;발안리1호(15).19호(16)>

<IV단계;장현리29호>   <III단계;미사리A-1호(19). 장현리29호(18)>

<Va단계;장현리74호>   <Vb단계;장지동20호>   <VI단계;장현리75호>

한강하류유역 주거지의 형식변천

도 27 | 한강 하류유역 일상 토기 V · VI단계의 편년 및 주거지 변천양상

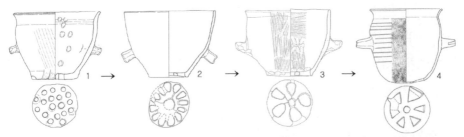

시루의 형식변천(1;발안리1호 주, 2;장현리27호 주, 3;장현리6호 주, 4;장현리75호 주. ※축척부동)

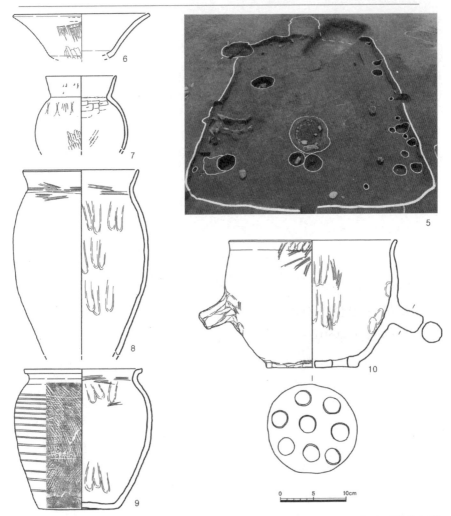

경기도 광주 신대리유적 2호 주거지(5) 및 출토유물(6;65호 住, 7~10;2호 住 ※ 6,7;日本 土師器(系) 토기)

도 28 | 시루의 변천 및 광주 신대리 유적 출토 土師器系 토기와 동반유물

사하다. 이러한 양상에서 도7-9,10,11의 등자는 병부 2단 보강 등자의 최후형식으로 판단된다. 따라서 신흥리 나39호묘와 복천동10·11호분 마구는 복천동21·22호분과 동35호분에 후행하는 형식임을 알 수 있다.

도7-5·6의 등자는 재지화 된 등자로서 415년에 몰한 北燕 馮素弗墓 출토 등자에 후행하는 형식인 것은 주지하는 바이다. 따라서 복천동35호분과 동21·22호분, 황남동109호3·4곽은 415년 이전으로 소급할 수 없다. 도7-18은 458년에 몰한 눌지왕릉으로 비정되는[131] 경주 황남대총 남분 출토 등자이다. 경주 황남대총 남분 단계를 획기로 등자는 병부 일단보강의 장병, 전면에 능이 있는 단면오각형 병부, 답수부 방두정의 개수 증가 등 신요소가 등장한다. 따라서 신흥리 나39호묘와 복천동10·11호분은 5세기2/4분기의 후반으로 편년하는 것이 가장 안정적이다.

이상에서 한강 하류유역 Ⅴb단계는 5세기2/4분기의 연대가 산정된다.

도28-5·7~9는 경기도 광주 신대리 유적 2호주거지와 출토유물이다. 주거지는 凸字形으로 중도식 노지가 중앙선상에 위치하고 동쪽 장벽 내측에는 장벽에 직교되게 부뚜막이 설치된 구조이다. 이러한 형태는 Ⅴ단계에 해당되는 도27-20의 장현리 74호 주거지와 유사하다. 도28에 제시된 유물들은 모두 주거지 바닥면에서 출토된 것이므로 일상 토기임을 감안하더라도 1단계 이상의 격차는 나지 않을 것이다. 도28-9는 승문 타날에 나선상의 횡침선을 돌린 심발형 토기이다. 동체 최대경은 중상위에 위치하고, 구연부는 직립하다가 완전히 외절하는 구연을 가진다. 수평으로 외절하는 구연과 동체 최대경이 중상위에 있는 속성은 도20의 Ⅵa단계에 해당되지만 구연이 짧고 동체부의 둥근 기미는 고식속성으로 볼 수 있으므로 Ⅴb~Ⅵa단계의 과도기적 형식으로 볼 수 있다. 동반된 도28-10의 시루는 중도식토기의 속성을 그대로 간직하고 있지만 저면의 시루 구멍은 중앙의 구멍을 중심으로 방사상으로 7개의 원공을 뚫은 것과 파수의 형태로 볼 때 도28-2와 도28-3의 중간적 형태 내지는

---

131) 金斗喆, 2011, 「皇南大塚 南墳과 新羅古墳의 編年」, 『韓國考古學報』80輯, 韓國考古學 會.

28-3과 동단계로 편년할 수 있다.

여기서 주목되는 것은 도28-6,7 토기인데 日本 土師器(系) 고배와 소형호이다. 소형호는 동체 중하위의 마연과, 구경부와 동체부의 종방향 타날 등의 속성에서 日本産이 아니라 하지키를 충실히 모방한 하지키계 토기이다. 그 형태는 布留式 후기형식으로 일본 중기고분 전반 또는 須惠器출현 단계로 편년되는 형식이다.[132] 고배 또한 布留式 후기형식이지만 배신부의 굴곡부에서 바닥면의 깊이가 거의 없고, 배신 바닥의 폭이 좁은 속성에서 소형호보다 다소 고식으로 볼 수 있다. 현재 일본 고분시대의 편년은 중기고분과 初期須惠器의 시작을 4세기 말엽까지 소급하는 분위기이다. 그러나 낙동강하류역의 도질토기와 금관가야 고분편년에 의하면 5세기 중엽 이전으로 소급되지 않는다. 일본 최고의 須惠器로 분류되는 持ノ木古墳 출토 토기는 도질토기 내지는 도질토기 충실 모방품으로 5세기1/4분기와 2/4분기의 형식이 혼재되어 있으며, TG232窯 출토 須惠器는 복천동10·11호분~복천동53호분 단계인 5세기2/4분기 후반~3/4분기 전반의 도질토기와 유사성이 인정된다. 따라서 持ノ木古墳~TG232窯의 初期須惠器 단계라고 하면 5세기2/4~3/4분기 전반으로 편년된다.[133] 결국 이러한 형식의 하지키는 일본열도에서도 5세기2/4분기이전으로 소급시킬 수 없다. 도28-7의 하지키계 토기는 충실모방품임을 감안할 때 5세기2/4분기 후

---

132) 일본 福岡大學의 武末純一과 奈良縣立橿原考古學研究所의 木下亘 양씨의 조언이 있 었는데, 武末純一에 의하면 일본열도에서의 이 형식은 5세기1/4분기~2/4분기의 사이로 편년된다고 한다.

133) 金斗喆, 2006,「三國·古墳時代 年代觀」,『한일 고분시대의 연대관』歷博國際研究集會, 國立歷史民俗博物館·韓國 國立釜山大學校博物館.
洪潽植, 2006,「加耶·新羅土器, 須惠器의 並行關係」,『한일 고분시대의 연대관』歷博國 際研究集會, 國立歷史民俗博物館·韓國 國立釜山大學校博物館.
申敬澈, 2009,「韓國考古資料로 본 日本 古墳時代 연대론의 문제점」,『한일 삼국·고분시대의 연대관(Ⅲ)』歷博國際研究集會, 日本國 人間文化研究機構 國立歷史民俗博物館·大韓民國 國立釜山大學校博物館.
金一圭, 2011,「陶質土器의 觀點에서 본 初期須惠器의 年代」,『國立歷史民俗博物館研究報告』第163集.

반 내지는 3/4분기 전반으로 편년할 수 있을 것이다. 이는 앞서 언급한 심발형 토기의 편년과도 일치된다. 그러므로 Ⅴb단계는 5세기2/4분기, Ⅵa단계는 5세기3/4분기로 편년하면 안정적일 것이다.

이상에서 대성리 유적의 중도식토기의 최고 형식 단계를 제외한 한강 하류유역 일상 토기의 변천과정을 검토하여 편년한 결과 Ⅰ단계는 3세기 전반, Ⅱ단계는 3세기 후반, Ⅲ단계 4세기 전반, Ⅳ단계는 4세기 후반, Ⅴ단계는 5세기 전반, Ⅵ단계는 5세기 후반으로 편년되었다.

현재까지 조사된 자료에 한정하면 최고형식의 중도식토기는 2세기 중엽으로 편년된다. 물론 그 상한이 좀 더 소급될 개연성은 있지만 적극적인 증거자료는 아직 출토되지 않고 있다.

또한 최고형식의 중도식토기가 타날단경호와 동반되어 출토되고, 대성리의 삼한 전기에 해당되는 유구와 가평 달전리 유적 분묘 출토품과 같이 중도식토기 출현 이전부터 환원염소성의 타날 토기는 출토되므로 중도식 무문토기 단순기의 존재는 인정될 수 없다. 중도식 무문토기 단순기의 설정[134]은 중부지역 삼한시대 전기에 해당되는 고고학적 실체를 제시하기 위한 방편으로 중도식토기의 기원을 서북한 명사리식토기에서 찾기 위해 무리하게 설정된 지극히 자의적인 가설에 불과하다.

기존 백제 고고학 편년에 관한 통설에서 한성양식 백제토기 출현과 관련하여 연대근거로 삼았던 방제경이 출토된 미사리A-1호주거지는 Ⅲa단계인 4세기 초엽으로 편년된다. 그리고 중도식토기에 타날기법이 본격적으로 채용되는 Ⅳ단계의 장현리29호주거지는 4세기3/4분기로 편년된다. 이처럼 4세기 후반이 되면 중도식토기에 타날단경호 제작 시스템이 본격적으로 도입되는 등 큰 변화가 나타난다. 이 변화와 함께 타날 심발형 토기가 등장하고, 도28-3과 같이 시루는 蒸氣孔이 커지는 대신 개수가 감소된다. 이처럼 Ⅳ단계는 주거지 내 부뚜막과 시루의 변화, 다음 Ⅴ단

---

134) 박순발, 1993, 「한강유역의 청동기, 초기철기문화」, 『한강유역사』, 민음사.
　　박순발, 1993, 「우리나라 초기철기문화의 전개과정에 대한 약간의 고찰」, 『고고미술사론』3.

계가 되면 장란형 토기의 출토가 많아지는 현상에서 취사방법에서 획기적인 변화
가 일어났음을 알 수 있다.

V단계가 되면 타날수법으로 제작된 장란형 토기와 굽이 사라진 평저와 원저화
된 시루가 많아지는 것 외에도 IV단계에 나타난 변화의 제 양상이 확산되고 보편화
된다. 또한 한성양식 백제토기로 분류되는 기종의 종류가 차츰 증가되는데 백제토
기의 기종구성이 완성 되어가는 과정으로 판단된다.[135] 그렇지만 여전히 중도식토
기는 동반된다.

이처럼 한강 중·하류역의 일상취락에서는 IV단계에 기존의 유형과 다른 변화가
나타나고 V단계에 보편화되는 현상을 확인할 수 있었다.

2. 분묘자료로 본 백제와 마한의 경계

1) 한강 하구유역 분구묘 검토

(1) 분구묘 출토 낙랑토기 백색옹의 편년

한강 하구유역의 파주 갈현리 3호 구상유구, 김포 운양동1-11-27호분구묘 주구,
김포 양촌2-3-나1호 분구묘, 인천 운서동 는들유적에서는 이중구연형태의 낙랑토기
인 백색옹이 출토되었다.

이러한 기형의 백색옹은 鳳山 養洞里5號 塼室墓, 梧野里19號墳, 石巖里99號墳,
貞栢里219號墳, 道濟里50號墳, 樂浪土城 등에서도 출토되었다. 이 고분들은 모두
高久健二 낙랑고분편년 V기에 해당되는 것으로 씨는 3세기로 편년하였다.[136] 물론

---

135) 李盛周, 2011, 「漢城百濟 形成期 土器遺物群의 變遷과 生産體系의 變動」, 『韓國上古史學報』第
71號, 韓國上古史學會.
136) 高久健二, 1995, 『樂浪古墳文化 研究』, 學研文化社.

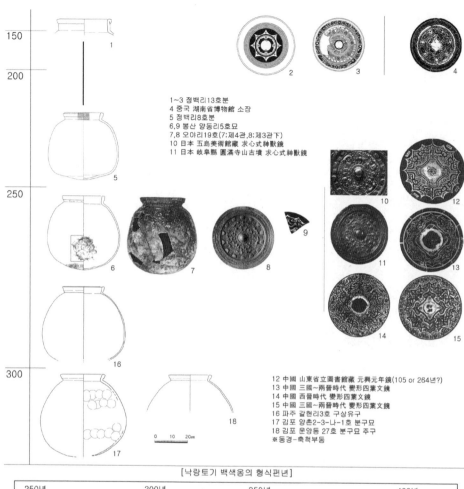

1~3 정백리13호분
4 중국 湖南省博物館 소장
5 정백리8호분
6,9 봉산 양동리5호묘
7,8 오야리19호(7:제4관,8:제3관下)
10 日本 五島美術館藏 求心式神獸鏡
11 日本 岐阜縣 圓滿寺山古墳 求心式神獸鏡

12 中國 山東省立圖書館藏 元興元年鏡(105 or 264년?)
13 中國 三國~兩晉時代 變形四葉文鏡
14 中國 西晉時代 變形四葉文鏡
15 中國 三國~兩晉時代 變形四葉文鏡
16 파주 갈현리3호 구상유구
17 김포 양촌2-3-나-1호 분구묘
18 김포 운양동 27호 분구묘 주구
※동경-축척부동

[낙랑토기 백색옹의 형식편년]

250년	300년	350년	400년
			14호
			8호
		6호 30호	14호
3호, 12호	13호	6호, 27호, 30호	11호 1호	8호, 14호

[김포 운양동유적 1-11지점 분구묘 형식편년]

도 29 | 낙랑토기 백색옹과 한강 하구유역 분구묘의 형식편년

高久健二. 낙랑고분편년의 Ⅲ,Ⅳ기인 석암리9호분과 정백리205호분에서도 유사한 기형으로 볼 수 있는 백색토기가 출토되었지만 법량에서 거의 절반정도로 작으며 경부가 있는 호 기형인 것에서 차이가 난다.

최근 이러한 백색옹이 山東半島에서 생산된 것으로 해로를 통해 제법 넓은 지역으로 山東지역 특산물을 수출하기 위한 운반용 도기이며, 한강 하구유역 출토 백색옹은 기원후 이 지역을 거점으로 한 마한세력이 원거리 교역활동을 행한 결과물로 해석하기도 한다.[137] 그런데 이 지역에서는 백색옹과 오수전[138]을 제외하면 딱히 마한과 중국이 직접적으로 교역했다고 단정할만한 유물이 없으므로 그 제작주체를 山東지역으로 인정할 근거는 다소 미약하다. 백색옹의 생산지를 山東半島라고 비정해도 백색옹은 낙랑고분과 낙랑토성 등에서 출토예가 많다. 그러므로 그 제작지를 차치하더라도 백색옹을 해석함에 있어서 낙랑을 배제할 수는 없다. 백색옹의 연대는 이 기형의 백색옹이 200년을 전후하여 집중한다고 편년한 논고가 있는데,[139] 그 연대근거는 명확히 제시하지 않았지만 위에서 언급한 바와 같은 석암리9호분, 정백리205호분보다 후행하는 낙랑고분에서 이 기형이 출토된 것에 기인한 듯하다. 이 편년에 근거하여 김포 양촌리2-3-나1호분구묘의 주구에서 출토된 타날 심발형 토기의 연대를 기원전 3세기 중엽이전으로 편년하고 있다.

백색옹은 도29에서 보듯이 동체가 抹角梯形에서 견부가 사라지고 동체 최대경이 최하위에서 중위로 진행하면서 양파형으로 변한다. 구연부는 도29-5·6과 같이 경

---

137) 정인성, 2014, 「낙랑·대방과 마한 제국(諸國) 내 백제와의 관계를 보여주는 고고자료검토」, 『백제의 성장과 중국』'쟁점 백제사'집중토론 학술회의 Ⅴ, 한성백제박물관.

138) 인천 운북동에서 오수전이 출토된 유구는 삼한시대 전기로 편년되는 것에서 백색옹이 출토된 유구와는 다른 시간성을 가진다. 반면 인천 운남동 패총 B-Ⅴ층 출토 오수전은 동일 층에서 동반된 유물로 볼 때 백색옹과 동시간대로 편년된다.
한강문화재연구원, 2012, 『인천 운북동 유적』.
韓國考古環境硏究所, 2011, 『仁川 雲南洞 貝塚』.

139) 김무중, 2013, 「戰國灰陶 및 樂浪土器와 中部地域 打捺文土器의 展開」, 『中部地域 원삼국시대 타날문토기의 등장과 전개』제10회 매산기념강좌, 숭실대학교 한국기독교박물 관.

부의 기미를 가진 내만구연에서 도29-17·18과 같이 짧아지고, 급격히 외경된 구연의 속성으로 변한다. 이러한 속성변화에 따르면 도29-5→6·7→16→17·18의 순서로 형식조열 된다.

오야리19호분과 봉산 양동리5호분에서는 백색옹과 銅鏡이 동반되었는데, 동경의 연대를 검토하여 백색옹의 편년을 행할 수 있다.

도29-8의 오야리19호분 3棺 下 출토 신수경은 環繞式의 求心式神獸鏡이다. 신수경은 東漢晚期~東吳期에 浙江省 등 長江 하류유역에서 유행한 형식이다. 求心式神獸鏡은 전체적 형태로 보면 對置式神獸鏡과 가장 유사하다. 대치식신수경은 기년명경이 많으며 東漢 建安廿一年鏡(216년)에서 東晉의 太和元年鏡(366년)까지 있는데 주로 東吳紀年을 가진 鏡이 대부분을 차지한다.[140]

오야리19호 신수경은 四乳로 구획 된 각 부분을 재차 規矩로 상하 양단으로 나누고 상단에는 神像 하단에는 瑞獸를 배치하였다. 규구의 형태는 W상인데, 東漢 建安廿一年(216년)명 대치식신수경과 동형식경의 瑞獸의 입에 물린 규구와 형태 및 서수의 모습까지 흡사하다[141]. 규구로 나눈 상하 구획선은 建安八年·建安十年(205년)의 重列神獸鏡의 구획선과도 유사하다.[142]

오야리19호 求心式神獸鏡은 대치식신수경의 속성과 중열신수경의 속성, 그리고 화상경의 사유속성을 가진 즉 전형적인 신수경에 화상경과 重列神獸鏡의 영향이 부가된 형식으로 볼 수 있다. 그러므로 상기의 유사한 동경의 연대, 그리고 환요식 신수경에서도 가장 후행하는 구심식이라는 점을 감안하면 동한 말~삼국시대인 3세기 전반의 연대를 산정할 수 있다.

도29-7의 백색옹은 오야리19호 4관과 북쪽 곽벽 사이의 공간에서 출토된 것이다.

---

140) 樋口隆康, 1980,『古鏡』, 新潮社.
141) 주140) 樋口隆康, 1980의 전게서, 288쪽.
142) 주140) 樋口隆康, 1980의 전게서, 圖版86~87.
　　 官維良, 2006,『中國銅鏡史』, 重慶出版社.

제4관의 위치는 19호 부곽에 해당되는데 추가장 시 마지막으로 이용한 공간이다. 이 백색옹은 4관과 곽벽 사이의 공간에 부장된 것에서 4관의 부장유물일 가능성이 가장 높다. 3관은 4관이 안치된 부곽범위와 접한 공간이므로 아마도 조영순서는 1관→ 2관→ 3관→ 4관으로 볼 수 있다. 3관 아래에서 출토된 신수경은 3관과 북쪽 곽벽 사이의 공간에 부장되었던 것으로 추정되는 칠기탁자 위에 얹힌 채 부장된 것으로 보고자는 판단하고 있다[143]. 그런데 이 칠기탁자와 동경은 3관 아래에서 출토되어 3관의 부장유물 보다는 1관 혹 2관의 매장과 관련되어 부장된 것이 3관의 추가장 시 3관 아래에 깔렸을 가능성도 배제할 수 없다.

앞서 검토한 바와 같이 오야리19호분 출토 求心式神獸鏡은 3관이전 늦어도 3관의 추가장 때 부장된 것이며 求心式神獸鏡의 연대가 3세기 전반으로 편년되므로 가장 늦게 추가장 된 4관의 연대는 3세기 중엽을 상회할 수 없다.

鳳山 養洞里5號墳에서도 오야리19호묘 백색옹과 동일한 형식이 출토되었는데, 양동리5호분에서는 도29-9의 변형사엽문경 편이 동반 출토 되었다. 이 변형사엽문경은 素連弧柿蒂八鳳鏡[144]으로 분류되는데 東漢 晚期~兩晋時代에 유행한 형식이다. 東漢代 紀年鏡은 元興元年鏡(105또는 264년)[145]을 제외하면 동한 만기의 永壽二年(156년)~中平四年(187년)이 있으며, 봉산 양동리5호분 출토 素連弧柿蒂八鳳鏡의 문양은 三國時代~兩晋時代로 편년되는 형식과 거의 유사하다[146]. 이 형태는 岡內三晋의 雙鳳八爵文鏡분류에 의하면 연호문은 Ⅱ·Ⅲ식으로 분류되고, 내부의 夔鳳文은

---

143) 野守健·榧本龜次郎·神田惣藏, 1930,「平安南道大同郡大同江面梧野里古墳調査報告」,『昭和五年度古蹟調査報告』第一冊, 朝鮮總督府.

144) 夔鳳鏡 또는 雙鳳八爵文鏡으로 분류하기도 한다.

145) 이 銅鏡에는 "元興元年五月吉日"銘文이 있다. 和帝의 元興元年은 105년4월~12월, 東吳 烏程公의 元興元年은 267년7월~268년4월이므로 和帝의 年號일 가능성이 높다. 그런데 元興元年鏡을 제외한 변형사엽문의 紀年銘鏡은 모두 桓帝이후의 것이므로 50년 정도의 시간격차가 확인되고, 전체적인 문양속성은 兩晋시대의 것에 보다 유사하다.그러므로 이 경은 東吳 烏程公의 연호일 가능성도 배제할 수 없다.

146) 官維良, 2006,『中國銅鏡史』, 重慶出版社.

Ⅰ식보다는 문양구조가 복잡한 것에서 Ⅲ식에 가깝다.[147] Ⅲ식은 동한 후반~삼국시대에 걸쳐 제작 사용된 것으로 편년하고 있다. 도29-9의 기봉문은 도29-15와 거의 흡사한 형태이고 도29-14보다는 다소 간략하다. 도29-14·15는 岡內三眞의 분류에 의하면 연호문의 형태는 Ⅲ식이지만 도29-15의 연호문 내 문양은 Ⅳ식으로 분류되는 경의 연호문 내 문양과 동일하다. 따라서 양동리5호분 鏡은 岡內三眞의 분류를 따르더라도 Ⅲ식 이전으로 소급될 수 없다. Ⅲ식이 동한 후기~삼국시대, Ⅳ식이 삼국시대~西晉대로 편년되므로 봉산 양동리5호분의 경은 3세기 중엽으로 편년하면 안정적일 것이고 그 이전으로는 소급되지 않을 것이다.

이상에서 오야리19호 4관과 봉산 양동리5호분은 3세기 중엽을 상한으로 편년하였다. 그러므로 이보다 후행하는 파주 갈현리3호 구상유구, 인천 운서동 논들유적 출토 백색옹은 3세기 말엽, 김포 양촌2-3-나1호분구묘와 김포 운양동1-11-27호분구묘 주구 출토 백색옹은 4세기 초엽을 그 상한으로 편년할 수 있다.

(2) 분구묘의 편년

김포 운양동 유적과 양촌 유적, 양곡 유적에서 분구묘가 출토되어 해당시기 이 지역 묘제양상의 일면을 알 수 있다. 이 세 유적에서 북쪽으로 한강을 건너 파주 갈현리 유적의 구상유구 역시 분구묘의 주구일 가능성이 있다.

양촌2-3-나1호 분구묘는 형태와 동반 철기가 운양동1-11-6호·30호 출토품과 유사하다. 양촌2-3-나1호 분구묘 출토 철기는 영남지역에서는 3세기 말~4세기 전반에 걸쳐 출토되는 관부돌출 철모의 종말기 형식과 4세기 전반의 철모형식이 동반되었다. 그리고 운양동1-11-6호·30호 출토 철기는 도30의 영남지역의 철기와 비교하면 전형적인 4세기 전반으로 편년되는 형식이다. 그러므로 양촌2-3-나1호 분구묘는 철기의 양상으로 볼 때 4세기 전반으로 편년할 수 있다. 그런데 양촌2-3-나1호 분구묘 주구에서는 타날 심발형 토기가 출토되었는데, 이 기형은 출현기의 기형으로 4세기

---

147) 岡內三眞, 1996, 「雙鳳八爵文鏡」, 『東北アヅアの考古學 第二「槿域」』, 깊은샘.

후반으로 편년된다.[148] 오산 수청동 유적의 경우 주 매장주체부의 부장유물과 주구 출토 유물은 한 단계정도의 시간 격차가 확인되었다.

운양동 유적 발굴보고자는 운양동1-11-27호 분구묘의 연대를 출토된 세형동검에서 구하였는데, 영남지역 세형동검의 분묘부장 하한인 사라리130호분의 연대를 차용하여 2세기 전반으로 편년하였다. 그런데 4세기 중엽으로 편년되는 오산 수청동 유적5-1-32호묘에서도 세형동검 단계의 세형동모가 동반되었다. 그러므로 이 두 청동제유물은 전세품으로 보는 것이 가장 합당할 것이다. 운양동1-11-27호 분구묘는 출토된 철모의 형태가 운양동1-11-30호 출토 철모와 유사하고, 주구에서 백색토기 옹 최후의 형식이 출토된 것을 감안하면 그 조영시기를 4세기 전반 이전으로 소급할 수 없다. 4세기 초엽을 상한으로 하는 백색옹이 양촌2-3-나1호는 목관 내에서, 운양동27호는 주구에서 각각 출토되었다. 운양동1-11-27호 분구묘는 출토 철기가 4세기 중엽으로 편년되는 동30호분 출토 철모와 유사하고, 양촌2-3-나1호의 주구에서 4세기 말엽의 심발형 토기[149]가 출토되었으므로 두 유구는 4세기 2/4분기를 상한으로 하는 4세기 중엽으로 편년하면 안정적일 것이다.

그런데 김포 운양동1-11-3호·12호·13호 분구묘 출토 철모는 영남지역의 삼한시대 후기 분묘출토 철기양상과 유사하다. 또한 장검과 주조제 삽날의 형태는 2~4세기 낙랑고분출토 자료 및 중국 동북지방의 것과도 비교된다. 그런데 운양동 출토 관부 돌출형 철모는 영남지역에서는 3세기~4세기 초엽까지 유행하는 형태이다. 도29의 운양동1-11-12호 분구묘의 관부돌출형 철모는 도30의 Ⅰc~Ⅱa단계와 유사하고, 동13호 분구묘 철모는 Ⅱa~Ⅱb단계의 관부돌출형 철모와 유사하다. 운양동1-11-3호, 12호 분구묘 출토 이단병식철모는 도30과 같이 영남지역에서는 2세기 후반~3세기 초엽에 유행하는 형식이지만, 울산 하삼정1호·8호 목곽묘와 울산 중산리Ⅷ-90호 목

---

148) 김일규, 2011, 「봉명동유적을 통해 본 심발형토기의 출현의의」 『考古廣場』8, 釜山考古學研究會.
149) 심발형 토기는 주구 사면부의 상부에서 출토되어 주구의 유물로 단정하기에는 출토 정황상 다소 회의적이다.

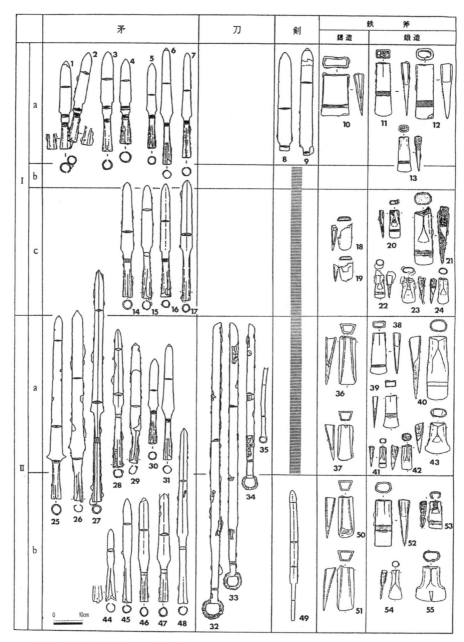

		矛	刀	劍	鉄 斧	
					鑄造	鍛造

1~4,7~9,11,12양동리(문)1호묘, 5,6,10,13양동리(문)2호묘, 14,18,19,24노포동24호묘, 15,16,17,20양동리(문)6호묘, 21,22노포동6호묘 23노포동8호묘, 25,39양동리(문)9호분, 26,29,32노포동31호분, 27,28노포동21호분, 30,31,38양동리(문)1호분, 33,34,36,42노포동33호분 35양동리(문)8호분, 37,40,43노포동16호분, 39양동리9호분, 41양동리5호분, 44,45,50,51예안리74호분, 46,47,49,52양동리(문)4호분 48,54,55예안리160호분, 53노포동11호분

도 30 | 낙동강 하류유역 삼한후기~삼국초기 철기 변천도(신경철 1992에서)

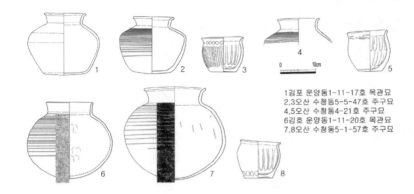

1김포 운양동1-11-17호 목관묘
2,3오산 수청동5-5-47호 주구묘
4,5오산 수청동4-21호 주구묘
6김포 운양동1-11-20호 목관묘
7,8오산 수청동5-1-57호 주구묘

도 31 | 김포 운양동 유적 출토 평저호의 편년 비교자료

곽묘와 같이 3세기 말엽으로 편년되는 유구[150] 및 하대6호 목곽묘[151]와 같이 4세기 초엽으로 편년되는 유구에서도 이단병식철모가 출토되므로 영남지역에서도 중심 지를 벗어난 주변지역 집단에서는 철기의 제작과 사용에 있어 4세기 초엽까지 강한 지체현상이 확인된다. 따라서 이단병식철모가 동반된다고 하여 유구의 연대를 반 드시 2세기대로 소급시킬 수 없다. 앞서 언급한 바와 같이 관부돌출형 철모는 도30 에서 보듯이 3세기 후반의 형식과 유사하고 동반 유물 상에서 후행하는 형식이 편 년의 기준이 되므로 운양동1-11-3호,12호 분구묘는 3세기 후반으로 편년할 수 있다.

운양동1-11-13호 분구묘 출토 타날 단경호는 도20-10의 3세기 말로 편년되는 화 성 발안리11호 주거지 출토 단경호와 횡침선을 제외하면 거의 흡사한 형식이다. 분 구묘의 평면 형태를 비교하면 4세기 전반으로 편년되는 운양동1-11-6호 분구묘와 양촌2-3-나1호 분구묘는 운양동1-11-13호 분구묘와 한 형식, 그리고 13호 분구묘와

---

150) 울산 하삼정8호 목곽묘 출토 亞자형토기는 김해 양동리85호분 출토품과 유사한 형식이 다. 김해 양동리85호분의 경우 무덤의 형식과 출토 노형토기는 대성동29호분단계로 볼 수 있지 만, 동반된 도질제 소문단경호는 4세기 중엽으로 편년되는 형식인 것에서 양동리 유적 역시 4세기가 되면 일부 지체현상이 확인된다.

151) 前稿 金一圭, 2011, 「陶質土器의 觀點에서 본 初期須惠器의 年代」, 『國立歷史民俗博 物館研究 報告』第163集 에서 3세기 말로 편년한 바 있는데 이를 철회한다.

동12호 분구묘 역시 한 형식의 격차가 인정된다. 그러므로 운양동1-11-3호, 12호 분구묘는 3세기 후반의 전반, 운양동1-11-13호 분구묘는 3세기 말~4세기 초엽으로 편년하면 안정적일 것이다.

김포 양곡3호 분구묘는 그 평면형태가 거의 정방형으로 운양동1-11-6호 분구묘와 유사한 형식으로 볼 수 있다. 양곡3호 분구묘의 주구에서는 대옹과 함께 鐵鋤와 이조선주조철부가 출토되었다. 양곡3호 분구묘 주구와 운양동1-11-12호 분구묘에서 출토된 이조선주조철부는 2세기 말엽과 3세기 전반으로 편년되는 형식이다. 그런데 이 형태의 이조선주조철부는 그 사용기간의 폭이 상당히 긴 기형으로 2세기 ~4세기에 걸쳐 중국과 동북아시아에서 유행하였다. 인부 양측에 견부가 형성되어 운양동12호 분구묘 출토품과 동형식의 것이 4세기 말 이후로 편년되는 중국 조양 북표 라마동Ⅱ M209[152]와 4세기2/4분기로 편년되는 김해 대성동91호분에서 출토 예가 있는 것에서 중국동북지역과 한반도에서는 4세기 후반까지 사용되었음을 충분히 짐작할 수 있다. 그리고 양곡3호 분구묘 주구에서는 이조선주조철부보다 후행하는 단계의 대옹과 철서가 동일 주구에서 동반되어 출토되었으므로 이 이조선주조철부의 제작연대로써 이 유구의 연대를 결정할 수는 없다. 양곡3호 분구묘 주구 출토 대옹은 운양동1-11-11호 분구묘 주구 출토품과 거의 동형식이며, 鐵鋤 는 운양동 11호 분구묘 출토품보다는 고식이지만 한 형식 정도의 격차만 인정된다. 따라서 양곡3호 분구묘는 4세기 중엽으로 편년할 수 있다.

이상과 같이 한강 하구유역에서는 4세기 전반으로 편년되는 유구에서 여전히 낙랑을 매개로 하는 유물의 출토가 확인되었다. 백제 고고학과 문헌사학의 통설과 같이 3세기 중엽에 백제가 고대국가로 전환되었고 3세기 후반 西晉遣使의 주체였다

---

152) 4세기 후반을 상한으로 편년하는 喇嘛洞Ⅱ M209에서는 운양동1-11-12호 분구묘 출토품과 같은 기형의 주조제 삽날도 동반되었다.
遼寧省文物考古硏究所·朝陽市博物館·北票市文物管理所, 2004, 「遼寧北票喇嘛洞墓地1998年 發掘報告」『考古學報』第2期, 考古雜誌社.

고 가정한다면 백제 형성의 중심지인 한성 즉 현재의 서울 강남지역과 가장 가깝고, 西晉遣使 즉 대 중국진출의 최전방인 한강 하구유역에서 4세기 초엽을 상한으로 하는 낙랑토기의 대표기종인 백색토기 옹이 분묘와 취락에서 출토되고, 또한 소위 백제토기로 대표되는 기종인 타날 심발형 토기는 4세기 말엽의 것이 출토되는 현상에 대한 합리적인 해석은 할 수 없다.

운양동 유적은 1-11-30호 분구묘를 기점으로 대형 분구묘는 더 이상 조영되지 않는다. 한 단계 후행하는 11호 분구묘가 그나마 중형으로 분류될 뿐 나머지는 소형이고 4세기 중엽이후로 편년된다. 그런데 운양동1-11-20호 목관묘와 동17호 목관묘는 유구의 구조와 유물의 부장방법이 오산 수청동 주구묘를 비롯한 경기남부~충청 북부지역에서 주로 확인되는 주구묘의 매장주체부와 유사하다. 도31-6의 운양동1-11-20호 목관묘 출토 타날단경호는 도31-17의 수청동5-1-57호 주구묘 출토 단경호와 구연부만 제외하면 거의 유사하고, 동반된 鐵鋤는 운양동6호 분구묘 출토 철서와 유사하다. 단경호 변천의 주요 속성은 경부와 함께 동체의 형태변화에서도 찾을 수 있다. 수청동5-1-57호 주구묘는 4세기 중엽으로 편년되므로 거의 동일한 동체를 가진 단경호가 출토된 운양동1-11-20호 목관묘도 4세기 중엽 경으로 편년할 수 있다. 운양동17호 목관묘에서 출토된 도31-1의 평저호는 도31-2의 수청동5-5-47호 주구묘의 주구 출토 평저호 및 도31-4의 수청동4-21호 주구묘 출토 단경호와 횡침선을 제외하면 거의 흡사한 기형이다. 수청동5-5-47호 주구묘와 동4-21호 주구묘 출토 단경호는 동반된 심발형 토기[153]의 연대에서 각각 4세기4/4분기와 3/4분기로 편년된다.

운양동 유적에서는 4세기 중엽에 분구묘와는 다르고 주구묘와 유사한 형식의 묘제가 유입되면서 분구묘의 크기가 축소되는데, 심지어 29호 분구묘처럼 매장주체

---

153) 수청동 유적 보고서의 수청동4-21호 주구묘 출토 심발형 토기(보고서 도면178-6)와 동 4-22호 주구묘 출토 심발형 토기(보고서 도면181-4)는 보고서 편집 시 유물이 뒤바뀐 것이다. 이는 보고서의 유물출토 사진에서도 확인되고, 4지점 발굴 담당자였던 이창엽씨도 양 유물이 바뀐 것을 인정하고 있다.

부 구조가 주구묘와 동일한 것도 확인된다. 한강 하구유역에서는 4세기 중엽까지 기존의 매장방식이 그대로 유지되지만 4세기 중엽부터 주구묘와 같은 구조의 새로운 묘제가 등장하고 이후 양촌2-3-나1호 분구묘 주구 출토 타날 심발형 토기처럼 백제토기가 출토되기 시작한다. 또한 운양동1-11-29호 분구묘 매장주체부와 같이 주구묘의 구조를 띠는 것이 나타나기 시작한다. 그렇지만 5세기 초엽까지 여전히 분구묘가 계속 조영되었다. 이러한 현상은 후술할 아산만지역과 동일한 현상으로 볼 수 있다.

2) 아산만 지역

(1) 오산 수청동 유적

오산 수청동 유적은 경기 서남부지역에서 조사된 백제 분묘군 중 가장 큰 규모이다. 눈썹모양 내지는 ㄷ자형의 주구를 가진 주구묘가 대부분을 차지하지만, 주구가 없는 것과 목관을 사용하지 않은 토장묘, 그리고 목곽묘도 일부 확인되었다. 토장묘와 목곽묘를 제외한 주구가 없는 목관묘의 형태는 주구묘의 목관묘와 동일한 구조이다. 그러므로 수청동 유적은 주구묘군으로 분류해도 무방할 듯하다.

수청동 유적의 분묘군 전체를 단계설정 하면 8단계로 구분할 수 있지만 본 항에서는 도32과 같이 무문의 심발형 토기와 격자문타날 심발형 토기의 형식 분류에 의해 7단계까지만 제시하였다.

수청동 유적 주구묘의 특징은 묘광에 시신격납을 위한 목관의 범위 이외에 토기 부장을 위한 별도의 부장공간을 마련한 것이다. 부장공간은 목관의 등고선 위쪽 즉 목관의 머리맡 쪽과 묘광 사이의 공간이다. 부장 방법은 목관의 床面과 동일레벨이 대부분인데, 목관의 고정을 위한 충전과정이 진행된 후 충전된 보강토 상부를 토기 부장공간의 床面으로 이용한 것도 일부 확인되는데 이 경우는 Ⅲ단계부터 주로 확인되어 시간적으로 후행하는 속성으로 볼 수 있다.

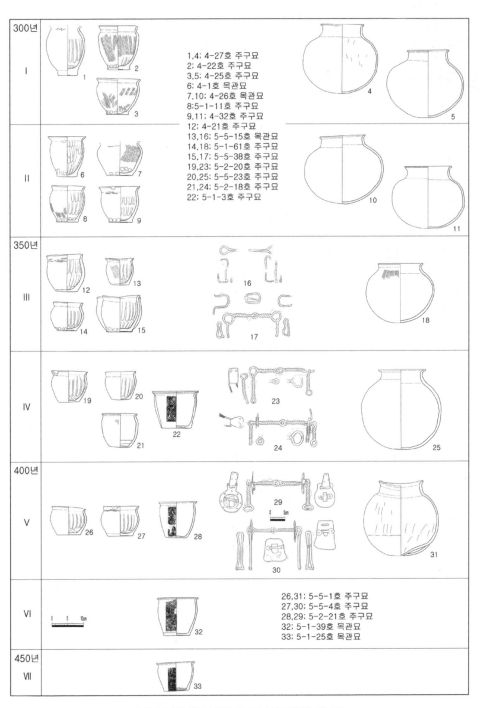

300년		
I		
II		
350년		
III		
IV		
400년		
V		
VI		
450년 VII		

1,4; 4-27호 주구묘
2; 4-22호 주구묘
3,5; 4-25호 주구묘
6; 4-1호 목관묘
7,10; 4-26호 목관묘
8;5-1-11호 주구묘
9,11; 4-32호 주구묘
12; 4-21호 주구묘
13,16; 5-5-15호 목관묘
14,18; 5-1-61호 주구묘
15,17; 5-5-38호 주구묘
19,23; 5-2-20호 주구묘
20,25; 5-5-23호 주구묘
21,24; 5-2-18호 주구묘
22; 5-1-3호 주구묘

26,31; 5-5-1호 주구묘
27,30; 5-5-4호 주구묘
28,29; 5-2-21호 주구묘
32; 5-1-39호 목관묘
33; 5-1-25호 목관묘

도 32 | 수청동 유적 심발형 토기와 소문단경호의 형식편년

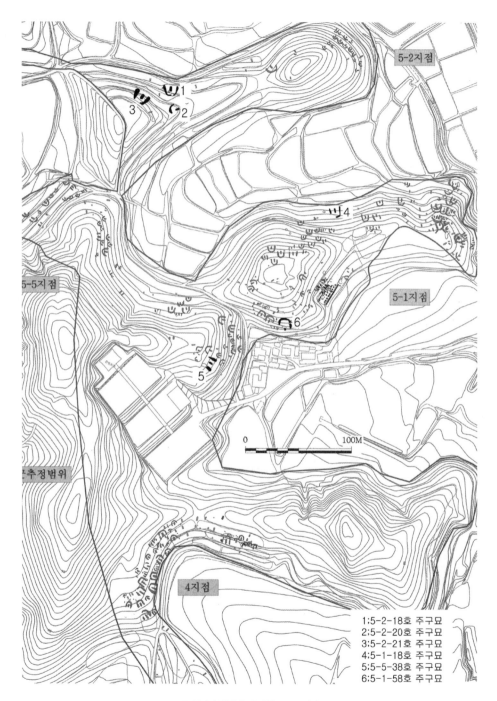

5-2지점

1

3

2

5-5지점

5-1지점

4

6

5

추정범위

0   100M

4지점

1:5-2-18호 주구묘
2:5-2-20호 주구묘
3:5-2-21호 주구묘
4:5-1-18호 주구묘
5:5-5-38호 주구묘
6:5-1-58호 주구묘

도 33 | 수청동 유적 대형주구묘 양상

수청동 유적 분묘의 부장유물은 토기는 단경호와 심발형 토기를 조합으로 하여 관외의 유물부장공간에 부장하고, 철기를 비롯한 금속제유물은 토기와 함께 부장 공간에 부장되기도 하지만 관내 부장이 일반적이다. 도32에서 보듯이 수청동 유적 의 유물 변화상에서 가장 큰 특징은 Ⅲ, Ⅳ단계에서 확인할 수 있다. 즉 마구의 출현 과 심발형 토기의 변화이다. Ⅱ단계의 심발형 토기는 전형적인 중도식 무문토기 옹 의 형태와 비교하면 굽이 퇴화되거나 크기가 소형화 되는 변형단계로 볼 수 있다. Ⅲ단계가 되면 심발은 전형적인 중도식 무문토기와는 구별되는데 기면조정을 제외 하면 중도식 무문토기의 속성과 차별되는 기형으로 볼 수 있다. 또한 Ⅲ단계부터 마 구가 동반되기 시작한다. 도32-16·17의 표비의 인수는 리베팅 하지 않고 철봉의 한 쪽 끝을 다른 쪽 끝부분에 감아 타원형으로 만든 아주 조잡한 기술로 제작되었다. 이와 같은 형태의 재갈은 선술한 도4-5·7, 도11-5의 고구려 표비와 비교하면 인수와 함의 형태에서 유사하다.

Ⅲ단계에는 이러한 유물의 변화와 함께 대형 주구묘가 등장한다. 매장주체인 목 관묘의 규모보다 주구의 규모에서 대형이 등장하고 매장주체의 형태도 변한다. 앞 단계 주구묘는 묘광의 폭이 100cm 미만의 세장방형 평면인데 반해 Ⅲ단계의 마구 를 부장한 5-5-38호 주구묘는 대형주구묘로 묘광의 폭이 100cm를 훨씬 상회하는 장 방형 평면인데 반해, 토기의 부장양은 앞 단계보다 감소한다. 앞서 언급한 보강토 상부를 부장공간의 상면으로 하는 속성도 Ⅲ단계부터 확인된다.

Ⅳ단계가 되면 중도식 심발에서 타날 심발형 토기로 변화된다. 도32-22와 같은 가장 고식의 격자문타날 심발형 토기가 부장되면서 이후 중도식의 소문 심발형 토 기는 Ⅴ단계를 기점으로 소멸되고 타날 심발형 토기가 그 자리를 대신한다. Ⅲ단계 의 마구는 고구려 마구와 유사성이 강하며 Ⅳ단계 이후의 마구는 도6의 가야 마구 와 거의 동일하다. 도32-24 표비는 표 입문금구에 수리보수 흔적이 있으며, 도32-23 과 같이 길이가 다른 인수는 수리보수과정을 거쳐 재활용 된 제품으로 판단된다. 이 러한 마구는 수리보수 된 속성으로 볼 때 부장용으로 제작된 것이 아니라 실제로

사용되던 마구가 부장되었음을 알 수 있다. 5-2-20호 주구묘에서는 안교 부속품으로 추정되는 금구가 출토되어 안교의 부장도 유추할 수 있다. 대형묘에서는 馬具뿐만 아니라 함께 鐵鋌과 環頭大刀가 부장되었다.

Ⅳ단계의 대형주구묘를 보고자는 이중목관묘 구조로 해석하였다. 그런데 5-2-18호 주구묘와 5-2-20호 주구묘는 토기유물의 부장위치를 제외하면 토층의 형태와 철정의 위치, 꺾쇠의 출토와 같은 속성이 Ⅴ단계의 5-2-21호 주구 목곽묘와 거의 유사하므로 필자는 목곽묘로 분류하고자한다.[154] 그러므로 Ⅳ단계에는 대형주구묘의 매장주체부로 목곽묘가 도입되었다고 볼 수 있다. Ⅳ단계부터 확인되는 대형주구묘의 목곽묘에는 鐵鋌이 출토되는데, 출토상태를 보면 곽내에 안치한 관의 네모서리에 각각 한 점씩 부장하였다.

Ⅴ단계의 가장 큰 특징은 5-2-21호 주구묘와 같이 대형주구묘에 동혈 주·부곽의 형태로 볼 수 있는 완성된 형태의 목곽묘가 조영된 것이다. 토기 부장공간이 목곽내부에 위치하고, 도32-29·30과 같이 판비가 부장되기 시작하는 것에서 Ⅳ단계의 목곽묘와 차별된다. 중도식 무문토기계 심발형 토기는 Ⅴ단계를 끝으로 더 이상 부장되지 않는다. 마구는 재갈과 함께 등자와 안교가 세트를 이루고, 재갈은 판비와 표비가 모두 부장되는데, 판비 역시 양쪽 재갈멈치가 일치하지 않고 각각인 것에서 재활용되어 사용되던 것이 부장되었음을 알 수 있다. 재갈의 인수는 금관가야계로 볼 수 있는 꼰 인수 이외에 리베팅 한 삽자루형 인수에 상원하방의 인수호를 가진 것도 출토되었다. 또한 5-1-67호 주구묘에서는 재갈, 등자, 안교의 마구세트와 함께 찰갑이 출토되었다.

이상에서 보면 수청동 유적은 Ⅲ단계부터 대형주구묘가 조영되고, 마구가 부장

---

154) 5-1-18호 주구묘는 필자가 직접 관련하여 조사를 행하였는데, 목곽 내에 목관을 안치한 구조로 판단하며, 5-2-21호와 20호 역시 직접 조사 과정을 확인한 바에 의하면 동일한 구조로 목곽 내에 목관을 안치한 구조로 판단한다. 또한 수청동 유적의 이중목관묘로 분류된 분묘는 천안 화성리고분군의 B-1호 목곽묘의 구조와 거의 동일하 다.

되기 시작하지만, Ⅳ단계가 되면 목곽묘구조의 주체부를 가진 대형주구묘가 조영되고 동시에 타날 심발형 토기가 부장되는 등 4세기4/4분기를 획기로 하여 유구와 유물이 전혀 다른 양상으로 전개되었음을 알 수 있다.

(2) 오산 궐동 유적과 아산 진터 유적

오산 궐동 유적과 아산 용두리 진터 유적에서는 유개대부호, 원저옹, 타날단경호의 토기조합을 가진 분묘군이 확인되었다. 이러한 유물조합을 가진 분묘의 토기유물은 매장주체부의 공간 내에 부장된 경우가 많으며, 그 구조는 수청동 유적의 주구묘와는 다른 양상이다. 무덤은 주구가 없으며 매장주체부의 폭이 100cm를 넘는 경우가 대부분이고, 토기유물이 주체부 내에 부장되며, 묘광바닥의 목제 흔적이 10~20cm정도의 폭을 가지는 것 등을 고려하면 목곽묘로 분류할 수 있다. 물론 일부 내부 구조가 없는 토장묘도 확인되지만, 진터 유적과 후술할 밖지므레 유적의 주구가 없는 무덤은 대부분 목곽묘의 구조로 해석된다. 이 두 유적은 부장토기유물의 조합과 주구가 없는 무덤과 주구가 있는 무덤이 혼재하는 것에서 동일 성격의 유적으로 분류할 수 있다.

도34의 유개대부호와 원저옹과 같은 기형의 토기는 수청동 유적과 후술할 청당동 유적에서는 찾아볼 수 없으며 내륙지역에서도 1~2점의 극소수만 확인되는 기형이다. 3세기로 편년되는 평택 마두리 유적에서 유개대부호가 출토되었으며, 오산 궐동 유적, 아산 진터 유적과 같이 아산만 일대의 서해안 지역에 집중하는 것에서 이 기형을 마한 토기로 분류할 수 있을 것이다.

도34에서 보듯이 Ⅲ단계의 4세기 중엽이 되면 수청동 유적과 같이 단경호와 평저의 심발형 토기 조합을 가지고 별도의 부장공간을 가진 주구묘가 출현한다. 그런데 주구묘가 출현한 이후 기존의 묘제가 단절되고 바로 주구묘로 전환된 것은 아니다. 궐동 유적의 경우 전형적인 주구묘와 기존의 묘제가 이후 혼재되는 양상이지만, 아산 용두리 진터 유적은 아주 일부만 전형적인 주구묘가 확인될 뿐 대부분은 기존

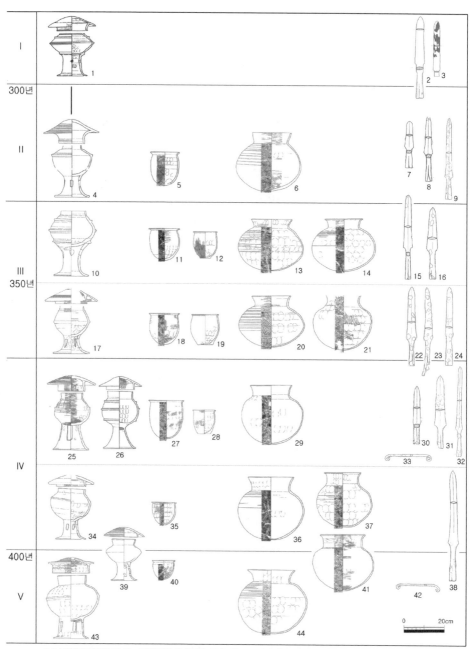

1,2,3평택 마두리2호 묘, 4,5,7,8오산 궐동5-32호 묘, 6,9아산 진터13호 묘, 10,11,13,15,16진터20호 묘,
12,14진터11호 주구묘, 17,18,20,24진터5호 묘, 25,32진터12호 묘, 26,30궐동5-20호 묘,
27,29,31,33진터3호 주구묘, 28진터1호 주구묘, 19,21,22,23진터14호 주구묘, 34,36,38진터40호 묘,
35,37진터 27호 묘, 39~42진터33호 묘, 43,44진터16호 주구묘

도 34 | 궐동 · 진터 유적 출토유물의 형식편년

의 매장주체에 주구가 도입된 구조이며 이런 현상이 Ⅴ단계까지 확인된다. 물론 이 구조의 무덤에는 여전히 유개대부호와 원저옹의 유물조합도 지속된다. 동반된 철기양상 또한 궐동 유적과 진터 유적의 경우 Ⅳ단계인 4세기 후반까지 관부가 돌출하고 경부가 짧은 영남지역의 전형적인 3세기 후반~4세기 초엽 철모의 속성을 그대로 유지하고 있는 것에서 상당히 강한 정체성을 확인할 수 있다.

이 두 유적의 경우 동일 시공간에서 주구묘가 혼재하기도 하지만 수청동 유적과 밖지므레 유적과 같이 주구묘군이 공간을 달리하여 별도로 조영되는 현상이 특징적이다. 궐동 유적에서 북쪽으로 2km정도 떨어진 곳에 수청동 유적이, 진터 유적의 경우는 200m거리의 옆 구릉에 밖지므레 유적이 위치하였다.

이 두 유적은 Ⅲ단계인 4세기 중엽에 주구묘가 등장하고 기존 묘제에 주구가 부가되는 등 묘제구조에 변화가 나타나고 동시에 주구묘의 부장조합인 평저의 심발형 토기와 단경호가 조합되어 부장되는 변화양상이 확인된다.

(3) 밖지므레 유적

밖지므레 유적은 진터 유적의 바로 옆 구릉에 조성된 분묘군으로 일부 주구가 없는 묘제도 확인되지만 유물의 부장양상과 위치, 부장유물의 조합 등으로 볼 때 수청동 유적과 같은 주구묘군으로 분류할 수 있다.

도35와 같이 분묘군이 조영되는 시점인 Ⅰ단계는 4세기2/4분기로 편년된다. 옆 구릉의 진터 유적과는 달리 그 초현단계부터 묘제는 주구묘를, 부장토기는 중도식 심발형 토기와 단경호의 조합에 마형대구의 부장도 일부 확인되었다. 그러나 바로 옆 구릉에 위치한 진터 유적에서 확인되는 원저옹과 유개대부호는 전혀 출토되지 않았다. 부장 철기 또한 진터 유적과는 판이한 양상이다. 삼한시대 전통과는 다른 철모로 긴 봉부에 단면 능형의 짧은 신부를 가진 형태가 동반된다.

밖지므레 유적 역시 수청동 유적과 마찬가지로 4세기3/4분기에 해당되는 Ⅱ단계에 부장유물 조합과 유구에서 큰 특징이 나타난다. Ⅱ단계와 Ⅲ단계에는 각각 마구

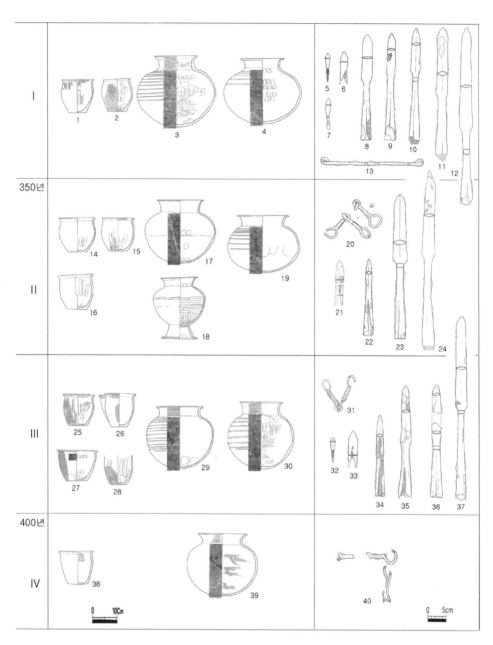

1,4,7,11,12,13아산 밖지므레2-2-16호 주구묘, 2,3,5,6,8,9,10밖지므레2-2-2호 주구묘,
14,17,23밖지므레2-1-5호 주구묘, 15,19,21,24밖지므레2-2-21호 주구묘,
16,18,20,22밖지므레3-1호 주구묘, 25,30,33,36,37밖지므레2-2-3호 주구묘, 26,35밖지므레3-27호 묘,
27,29밖지므레2-2-8호 묘, 28,32,34밖지므레3-1호 묘, 38,39,40밖지므레2-2-9호 주구묘

도 35 | 밖지므레 유적 출토유물의 형식편년

와 타날 심발형 토기가 부장되기 시작한다. 그리고 마구가 부장된 II단계의 3-1호 주구묘와 III단계의 3-1호묘는 목곽묘이다. 이후 대형 주구묘는 대부분 목곽묘의 구조를 가진다.

(4) 정리

경기 남서부와 아산만일대에 해당되는 수청동 유적, 궐동 유적, 진터 유적, 밖지므레 유적의 무덤 구조와 부장유물의 조합양상을 검토한 결과 수청동 유적과 밖지므레 유적에서 확인되는 주구묘는 주체부 이외에 단벽 쪽에 별도의 부장공간을 두고 토기를 부장하는 형태로 눈썹형 또는 ㄷ자형의 주구를 가진 묘제이다. 주구묘는 4세기 초엽에 나타나는데, 매장주체는 초기에는 목관이지만 4세기4/4분기를 기점으로 대형주구묘에는 목곽이 채용된다. 부장유물 조합은 중도식 심발형 토기와 타날단경호에 철기가 조합된다. 철기는 환두대도, 철모, 양단환봉철기, 철부, 마구, 철정이 출토되었는데, 환두대도와 마구, 철정은 주로 대형묘에 부장되었다. 그 조영시점은 수청동 유적이 가장 선행하는데 4세기 초엽부터 조영되기 시작하였다.

이와 달리 궐동 유적과 진터 유적은 주구가 없는 목곽묘의 구조 내지는 토장묘구조의 묘제를 기본으로 한다. 즉 토기유물의 부장공간이 별도로 주어지지 않고 매장주체 내에 함께 부장되는 구조이다. 부장 토기는 유개대부호와 원저옹, 단경호가 조합되며, 마형대구와 철제장검, 철모, 철부, 마형대구, 양단환봉철기가 출토되었지만 환두대도는 거의 출토되지 않았다. 철기 특히 철모는 삼한후기의 속성이 그대로 남아있는 현상이 4세기 후반까지 지속되는 것에서 강한 지체양상을 확인할 수 있다. 궐동 유적은 보다 남쪽에서 확인된 평택 마두리1·2호묘의 존재를 감안하면 그 조영시점은 3세기까지 소급시킬 수 있다. 이처럼 아산만 지역에서는 묘제의 차이가 주구의 유무뿐만 아니라 매장주체의 구조, 부장유물의 조합에서도 구분된다. 그러나 수청동 유적에서 주구묘가 출현되는 시간과 비교하면 한 단계의 격차를 두고 궐동과 진터 유적에서 주구묘의 속성이 나타나거나 반영된다.

3) 천안지역

(1) 청당동 유적

청당동 유적은 전형적인 주구묘이다. 부장유물은 중도식 심발형 토기에 타날 단경호, 양단환봉철기, 환두대도, 철모의 조합에 마형대구의 부장예가 많다. 그러나 수청동 유적, 밖지므레 유적과 같이 마구와 타날 심발형 토기의 부장은 확인되지 않았다. 조영시점은 보고서의 II단계에 해당된다.[155] 청당동 유적이 시작된 I단계는 19호묘에서 출토된 도36-4의 단경호가 김해 대성동 구지로2호분 출토품인 도36-5의 단경호와 비교하면 횡침선의 유무를 제외하고 거의 동일형식인 것에서 4세기 2/4분기로 편년할 수 있다.[156]

청당동 유적은 II단계가 되면 심발형 토기에 중도식 속성이 약해지고, 마형대구가 부장되기 시작한다. III단계가 되면 22호묘와 같이 대형묘가 출현하는데 매장주체부의 구조는 목곽묘인 것에서 역시 상기의 주구묘 유적과 동일한 양상을 나타낸다.

(2) 두정동 유적

두정동 유적에서는 청당동 유적에서 출토되지 않은 마구와 격자문타날 심발형 토기가 출토되어 상기 주구묘 유적의 속성이 천안지역에서도 확인됨을 알 수 있다. 두정동 유적은 청당동 유적에서 북쪽으로 5km정도 거리를 두고 위치한다. 청당동

---

155) 보고서의 I단계가 가장 후행단계라는 것은 김성남의 토기의 형식분류(金成南, 2000, 「中部地方 3~4世紀 古墳群 一研究」, 서울대학교 대학원 석사학위논문)와 이창엽의 마형대구의 형식편년(李昶燁, 2011, 「천안 청당동분묘군의 재검토」, 『韓國上古史學報』第73號, 韓國上古史學會)에 의해 잘 정리되었다.

156) 이 형식의 단경호는 청당동19호와 14호묘에서만 출토되고, 타 유적에서 유사 기형이 확인되지 않는다. 대신 김해 대성동 구지로 유적에서는 2호분보다 선행단계인 18호분, 동 단계인 구지로9호분, 후행단계인 구지로26호분에서 형식적으로 조열 시킬 수 있는 유사한 기형이 확인 되므로 금관가야 토기일 개연성이 높다.

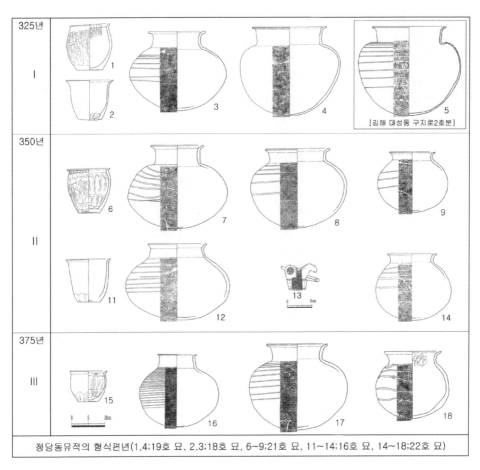

청당동유적의 형식편년(1,4;19호 묘, 2,3;18호 묘, 6~9;21호 묘, 11~14;16호 묘, 14~18;22호 묘)

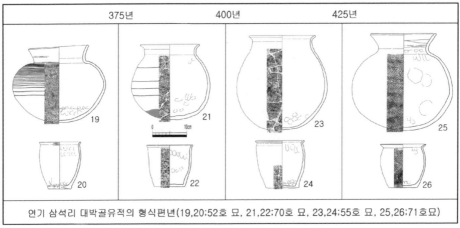

연기 삼석리 대박골유적의 형식편년(19,20;52호 묘, 21,22;70호 묘, 23,24;55호 묘, 25,26;71호묘)

도 36 ┃ 청당동 유적과 대박골 유적 출토유물의 형식편년

의 Ⅲ단계와 동단계인 Ⅰ-5호묘에서 마구(도8·4·6·8)가, Ⅱ-5호묘에서 타날 심발형 토기[157]가 출토되어 천안 지역 또한 상기의 주구묘군과 동일한 변화과정을 찾을 수 있는데 마구의 출현은 아산만 지역보다 한 단계 후행한다.

두정동Ⅱ지구에서는 봉토분구묘가 1기 조사되었는데 가락동2호분, 석촌동고분군의 즙석봉토분 및 후술할 서산·해미지역 분구묘와 비교된다. 그런데 두정동의 분구묘는 주구가 없는 봉토분인 것에서 서산·해미지역의 분구묘와는 차이가 명확하고, 오히려 석촌동고분군의 즙석봉토분과 가락동2호분과 유사하다. 분구묘 2호 토광 출토 중도식 심발형 토기와 소문단경호는 본 절의 청당동Ⅲ단계와 비교되고, A호, B호 옹관묘의 중도식토기는 저부의 축약이 강하고 굽이 완전 퇴화된 평저로 도20-20보다 후행하는 형식이므로 도20의 Ⅳ단계 혹은 그보다 후행하는 단계로 편년할 수 있다. 봉토 출토 격자문타날 심발형 토기는 5세기1/4분기로 편년되므로 분구묘는 4세기4/4분기 후반~5세기1/4분기의 조영연대가 산정된다.

4) 연기지역

(1) 연기 삼석리 대박골 유적

대박골 유적은 청당동 유적과 유사한 형태의 주구묘군이다. 도36의 대박골 유적의 형식편년에서 보듯이 도36-20은 긴 동체와 저부의 굽 흔적에서 일부 고식속성이 잔존하지만 청당동Ⅱ단계로 편년할 수 있다. 도36-19의 단경호의 동체는 도36-3, 도36-7과 유사한데 경 기부에서 동체 연결부분이 강조된 속성은 도36-7에 더 가깝다. 따라서 대박골 유적에서 가장 고식으로 분류되는 도36-19·20의 52호 주구묘는 350년을 전후한 4세기 중엽으로 편년되어 유적의 조영시점을 알 수 있다. 대박골 유적의 주구묘 중 5호·7호·14호·54호묘가 유적 내에서 대형주구묘에 속하는데 이 주구묘

---

157) 보고서에서 타날의 언급은 없지만 기형상 격자문타날 심발형 토기의 초현 형식인 도32-22, 도37-9와 거의 동일하다.

들은 모두 목곽묘의 구조이며 7호가 4세기3/4분기로 편년되고 나머지는 4세기4/4분기로 편년된다. 5호 주구묘는 가장 대형인데 5-1호묘 출토 심발형 토기는 기면이 박리되었지만 격자문타날 심발형 토기의 출현기 형식으로 볼 수 있다. 5-1호묘와 70호묘에서 4세기4/4분기로 편년되는 격자문타날 심발형 토기 최고식이 출토된 이후 심발은 타날 심발형 토기로 대체된다. 35호·47호 주구묘에서는 마형대구가 부장되었다. 35호 주구묘는 4세기4/4분기, 47호 주구묘는 4세기3/4분기로 편년된다.

5) 청주지역

(1) 봉명동 유적

봉명동 유적의 무덤은 주구가 없는 형태이다. 그렇지만 매장주체의 형태는 주구묘 구조와 주구가 없는 구조가 혼재되어 있고 전자의 비율이 높다. 특히 격자문타날 심발형 토기가 부장된 무덤은 거의 대부분이 주구묘의 매장주체 구조이다. I단계[158]인 A59호묘 또한 전형적인 주구묘의 매장주체 구조인 것에서 유적 성립시점부터 주구묘의 개념으로 조영되었다고 판단된다. I단계는 4세기2/4분기로 편년된다.

도37에서 보는바와 같이 부장유물은 심발형 토기와 단경호 조합이다. 봉명동 유적은 앞서 언급한 유적에 비하면 철기가 거의 부장되지 않았다. II단계인 4세기3/4분기에 마구가 부장되기 시작하고, III단계인 4세기4/4분기에 격자문타날 심발형 토기가 부장되는데, IV단계를 끝으로 중도식 심발형 토기는 더 이상 부장되지 않고 타날 심발형 토기만 부장된다.

IV단계인 A76호묘는 최후단계의 중도식 심발형 토기와 함께 마구가 동반되었는데, 유구의 구조는 동혈 주·부곽식 목곽묘로 길이가 560cm에 이르는 대형분이다.

---

158) 봉명동 유적의 단계는 일부를 제외하고 김일규의 단계설정과 동일하다.
　　김일규, 2011, 「봉명동유적을 통해 본 심발형토기의 출현의의」『考古廣場』8, 釜山考古學硏究會.

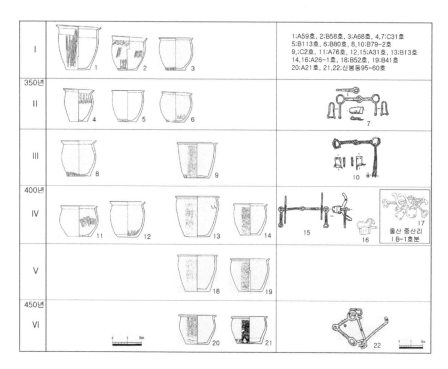

		1;A59호, 2;B58호, 3;A68호, 4,7;C31호 5;B113호, 6;B80호, 8,10;B79-2호 9,;C2호, 11;A76호, 12,15;A31호, 13;B13호 14,16;A26-1호, 18;B52호, 19;B41호 20;A21호, 21,22;신봉명동95-60호

도 37 | 봉명동 유적 출토 심발형 토기 형식편년

도37-17과 같이 5세기1/4분기로 편년되는 울산 중산리ⅠB-1호분에서 출토된 재갈과 거의 동형식의 마구가 Ⅳ단계에서 확인되는 것에서 그 연대는 방증된다.

청주 봉명동 유적은 주구가 없는 것에서 차이가 있을 뿐 무덤의 구조와 부장유물의 양상은 상기의 주구묘와 동일하며, 조영시점에서 머지않은 4세기3/4분기와 4/4분기가 되면 각각 마구와 타날 심발형 토기가 동반되기 시작한다. 그렇지만 목곽묘구조의 대형분은 청당동 유적보다도 늦은 5세기1/4분기에 조영되었다.

6) 충주지역

(1) 금릉동 유적

금릉동 유적 또한 봉명동 유적과 같이 무덤의 형태가 주구가 없는 것을 제외하면 상기 주구묘의 매장주체부와 동일한 구조이다. 단 토기유물의 부장수가 현저히 떨어진다. 중도식 심발형 토기와 타날 단경호의 조합을 기본으로 하는데 해당유물 각 1점씩 2점만 부장되는 례가 일반적이다. 도38에서 보듯이 초현단계인 I단계에는 단경호의 부장이 확인되지 않고 심발형 토기 1점만 부장되거나 철기가 동반된다. 단경호의 부장은 II단계부터 확인되는데, 심발형 토기와 조합하여 1점만 출토되는 경우가 대부분이다. 타날 단경호는 격자문의 비율이 높고, 내경 하는 경부를 가진 것이 많다. 타 유적과 달리 판상철부형 철정의 부장예가 일부 확인된다.

마구는 단경호와 마찬가지로 II단계부터 부장되기 시작하는데, 마구가 부장된 78-1호분은 대형분으로 양단환봉철기, 철촉, 철모형 철기 등 타 유구에 비해 많은 양의 철기가 동반되었다.

금릉동 유적의 특징은 상기의 유적에 비해 합장묘의 형태가 많은데, 기존의 묘광에 덧붙여 동혈의 형태를 가지지만 상면의 깊이 차이 내지는 묘광의 크기에서 차이가 명확하여 추가로 묘광을 덧댄 구조로 볼 수 있다.

유구는 조영시점부터 매장주체 외부에 유물이 부장된 전형적인 주구묘의 형태를 취하지만 도38에서 보듯이 단경호와 심발형 토기의 조합은 II단계부터 확인되며 마구 또한 이 단계에 출토되기 시작한다. 그런데 격자문타날 심발형 토기는 앞에서 언급한 유적들보다 늦은 5세기1/4분기인 IV단계부터 부장되기 시작하며 이후 중도식 심발형 토기는 더 이상 출토되지 않았다.

금릉동 유적에서 남한강을 건너 남쪽으로 약 15km의 거리를 두고 문성리 문암 유적이 위치한다. 문암 유적은 주구묘와 주구가 없는 목관묘가 혼재하지만 주구의 유무를 제외한 나머지 속성은 동일하다. 조영시점은 역시 4세기 중엽부터이며, 유

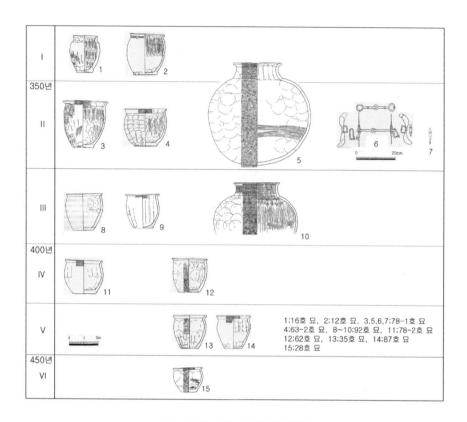

도 38 | 금릉동 유적 출토유물의 형식편년

물의 부장양상은 금릉동 유적과 유사하지만 철정이 확인되지 않고, 격자문타날 단경호보다 평행선문타날 단경호의 비율이 높다.

7) 서산, 해미지역

서산, 해미지역의 대표적인 분묘군은 서산 예천동 유적과 부장리 고분군, 기지리 고분군이 있다. 이 유적들은 상기의 주구묘와 달리 장방형 내지 말각 방형의 주구를 가진 분구묘이다.

서산 예천동 유적은 18호 분구묘를 제외하면 조영시점의 상한은 4세기 후반이

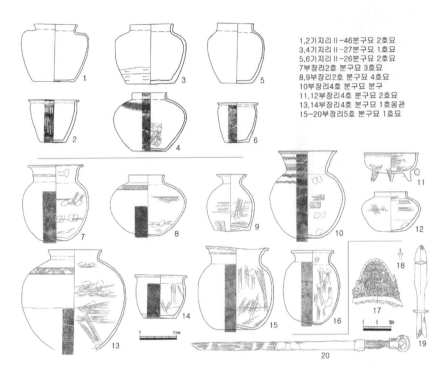

도 39 | 기지리 · 부장리 유적 출토유물

1,2기지리 II -46분구묘 2호묘
3,4기지리 II -27분구묘 1호묘
5,6기지리 II -26분구묘 2호묘
7부장리2호 분구묘 3호묘
8,9부장리2호 분구묘 4호묘
10부장리4호 분구묘 분구
11,12부장리4호 분구묘 2호묘
13,14부장리4호 분구묘 1호옹관
15~20부장리5호 분구묘 1호묘

다. 그런데 18호 분구묘의 18-1호묘는 부장 철기가 청동제 鞘金具의 漆鞘鐵劍, 장검, 이단병식철모, 관부철모, 이조선주조철부, 공부단면 세장방형 철착, 철사 등이 있다. 이러한 유물의 조합은 영남지역의 경우 목곽묘 출현기의 전형적인 양상이다. 18-1호묘는 타 분구묘와 달리 주축향이 분구의 단축향과 평행하고 분구묘 내에서도 한 쪽으로 치우쳐 있고, 또한 발굴조사 구역에서 기원전 1세기의 옹관묘와 기원전후로 편년되는 토광묘가 검출된 것에서 18호 분구묘의 유구가 아닐 가능성이있다. 그러나 김포 운양동 1-11-12호, 3호 분구묘와 유물양상이 유사하고, 예천동 유적에서 주체부가 삭평되고 주구만 잔존하는 분구묘가 많으며, 그 평면형태가 장방형, 방형, 말각방형 등 여러 형식으로 구분된다. 따라서 예천동 유적의 분구묘의 상한은 18-1호묘를 비롯하여 3세기로 소급될 개연성도 배제할 수 없다.

부장유물은 주구묘와 전혀 다른 양상이다. 토기 조합은 양이부호와 와질계 소문 직구단경호, 경부돌대호 위주이며 타날 단경호는 거의 없으며 판상철부와 철정이 동반되는 례가 많다. 판상철부와 철정이 출토되는 유구는 동반된 토기로 볼 때 4세기 말엽에서 5세기 전반으로 편년된다. 격자문타날 심발형 토기는 5세기1/4분기부터 출토된다.

해미 기지리 고분군은 분구가 잔존하는 분구묘로 한 분구 내에 한 개의 매장주체를 기본으로 조영한 것도 있지만 복수의 매장주체를 조영한 것도 많이 확인된다. 후술할 부장리 분구묘는 대부분이 복수의 매장주체를 가지는 것에서 이러한 속성이 시간성을 반영한다고도 볼 수 있다. 부장유물의 양상은 예천동과 같이 유개양이부호, 평저직구호, 경부돌대호와 같이 재지 형식이 많은데 5세기로 편년되는 신식 비율이 높다. 도39-2·6과 같이 격자문타날 심발형 토기는 5세기1/4분기로 편년되는 형식부터 출토된다. 이와 함께 5세기 중엽으로 편년되는 도39-3의 평저단경호와 도39-4의 흑색마연직구호와 같은 전형적인 한성양식 백제토기가 출토된다. 조영시점은 4세기 말엽으로 소급되지만 중심연대는 5세기 전·중엽으로 편년된다.

부장리 고분군의 분구묘는 한 분구 내에 복수의 매장주체를 가진 것에서 예천동, 기지리 유적의 분구묘와 차별된다. 고분군의 조영시점은 5세기 전반을 상회 할 수 없는데, 분구묘의 주 분포 시간대는 도39-7~20의 출토유물로 볼 때 예천동과 기지리 유적보다 늦은 5세기 중·후반이 중심이다. 특히 부장리5호 분구묘 출토 도39-20의 삼엽문환두대도는 5세기2/4분기 후반의 복천동10·11호분에서 초출한 형식인데 대부분 5세기 중엽이후의 고분에서 출토되고 있다. 도39-18의 耳飾은 후술할 도57과 같이 부장리6호 분구묘-6호 출토 이식과 수촌리Ⅱ-4호묘 출토 이식 사이에 게재시킬 수 있는 것으로 5세기 말을 상회할 수 없다. 기지리 유적에서는 재지양식의 토기는 찾아보기 힘들고 대신 삼족기, 흑색마연직구호, 기대, 파상문이 시문된 장경호, 장동호, 병, 평행선문타날 심발 등 전형적인 백제토기가 출토되고, 금동관모·식리, 초두, 청자와 같은 위세품이 동반되었다.

3. 소결

한강 중하류유역의 일상취락 유적을 검토한 결과 중도식토기의 상한은 2세기 중엽을 상회할 수 없다. 중도식토기 最 古式으로 분류되는 대성리 I ~ II 단계부터 승문타날 단경호와 격자문타날 단경호가 중도식토기와 동반되어 출토되므로 중도식토기 단순기는 존재하지 않음을 알 수 있다. 중도식토기 최 고식단계와 동반된 격자문·승문타날 단경호 중에는 낙랑토기와 거의 흡사하여 낙랑토기로 분류해도 무방한 기형들이 다수 존재한다. 그러므로 영남지역 삼한시대 와질토기의 타날 속성과 같이 삼한시대 전기 목관묘 단계에 승문 타날이 먼저 출현하고, 삼한시대 후기 목곽묘 단계에 격자문 타날이 후행하는 현상이 한강 중하류유역의 중도식토기와 동반된 타날 단경호에는 적용되지 않는다. 즉 이는 중도식토기의 출현시점과도 직결된다. 영남지역의 경우 2세기 후반 목곽묘의 출현과 함께 격자문 타날이 등장하는 것처럼, 최 고식 중도식토기의 상한이 2세기 중엽을 상회하지 못하므로, 이와 동반된 타날 단경호 또한 격자문과 승문이 함께 출토되는 현상은 당연한 결과이다. 그리고 낙랑토기 및 그 제작수법과 기형에서 낙랑토기를 흡사하게 모방한 토기의 출토가 많이 확인되는 것은 이 지역에 낙랑지역으로부터 물질자료 혹은 그 생산 시스템이 직접 유입되었을 가능성을 시사하고 있다. 이와 같은 현상은 삼한시대 후기로 편년되는 화성 기안리 제철유적에서 출토된 토기유물이 낙랑토기 일색인 점에서도 충분히 짐작할 수 있다.

통설에서 한성양식 백제토기 출현시점의 근거로 되어온 미사리A-1호주거지 출토 동경은 중국 三國~西晉時代에 유행한 방격사유경을 모방한 방제경이다. 중국에서 방격사유경이 西晉時代 유적에서 출토되었고, 미사리A-1호주거지 동경이 방제경인 점을 감안하면 그 상한은 西晉 이전으로 소급할 수 없다. 미사리A-1호주거지는 방제경의 상한연대와 동반유물의 검토에서 4세기 초엽으로 편년되었다. 중도식토기에서 백제토기로의 과도기로 분류되던 중도식토기 기형에 타날수법이 혼재된

토기가 출토된 하천리F-1호주거지와 장현리29호주거지는 한강 하류유역 일상 토기 Ⅳ단계인 4세기3/4분기로 편년되었으므로 한성양식 백제토기의 상한은 4세기4/4분기를 상회할 수 없다.

4세기3/4분기에 중도식기형+타날수법의 속성이 등장한 이후 한성양식 백제토기로 분류되는 타날 심발과 장란형 토기가 출현한다. 동시에 시루는 蒸氣孔이 커지고 구멍수가 적어지며 중앙의 구멍을 중심으로 방사상으로 배치된 형태로 변한다. 주거지에서도 장벽 내측 또는 오벽에 직교하는 부뚜막이 설치되는 변화가 확인된다. 또한 4세기4/4분기를 시점으로 풍납토성의 성원취락이 시작되는 등 일상생활의 측면에서는 4세기4/4분기에 획을 그을 수 있는 변화가 확인되었다.

4세기 후반에 일어난 이러한 일련의 변화 요인은 무엇일까? 백제는 근초고왕을 기점으로 東晉遣使, 『書記』기록, 佛敎도입과 같이 4세기 후반에는 정치·외교·사상적으로 완성된 체제를 구축해간다. 이러한 대내·외적인 체제정비 과정에서 나타나는 변화가 일상의 물질문화에 반영된 결과로 해석할 수 있겠다.

한편 광주 신대리 유적 2호주거지에서는 5세기2/4분기 후반~3/4분기로 편년되는 일본 土師器系 소형호가, 65호주거지에서 출토된 고배는 2호주거지 출토 소형호보다 다소 고식으로 4세기 극말~5세기 초엽으로 편년되는 土師器(系) 고배다. 신대리2호주거지에서 출토된 타날 심발은 한강 하류유역 일상 토기 Ⅴb단계 말~Ⅵa단계의 형식으로 5세기2/4분기 후반~3/4분기로 편년되므로 한강 하류유역 일상 토기의 연대는 일본 土師器의 연대로서도 방증된다.

지금까지 백제 한성지역에서 출토된 일본 고분시대의 토기는 몽촌토성에서 6세기1/4분기로 편년되는 TK23형식의 須惠器가 출토된 것을 제외하면 신대리 2호주거지의 소형호와 65호주거지 출토 고배와 같은 土師器系토기가 유일하다. 이 3건을 제외하면 백제권역에서 출토된 일본 고분시대 토기는 충주 신봉동 유적을 북한계선으로 하여 모두 금강유역이남에서 출토되었으며 그것도 스에키가 대부분이다. 土師器(系)는 대부분이 낙동강 하류유역의 가야권역에서 출토되었으며, 신라권

역에서는 경주 월성로고분에서 출토예가 확인되었다. 그 외에 섬진강하구의 남해 안유역과 영산강유역에서는 4세기 말~5세기 초엽으로 편년되는 기형이 몇 점만 출토되었을 뿐이다.[159] 낙동강 하류유역에서 출토된 土師器系토기는 4세기 후반이 되면 제작수법과 기형 등에서 완전히 재지화 되지만 신대리2호주거지 출토 土師器系 토기는 충실모방품이며 또한 그 제작수법에서도 낙동강 하류유역의 것과 비교하면 판이하다. 거제도 아미동유적 출토품과 섬진강 以西의 土師器(系)는 4세기 말~5세기 초엽으로 편년되는 기형인데, 일본열도의 土師器를 충실히 모방한 것이다. 그러므로 신대리2호주거지 출토 土師器系토기는 섬진강유역을 포함한 그 以西 지역에서 제작되었을 가능성이 있다.[160] 제작지의 여부를 차치하고서 신대리2호·65호주거지 출토 土師器系토기는 한성기 백제가 4세기 극말~5세기 초엽인 400년경부터 일본열도의 倭와 직간접적으로 교류했음을 시사해준다.[161]

한강 하구유역 분구묘에서 출토된 낙랑토기 백색옹은 最晚期 형식으로 분류되며 4세기 초엽으로 편년되었다. 이 형식의 백색옹이 출토된 김포 운양동1-11-27호 분구묘와 김포 양촌2-3-나1호분구묘는 4세기 중엽으로 편년되었다. 한강 하구유역의 이러한 분구묘 유적에서 한성양식 백제토기의 대표기종인 타날 심발과 후술할 주구묘형 유구의 출현은 모두 4세기 후반으로 편년되었다. 3세기 말엽 西晉遣使의 주체가 백제라고 한다면 대 중국 교섭의 최전방인 한강 하구유역에서 4세기 중엽까지 백제 한성양식의 속성이 전혀 존재하지 않는 현상을 설명할 수 없다.

상기한 지역에서 주구묘가 조영되기 시작하는 시점은 4세기 초엽인 수청동 유적

---

159) 김일규, 2011, 「남해안지역 須惠器(系)토기의 출현배경과 의의」, 『삼국시대 남해안지역 의 문화상과 교류』2011 第35回 韓國考古學全國大會 發表資料集, 韓國考古學會.

160) 일본 福岡大學校 武末純一선생의 조언이 있었다.

161) 『삼국사기』「백제본기」에는 397년인 阿莘王6년에 태자 腆支를 인질로 보내어 왜국과 和好 를 맺어 처음 교류를 시작하는 기사가 보이고, 『日本書紀』「神功紀」의 사료의 연대를 재검토 하여 366년 가야의 卓淳國을 매개로 하여 백제와 왜가 교류를 시작했다는 견해(山尾幸久, 1989, 『古代の日朝關係』, 塙選書, 111~127쪽.)를 감안하면 향후 이와 관련된 보다 고식인 4 세기 후반의 고고학적 자료의 출토도 기대된다.

을 제외하면 4세기2/4분기를 상회하지 못한다. 그리고 앞에서 언급하였듯이 수청동 유적과 밖지므레 유적 같은 주구묘 유적에서 출토된 철기와 궐동 유적과 진터 유적에서 출토된 철기는 토기와 달리 전혀 다른 형태를 가진다. 주구묘 유적의 철기는 전형적인 4세기대 철기양상이지만 궐동 유적과 진터 유적의 경우 삼한시대 후기 영남지역 철모와 유사한 속성을 유지하고 있다. 이러한 현상은 주구묘 조영집단과 달리 기존의 정치집단이 4세기까지 강한 보수성을 지니고 재지에서 생산된 철기를 사용한 것으로 해석된다. 이는 곧 궐동·진터 유적을 조영한 집단이 정체성이 강한 즉 문화적으로 지체된 정치체임을 의미한다고 볼 수 있다.

현재 대부분의 백제 고고학과 일부 철기연구자는 두 유적에서 출토된 철기를 검토함에 있어서 외견상 보이는 일부 속성이 삼한시대 후기 영남지역의 철기와 유사한 것에 근거하여 해당 철기가 출토된 유구 나아가서는 유적 전체를 편년하여 오산 궐동 유적과 아산 진터 유적을 삼한시대로 편년하고 있다.[162] 앞서 언급한 바와 같이 두 유적에서 출토된 철기는 동반된 토기-단경호와 중도식 심발형 토기, 유구의 구조 등을 검토하면 수청동 유적, 밖지므레 유적과 같이 주구묘 출현 이후로 편년되는 것이 대부분이다. 이는 특정 고고자료는 동 시간대의 다른 고고자료들과의 관련성 및 통시적인 맥락 즉 그 발전과정의 틀 속에서 해석해야 한다는 고고학의 가장 기본적인 방법론을 度外視 한 결과이다. 이러한 현상은 비단 상기 두 유적의 편년만이 아니라 백제 고고학 전반에 만연해 있다. 이 결과 한반도뿐만 아니라 동아시아 전체의 고고학적 흐름에서 유독 백제 고고자료만 편년에서 돌출되는 특이한 현상이 초래되고 있다 해도 과언은 아니다.

궐동·진터 유적과 수청동·밖지므레 유적을 대비하면 묘제의 구조와 유물부장양

---

162) 김길식, 2014, 「2~3世紀 漢江 下流域 鐵製武器의 系統과 武器의 集中流入 背景」, 『百濟文化』제 50집, 공주대학교 백제문화연구소.
　　金새봄, 2011, 「原三國後期 嶺南地域과 京畿·忠淸地域 鐵矛의 交流樣相」, 『한국고고학보』제81 집, 한국고고학회.

상, 부장유물 조합의 형태가 전혀 다르다. 이는 결국 이 두 유적의 묘제가 각기 다른 이데올로기와 계통을 가진 정치세력에 의해 조영된 것으로 해석할 수 있다. 따라서 궐동 유적과 진터 유적에서 확인되는 주구가 없는 무덤에서 주구묘로의 변화는 주구묘를 조영하는 정치세력으로의 교체를 의미한다.

그런데 동일 공간 내에서 묘역을 달리하여 전혀 다른 형식의 묘제가 동일한 시간성을 가지고 일정기간 동안 조영되었다는 것은 이데올로기적인 측면에서 곧바로 통제력이 작용되지 않았음을 의미한다고 볼 수 있다. 그런데 이런 현상이 정치적인 면에서도 그대로 인정될지는 보다 신중한 검토가 필요하다. 궐동, 진터 유적에서 주구묘와는 다른 구조의 무덤이 조영될 때 수청동 유적, 밖지므레 유적과 같이 동일 시간대에 동일지역 내에서 공간을 달리하여 주구묘가 조영된 것을 감안하면 정치적인 면에서의 자율성 확보는 거론하기 힘들다. 즉 정치세력이 교체된 후에 기존 세력의 입지를 한시적으로 허용한 정도로 해석되거나 혹은 정치세력의 교체 후 새롭게 진행된 위계화에 따른 계층별 묘제사용의 차별화도 예상할 수 있다.

한편 두정동 유적에서는 봉토분구묘가 확인되었다. 이 분구묘는 아산만-미호천유역-충주를 잇는 선상의 대표묘제인 주구묘 및 그 이남의 주구 분구묘와도 전혀 다른 구조이며, 가락동2호분과 석촌동고분군의 즙석봉토분과 유사하다. 따라서 마구, 격자문타날 심발형 토기와 같은 한성 중앙의 물질문화가 유입될 때 이 지역에는 중앙의 묘제도 동반되었을 가능성을 시사해주는 자료이며, 4세기4/4분기의 조영연대는 격자문타날 심발형 토기의 출현시점과도 일치한다.

본 장에서는 4세기 중엽 아산만지역의 주구가 없는 무덤군과 주구묘를 각각 마한의 전통적 묘제와 백제의 묘제로 구분하고자 한다. 이에 근거하면 4세기 중엽 아산만-미호천유역-충주를 잇는 선을 경계로 그 이북과 이남으로 구분된다.

4세기3/4분기를 기점으로 한 마구의 부장, 곧이어 대형주구묘의 목곽묘 채용, 격자문타날 심발형 토기의 부장과 천안지역의 봉토분구묘의 출현은 해당 정치집단의 위계의 구조화 및 한성 중앙의 정치·물질적 문화가 직접적으로 반영된 결과로도 해

석할 수 있다.

김포 운양동 유적과 서산 예천동, 해미 기지리 유적의 주구를 가진 (장)방형상의 분구묘는 경기-충청의 서해안을 중심으로 하는 마한의 전통적인 묘제로 볼 수 있다. 서산지역에서는 5세기 초엽이 되어서야 격자문타날 심발형 토기와 흑색마연직구호와 같은 백제 한성양식 토기가 출토된다. 이는 이 지역이 상기의 아산만에서 충주에 이르는 라인보다 한두 단계 후행하는 5세기 초엽부터 백제의 권역에 편입되었다고 볼 수 있다. 묘제의 구조, 부장유물의 양상 등에서 새로운 양식이 성립된 아산만-미호천유역-충주 선과 달리, 그 이남의 서산-금강 유역은 5세기 초엽 한성양식 백제토기가 이입된 이후에도 묘제와 부장유물에서 강한 지역성을 가지고 있다. 부장리 고분군에서 확인되듯이 5세기 중·후엽이 되어서야 비로소 재지색채가 완전히 희석되는 현상이 나타난다.

이로 볼 때 전자의 지역은 4세기 중엽에 백제의 권역, 4세기 말엽에 영역 권으로 편입되었다. 후자는 5세기 초엽에 권역, 5세기 중엽에 이르러서야 비로소 영역 권에 편입된 것으로 해석할 수 있다. 대신 아산만 이남의 충남 서해안을 중심으로 하는 지역에서는 5세기 중엽이후 한성양식 백제토기가 부장되면서도 재지의 분구묘 전통이 계속 유지되고 일부 재지속성의 토기가 부장되는 현상이 확인된다. 이러한 현상이 정치·사상적인 면에서 어느 정도 자율성 보장을 의미하는 것인지는 보다 심도 있는 논의가 필요하지만 일단은 일말의 가능성을 제시하고 싶다.

Ⅳ. 백제 한성양식의 성립과 전개

1. 한성지역 백제고분 편년

1) 가락동2호분

가락동2호분의 유구와 유물은 백제 한성양식의 대표적 대형분묘와 백제토기 초현양식으로 분류되어 몽촌·풍납토성과 같은 성원취락과 함께 백제 국가성립시점에 대한 연대적 논의에서 없어서는 안 될 표지로 이용되어 왔다. 최근 정식 보고서가 발간되어 연대적 문제에서 기존 연대와는 다른 견해를 피력한 바 있는데, 편년 비교자료를 좀 더 보완하여 보고서에서 제시한 연대를 일부 수정 보완하여 보다 안정적인 연대를 제시하겠다.

가락동2호분은 평면12m×15m, 높이2.2m의 방형분구 내에 토광묘2기, 목관묘1기, 옹관묘1기 등 최소4기 이상의 매장주체를 가진 봉토분이다. 봉토는 표토 층을 제외하고 4개 층과 기반 층으로 이루어졌다. Ⅰ층은 20×30cm의 할석 내지 천석을 이용한 즙석층. Ⅱ층은 50cm두께의 갈색점토층. Ⅲ층은 30cm내외의 석회와 점토를 혼합한 회갈색점토층. Ⅳ층은 70cm로 밝은 황색점토층, 기반은 회색점토이다. 각 층의 경계에는 길이 10cm내외의 천석을 1m간격으로 1개씩 배치하였다. 옹관묘는

표토에서 1m깊이의 Ⅳ층에, 나머지는 기반 층을 40cm정도 파고 조영된 것으로 판단된다.

기 약보고의 기술과 도면에서는 각 매장주체는 개별의 독립봉토를 가지고 이후 성토하여 하나의 봉분으로 완성한 형태로 표현하고 있다.[163] 그런데 조사당시의 평판측량도면 및 토층도와 합성시킨 유구·유물입단면의 모식도만으로 정확한 유구의 구조를 파악하는 데는 한계가 있다. 따라서 유구의 설명과 도면만으로 각 매장주체의 선후관계를 파악할 수는 없다. 또한 봉토출토 유물이 다수를 점하고, 그 중에는 관정이 여러 점 포함되어 있으므로 상기의 4기를 제외한 매장주체가 존재하였을 가능성은 높다고 판단된다. 본 장에서는 목관묘에서 출토된 경부돌대호와 옹관묘와 봉토출토 흑색마연직구호와 철모, 철제투구편의 연대검토를 통해 가락동2호분의 조영연대를 편년해보겠다.

(1) 목관묘 출토 경부돌대호

도40은 경부돌대호를 형식 분류하고 동반유물과 조합한 것이다. 경부돌대호는 경 기부에서 구연까지의 경부 내·외경도가 형식을 결정하는 주요 속성으로 볼 수 있다. 구경부는 내경에서 직립하여 외경하는 속성으로 변하고, 덧붙여 동체는 최대경이 상위에서 중하위로 진행된다.

경부돌대호의 연대는 도40-1,2의 부산 동래패총 F8층 출토 유물과 도40-11~14의 오산 수청동5-2-18호주구묘 출토 유물의 비교편년을 통해서 산정할 수 있다. 도40-1의 동래패총 출토 경부돌대호와 도40-5의 가락동2호분 출토 경부돌대호는 경부 내경정도와 경기 부의 속성에서 차이가 명확하다. 이 두 유물의 사이에는 도40-3의 오산 수청동5-2-18호 주구묘 출토 경부돌대호가 게재된다. 도40-2의 동래패총 F8층 출토 양이부 단경호편은 기면 타날을 제외하면 도40-10의 김해 대성동13호분 출토 양이부 단경호와 흡사하다. 김해 대성동13호분은 Ⅱ장에서 언급한 바와 같이 최근 조

163) 윤세영, 1974, 「可樂洞 百濟古墳 第一,二號墳 發掘調査 略報」, 『考古學』第三輯, 韓國 考古學會.

사된 대성동91호분과 동단계인 4세기2/4분기로 편년된다. 대성동91호분은 출토된 마구가 4세기3/4분기로 편년되는 중국 안양 효민둔154호묘와 조양 원대자벽화묘에 바로 선행하는 4세기2/4분기로 편년되어 김해 대성동13호분의 4세기2/4분기 연대의 정합성은 증명되었다. 동래패총 F8층에서는 경부돌대호 및 대성동13호분 토기와 동일한 형식의 양이부단경호 외에 일본 前期古墳의 布留0~1式의 土師器系토기가 출토되었다.[164] 井上主稅는 대성동13호분 출토 土師器系토기 또한 布留1式으로 분류하였다.[165] 그러므로 동래패총 F8층은 4세기2/4분기를 상한으로 하는 4세기 중엽으로 편년된다.

도40-3의 경부돌대호는 도면40-4의 도질토기 단경호와 동반하였는데 이 소문단경호는 기형, 법량, 소성, 색조, 태토 등에서 영남지역의 고식도질토기임을 알 수 있다. 이 단경호는 도40-15~17의 단경호와 유사한데, 합천 저포A-45호 단경호와는 흡사하다. 도40-17의 동래 복천동54호분 단경호는 동반된 고배와 마구에서 4세기4/4분기로 편년된다. 그런데 저포A-45호 단경호는 구지로6호분과 복천동54호분 단경호의 중간 형식이고, 동반된 도40-19의 고배 역시 복천동54호분 고배보다 고식 속성이 잔존하는 것에서 4세기3/4분기 후반까지 소급될 개연성이 높으므로 375년을 전후한 시점으로 편년할 수 있다. 따라서 오산 수청동5-2-18호 주구묘의 연대 또한 이와 동시기로 편년되므로 이보다 후행하는 가락동2호분 경부돌대호는 4세기4/4분

---

164) 박순발은 동래패총 F8층 출토 경부돌대호를 그 아래층인 F9층과 F10층 출토 土師器系토기와 동반한다고 서술하고, 이를 日本 近畿의 庄內式 혹은 庄內式~布留式 교체기에 해당되는 吉備10기의 土師器系토기로 분류하고, 최근의 일본 고분시대의 연대관에 맞추어 3세기 중엽 이전으로 편년하고 있다.
박순발, 2001, 『한성백제의 탄생』, 서경문화사.
박순발, 2012, 「백제, 언제 세웠나-고고학적 측면-」, 『백제, 누가 언제 세웠나-백제의 건국시기와 주체세력』2012'백제사의 쟁점'집중토론 학술회의, 한성백제박물관.
그러나 井上主稅의 분석과 같이 F8~10층의 土師器系토기는 모두 布留0~1式에 해당되 는 것이고(井上主稅, 2006, 『영남지방 출토 왜계유물로 본 한일교섭』, 경북대학교대학원 박사학위논문), 또한 경부돌대호구경부편은 F8층에서 출토되었다.
165) 井上主稅, 2006, 『영남지방 출토 왜계유물로 본 한일교섭』, 경북대학교대학원 박사학위논문.

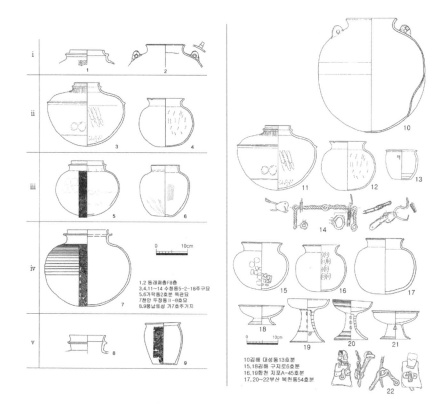

도 40 | 경부돌대호의 형식편년 및 교차편년

기로 편년할 수 있다.

　도40-8의 풍납토성 가7호주거지 출토 경부돌대호는 경부가 외경하는 속성으로 가락동2호분과는 2단계의 차이가 나며 그 중간에 천안 두정동Ⅱ-8호묘 출토 경부돌대호가 게재된다. 풍납토성 가7호주거지에서는 도40-9의 격자문타날 심발형 토기가 동반되었는데 이 기형은 도32의 수청동 Ⅵ단계인 5세기2/4분기로 편년된다. 그러므로 이보다 선행하는 두정동Ⅱ-8호묘 출토 경부돌대호는 5세기1/4분기로 편년되어 가락동2호분의 4세기4/4분기 연대를 보강한다.

(2) 옹관묘

도41-14는 옹관의 막음으로 사용된 장란형 토기의 편이다. 이는 도41-8의 광주 장
지동20호주거지에서 출토된 장동옹과 유사하며, 구연은 도41-6의 심발형 토기 구연
과 흡사하다. 도41-9의 장지동20호주거지 출토 철촉은 부산 복천동10·11호분과 상
주 신흥리 나39호묘 출토 철촉과 동일한 형식이다. 또한 장지동20호주거지보다 한
단계 후행하는 장지동17호주거지에서 출토된 도41-4의 철기는 차양주의 수발부 또
는 복발로 판단되는데, 현재까지 국내와 일본열도의 차양주는 5세기2/4분기를 상회
하여 출토된 례가 없다. 도7의 목심등자의 편년 및 도41-11·13의 동반하는 재갈에서
보듯이 상주 신흥리 나39호묘와 부산 복천동10·11호분은 복천동21·22호분보다 한
단계 늦지만 458년에 歿한 눌지왕릉으로 비정되는 경주 황남대총 남분보다 선행하
므로 5세기2/4분기의 늦은 시점으로 편년된다.

이처럼 영남고분의 철기자료와 비교하면 가락동2호분 출토 옹관의 막음용 장란
형 토기는 5세기2/4분기로 편년하면 안정적이다.

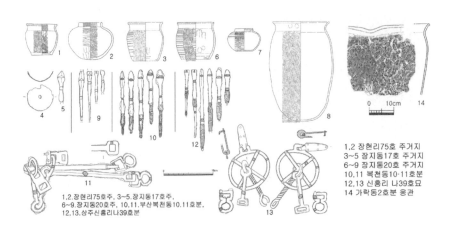

1,2 장현리75호 주거지
3~5 장지동17호 주거지
6~9 장지동20호 주거지
10,11 복천동10·11호분
12,13 신흥리 나39호묘
14 가락동2호분 옹관

1,2.장현리75호주, 3~5.장지동17호주,
6~9.장지동20호주, 10,11.부산복천동10.11호분,
12,13.상주신흥리나39호분

도 41 | 가락동2호분 옹관의 편년 비교자료

(3) 봉토출토 흑색마연직구호

흑색마연직구호는 구경부가 내경→ 직립→ 외경, 동체 최대경은 상위→ 중위, 저부는 평저→말각평저, 동체는 역제형→ 주판알형→ 구형, 문양과 정면수법은 격자문+마연→ 격자문+마연+동체하위 타날→ 파상문+마연+동체하위 타날→ 파상문+타날의 속성으로 변화 된다.

도50은 흑색마연직구호계 토기의 형식편년도인데, 최근 조사된 화천 원천리 33호주거지 출토 흑색마연직구호는 가락동2호분 흑색마연직구호에 바로 후행하는 형식으로 분류된다. 원천리 33호주거지에서는 도51-2·3의 표비와 등자가 동반되었는데, 이는 도51-4와 같이 5세기1/4분기로 편년되는 김해 대성동11호분 출토 표비 및 5세기2/4분기로 편년되는 도7-7의 옥전67-B호분 등자와 유사한 것에서 5세기 초엽의 연대로 편년할 수 있다. 그러므로 5세기 초엽으로 편년되는 화천 원천리33호주거지 출토 흑색마연직구호에 선행하는 가락동 2호분 봉토출토 흑색마연직구호는 4세기 말엽으로 편년된다.

(4) 봉토출토 철기

도42는 백제·신라지역 삼한후기~삼국시대 철모의 변천양상을 비교한 것이다. 도42에서 보듯이 양 지역의 철모는 동일한 변화양상을 살필 수 있다.

삼한시대 후기의 철모는 이단병식철모에서 관부 돌출형으로 변하는데 신부단면은 볼록렌즈형이고, 극소수를 제외하면 대부분이 직기형의 공부를 가진다. 또한 신부의 길이가 공부에 비해 월등히 긴데 시간이 후행할수록 그 비율은 커지며 동시에 관부의 돌출정도도 심해진다.

삼국시대의 철모는 신부단면이 마름모형으로 변하는데 이후 거의 정마름모 또는 오목마름모의 양상으로 형식화된다. 철모의 길이는 삼한시대에 비해 짧아진다. 철모의 형태는 삼국시대 초기를 제외하면 대부분이 연미형 공부를 가지며 신부의 길이가 공부의 길이에 비해 짧아진다. 또한 5세기 후반이 되면 관부가 거의 사라지고

도42-10·23·24와 같이 관부가 퇴화된 형식도 확인된다. 이러한 삼국시대 철모의 변화양상은 방어용 무구인 갑주의 출현과 궤를 같이한다.

현재 백제·신라·가야지역에서 확인된 삼한시대의 철제갑주는 일부 찰갑편을 제외하고는 그 출토 례가 없다. 철제갑주의 형태를 갖춘 것은 모두 삼국시대유적에서 출토된 것이다. 이처럼 방어용무구인 철제갑주의 출현과 발전에 따른 공격용무기의 대응으로서 삼국시대의 철모도 위와 같은 변화양상이 나타나는 것으로 판단된다.

도42-6의 가락동2호분 봉토 출토 철모는 신부 단면이 정 마름모에 가깝고, 공부가 신부보다 길어진 형식의 투겁창이다. 도면상에서는 관부가 돌출한 형태이지만 실견한 바에 의하면 사용 또는 그 외의 요인에 의한 刃部의 마모와 결손의 결과로 보는 것이 타당하다.[166] 이와 같이 신부의 너비와 두께가 비슷한 단면 능형에 공부가 신부보다 길어진 형태의 철모는 4세기 초엽 이후에 출현하는 형식이다. 가락동2호분 봉토출토 철모는 영남지역 고분 출토 철모와 비교하면 도42-19의 경주 월성로 가6호분 철모, 도42-20의 경주 월성로 가13호분 철모와 유사하다. 이 두 고분은 각각 5세기1/4분기와 5세기2/4분기로 편년된다. 그러므로 가락동2호분 철모는 400년을 전후한 시점으로 편년하면 안정적일 것이다.

도43의 가락동2호분 봉토출토 투구 편은 외연의 주연부가 弧狀이고 등 간격으로 3개의 못 구멍이 있다. 이는 釘結式 遮陽冑 또는 釘結式 衝角付冑의 伏板으로 복원된다. 차양주의 伏板片으로 복원하면 그 크기와 못 구멍의 간격 등에서 김해 두곡

---

166) 박순발은 도42-6과 도42-13의 철모를 동 형식으로 분류하고 편년하였다. 박순발, 2012,「백제, 언제 세웠나-고고학적 측면-」,『백제, 누가 언제 세웠나-백제의 건국시기와 주체세력』2012'백제사의 쟁점'집중토론 학술회의, 한성백제박물관.
도42-13의 철모는 도42-12,14에 비하면 신부 폭이 좁은 것에서 사용에 의해 마모되었을 가능성이 크다. 도42-13의 삼한시대의 관부 돌출형 철모-그것도 해당시대의 일 반적인 형식이 아닌 일부 예외적 속성을 가지고, 또한 사용에 의해 제작당시의 형태를 잃었을 가능성이 큰 유물과 도42-6의 전형적인 삼한시대의 철모를 도면상의 국소 적인 외형적 유사성만으로 동일 형식으로 분류하고 편년하는 것은 지극히 자의적이다.

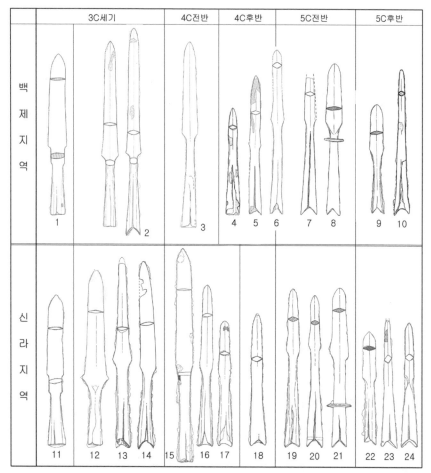

	3C세기	4C전반	4C후반	5C전반	5C후반
백제지역	1　2	3	4 5 6	7 8	9 10
신라지역	11　12 13 14	15 16 17	18	19 20 21	22 23 24

1.평택 마두리2호토광묘, 2.김포 운양동12호묘, 3.천안 청당동18호, 4.아산 명암리 밖지므레3-1호묘, 5.오산 수청동5-2.18호주구묘, 6.가락동2호분 봉토출토, 7.오산 수청동4-14호목곽묘, 8.천안 용원리 9호석곽묘, 9.원주 법천리1호분, 10.안성 도기동B-1호묘, 11.경주 황성동68호목곽묘, 12.경주 황성동 강변로1호목곽묘, 13.포항옥성리43호묘14.포항 옥성리78호묘, 15.경주 황성동 강변로19호목곽묘, 16,17.경주 황성동22호목곽묘, 18.경주 황성동33호묘, 19.경주 월성로가6호묘, 20,21.경주 월성로가 13호묘, 22.경주 황남대총98호남분, 23,24.경주 황성동 강변로40호적석목곽묘.　　　(축척부동)

도 42 | 백제 · 신라고분 출토 철모의 비교

43호분[167] 출토 차양주의 복판과 가장 유사하다. 정결식 차양주와 충각부주는 한일

---

167) 두곡43호분은 필자가 직접 조사한 유구로서 현재 보고서는 미 발간되었지만 부경대학교 박
　　물관의 후의로 해당유물을 관찰하고 자료로 이용할 수 있었다.

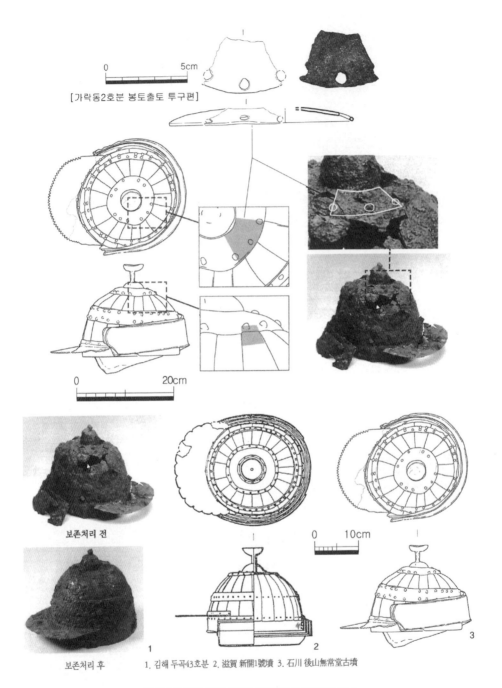

[가락동2호분 봉토출토 투구편]

0   5cm

0   20cm

보존처리 전

보존처리 후

0   10cm

1   2   3

1. 김해 두곡43호분   2. 滋賀 新開1號墳   3. 石川 後山無常堂古墳

도 43 | 가락동2호분 봉토출토 鐵製冑片의 편년 비교자료

양 지역에서 5세기 중엽을 그 상한으로 편년한다. 가락동2호분 출토 투구의 伏板部片은 김해 두곡43호분과 일본 後山無常堂古墳 출토 遮陽冑와 비교되는데 못의 간격과 크기에서 김해 두곡43호분의 것과 가장 유사하다. 김해 두곡43호분은 동반된 토기와 철촉을 검토하면 동래 복천동21·22호분에 후행하는 5세기2/4분기로 편년된다. 김해 두곡43호분은 동반된 유물로 볼 때 복천동21·22호분보다는 약간 후행하고, 복천동10·11호분보다는 약간 선행한다. 특히 두곡43호분 출토 철촉은 복천동21·22호분과 복천동10·11호분의 중간형식으로 분류되는 日本 大阪 鞍塚古墳의 철촉과 유사하다. 그러므로 봉토출토 차양주편은 5세기2/4분기를 상한으로 하는 5세기 중엽으로 편년된다.[168]

　이상에서 가락동2호분은 4세기 말엽에 조영되어 5세기 전반에 걸쳐서 최소 4기 이상의 매장주체가 시간적 간격을 가지고 개별적으로 조영된 유구임을 알 수 있다.

2) 석촌동 적석총

　도44는 석촌동 적석총과 주변 출토유물 및 편년 비교자료를 제시한 것이다. 석촌동 적석총은 4호분을 제외하면 적석만 잔존하고 매장주체부는 유존하지 않았다. 2013년도에 새로 발간된 보고서에는 2호분 범위 내의 목관묘 출토유물을 2호분유물로 취급하였는데, 층위양상을 고려하면 2호분보다 선행하는 유구로 보는 것이 타당하다. 만약 2호분이 적석총이 아닌 가락동2호분과 같은 봉토분이라면 이 목관묘는 2호분과 관련된 매장주체부의 하나일 가능성은 있다. 그 외 3호분, 4호분 출토유물 등도 출토위치 등이 명확히 제시되지 않아 일괄유물로 인정하기에는 근거가 부족하다. 그리고 1호 석곽묘와 3호 석곽묘라고 제시된 유구는 조사상황을 실견하지

---

168) 차양주는 倭系의 가능성이 제시되어온 유물이다. 두곡43호분 출토 기형의 투구는 일본 열도에서도 보이지 않는 형태이며, 시간적으로 가장 고식으로 편년되므로 딱히 倭系로 단정 지을 수 없다. 만약 이 투구가 倭의 물품이라면 선술 한 신대리2호, 65호주거지 출토 土師器系 토기와 함께 倭와의 교류를 상정할 수 있는 유물로 볼 수 있다.

는 못했지만 도면과 사진으로 볼 때 석곽묘를 포함한 무덤의 구조물이라고 단정할 수 있는 어떤 근거도 제시될 수 없다고 판단된다. 또한 조사상황의 사진으로 볼 때 적석부가 거의 표토 직하에서 노출되는 정황으로 보아 적석총이 폐기된 이후 당시 교란에 의한 현상일 가능성도 배제할 수 없으므로 1호분과 1호 석곽묘의 범위는 반드시 유구의 중복이라고 단언할 수 없다. 따라서 1호 석곽묘라는 범위에서 출토된 유물의 편년으로 1호분의 하한연대를 편년하는 것에는 동의할 수 없다. 본 항에서는 2013년 보고서에 제시된 적석총유물과 주변수습유물 등을 검토하여 적석총의 대략적인 조영연대를 파악해보겠다.

도44-1~15까지는 석촌동1호~4호분과 주변수습유물이다. 도44-1·2는 1호분 북분 기단외곽 적석부에서 출토된 토기이다. 이 유물들은 도50·51의 흑색마연직구호의 형식편년과 도20에 의하면 5세기3/4분기로 편년되는 형식이다. 도44-4~6은 1호분 남곽 주변 3호 석곽묘라는 범위에서 출토된 유물이다. 도44-4는 도50에 의하면 5세기3/4분기로 편년된다. 도44-5·6 또한 5세기 후반으로 편년된다. 2호분 하 목관묘에서 출토된 도44-7은 도44-37과 도44-40의 중간적 형식이다. 도44-36이 동반된 성시구와 마구, 은상감환두대도 등에서 5세기2/4분기로 편년되므로, 이보다 다소 후행하는 속성의 도44-38은 450년경으로 편년된다. 도44-40은 5세기 말로 편년되는 성시구, 십금구와 동반되었다. 따라서 석촌동2호분 하 목관묘에서 출토된 도44-7(도44-39)은 5세기3/4분기로 편년된다. 2호분 주변에서 수습된 도44-9는 도44-36·38과 유사하므로 5세기2/4분기 또는 3/4분기 초엽으로 편년할 수 있다. 도44-10의 흑색마연직구호는 5세기4/4분기로 편년된다. 석촌동4호분에서 출토된 도44-12는 도44-21 또는 도44-34와 같이 5세기 초엽 유물과 비교되는데, 유물이 찌그러져 명확치 않지만 평저속성은 5세기3/4분기로 편년되는 도44-31과도 비교된다. 도44-13은 5세기 중후반의 장경호이며, 도44-5·14는 5세기4/4분기로 편년되는 도44-16의 신봉동 95-60호묘 출토품 및 역시 5세기4/4분기로 편년되는 도53-1의 송원리 KM003 석곽묘 출토품과도 흡사하므로 5세기 말엽으로 편년된다.

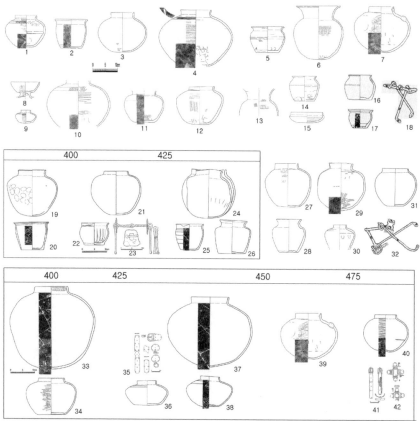

1,2석촌동1호분 북분 기단외곽 적석부, 3석촌동1호분 주변수습, 4,5,6석촌동1호분 주변 3호석곽묘(?)
7,39석촌동2호분 하 목관묘, 8석촌동2호분, 9석촌동2호분 주변수습, 10,11석촌동3호분, 12~15석촌동4호분,
16~18신봉동95-60호묘, 19,20수청동5-1-3호주구묘, 21~23수청동5-5-4호주구묘, 24~26수청동5-5-10호주구묘,
27~30석촌동1호분상부 1호석곽묘(?), 31,32신봉동95-74호묘, 33,34수청동5-5-45호주구묘,
35,36수청동4-14호목곽묘, 37,38수청동4-2호주구묘, 39석촌동2호분 하 목관묘, 40~42수청동4-25호묘

도 44 | 석촌동 고분군 출토유물의 편년 비교자료

1호분 북곽 상부 1호 석곽묘 범위에서 출토된 도44-27은 도44-21 또는 도44-24와
유사한 기형이다. 동일 범위에서 출토된 도44-28은 도44-26과 유사한데 형식적으로
1단계 정도의 격차가 인정된다. 도44-30은 흑색마연직구호 기형인데 가락동2호분
흑색마연직구호와 유사하다. 이처럼 1호 석곽묘라고 제시된 범위에서 출토된 유물
은 빠르게는 4세기 말, 늦게는 5세기 중엽으로 편년되어 반드시 동 단계의 유물이

라고 볼 수 없으므로 이 유물들을 무덤에 부장된 일괄유물이라고 단정하기는 힘들다.

이상 석촌동 적석총 출토 유물 및 주변수습 유물을 검토한 결과 대부분 5세기3/4분기를 중심으로 하는 5세기 후반으로 편년되었다. 특히 2호분 하 목관묘와 2호분이 중복관계가 인정된다면 2호분은 5세기3/4분기를 상한으로 하는 조영연대가 산정된다. 적석총 내부와 주변수습유물의 연대가 5세기3/4분기로 편년되는 것이 대부분인 것을 감안할 때 2호분을 제외한 적석총의 조영시점은 5세기3/4분기와 시간적 격차가 거의 없는 5세기 중엽으로 편년할 수 있다.

3) 석촌동 3호분 동쪽 고분군

이 고분군은 석촌동 3호분 동쪽에 형성된 분묘군으로 목관묘, 옹관묘, 파괴적석총, 석곽묘가 조사되었다. 토광묘로 분류된 목관묘는 상·중·하의 3개 층으로 분류하여 모두 적석총보다 이전에 조영된 무덤군으로 파악하고 적석총 상한연대의 근거자료로 이용되고 있는 것이 현재 백제 고고학의 통설이다. 그런데 3개 층으로 분류된 목관묘군은 묘광의 굴착이 이루어진 층을 중심으로 분류된 것이 아니라 무덤이 조사된 면을 중심으로 파악된 것이다. 그러므로 이 분류에 의한 상·중·하의 층위개념은 고고학적 방법상 무의미한 분류이다.

3호 적석총 동쪽에서 조사된 목관묘 중 편년에 유리한 흑색마연직구호 계열의 토기가 출토된 무덤을 편년하여 목관묘의 조영연대를 살펴보겠다.

3호 토광묘에서 출토된 도45-1은 도50-7·8과 동일한 형식인 것에서 5세기3/4분기로 편년된다. 동반된 평행선문타날 심발형 토기는 선술한 도20-32와 유사한데 동체폭이 좁아지고 저부가 축약된 것에서 약간 후행하는 형식이므로 역시 5세기3/4분기로 편년된다.

4호 토광묘 출토 도45-3은 도50-9와 유사한데 구경이 외경하는 속성은 보다 후행

1,2석촌동86-3호 토광묘, 3,4석촌동86-4호 토광묘, 5석촌동86-8호 토광묘, 6석촌동86-9호 토광묘

도 45 | 석촌동3호분 동쪽 토광묘군 출토유물

하는 요소이다. 또한 동반된 평행선문타날 심발형 토기는 기고가 현저히 낮아지고 구연이 완전 외절된 형태로 도37-21의 신봉동95-60호묘 심발과 비교하면 기고가 더 낮아지고 구연이 발달된 것에서 보다 신식으로 볼 수 있다. 이처럼 4호 토광묘는 직구호와 심발형 토기에서 5세기3/4분기 후반~4/4분기로 편년된다.

8호 토광묘 또한 중층으로 분류된다. 출토된 도45-5의 직구호는 3호 토광묘 출토품과 거의 흡사한 기형으로 5세기3/4분기로 편년된다.

도45-6의 9호 토광묘 출토 직구호는 도50-12와 같이 5세기4/4분기로 편년된다.

이상 3호분 동쪽 고분군의 중층에 해당되는 3·4·8·9호묘의 연대를 편년한 결과 모두 5세기 후반으로 편년되었다. 상기 적석총의 조영연대가 5세기3/4분기와 격차가 없는 5세기 중엽경인 것을 감안하면 석촌동 동쪽 고분군 중층 토광묘군은 적석총 조영 이전에 조성된 무덤군이 아니라 적석총과 동 단계 내지는 보다 후행하는 분묘군임을 알 수 있다.

2. 풍납토성 자료의 편년

1) 풍납토성의 축성시점

풍납토성의 축성시점을 알 수 있는 고고자료로는 먼저 풍납토성 축성 이전에 조

성되어 이용된 것이 틀림없는 3중 환호의 폐기시점 및 다음으로는 토성 초축 토루 내에서 출토된 고구려토기와 기저부 출토 토기가 그 상한연대를 제시한다.

(1) 3중 환호 출토유물

3중 환호 출토유물 중 가장 후행하는 형식의 연대가 3중 환호의 폐기시점인 동시에 풍납토성 축성의 상한으로 볼 수 있을 것이다. 그런데, 환호출토 유물은 동일 기종과 기형의 분류에 의해 선후관계를 나열할 정도는 아니다. 그러나 출토 유물 가운데 연대 산정이 가능한 것을 편년하면 환호가 사용된 시기 내지는 폐기시점의 대략을 파악할 수 있을 것이다.

도46-1~9는 3중 환호에서 출토된 유물이다. 도46-10~35는 오산 수청동유적 출토 심발형 토기와 재갈을 형식편년하고 동반된 단면삼각형 蛇頭形 鐵鏃을 조합시킨 것이다. 도46-1의 철촉은 도46-16·18·25와 같은 수청동 분묘 출토품과 동일 계보를 가진다. 단면삼각형 사두형 철촉은 오산 수청동 유적의 경우 4세기3/4분기의 5-5-4호 목관묘에서 출현하여 이후 계속해서 출토되었다.

도47은 금관가야 최고 지배층의 무덤군인 김해 대성동 고분군과 복천동 고분군에서 출토된 봉부 단면삼각형 사두형 철촉과 동반된 고배를 형식 편년한 것이다. 그 변화양상은 수청동 유적의 철촉의 변화양상과 아주 유사하여 백제지역과 가야지역의 철촉은 동일한 변천과정을 가지는 것으로 볼 수 있다. 도47-1과 같은 봉부단면 삼각형에 장경의 이단경식 사두형 철촉은 완성된 형태가 4세기2/4분기로 편년되는 김해 대성동18호분에서 초출한다. 단면 삼각형인 사두형 철촉은 3세기 후반으로 편년되는 노포동41호분과 대성동29호분에서도 출토가 확인되지만 이는 신부 형태가 유엽형에 가깝고 일단경식이다.

이처럼 사두형 철촉의 시작은 3세기 후반까지 소급시킬 수 있지만 장경의 이단경식 사두형 철촉은 도47-1과 같이 그 상한이 4세기 초엽을 상회할 수 없을 것이다. 철촉을 비교하면 도46-1의 3중 환호 철촉은 도46-16의 수청동5-5-4호 목관묘와 도

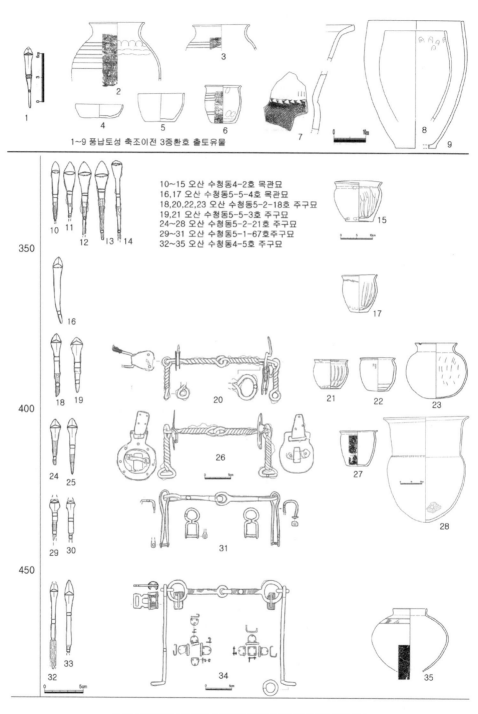

1~9 풍납토성 축조이전 3중환호 출토유물

10~15 오산 수청동4-2호 목관묘
16,17 오산 수청동5-5-4호 목관묘
18,20,22,23 오산 수청동5-2-18호 주구묘
19,21 오산 수청동5-5-3호 주구묘
24~28 오산 수청동5-2-21호 주구묘
29~31 오산 수청동5-1-67호주구묘
32~35 오산 수청동4-5호 주구묘

도 46 | 풍납토성 3중 환호 출토유물 및 백제 사두형 철촉의 형식편년

46-18의 수청동5-2-18호 주구묘 출토
품과 유사하며, 도47-5~7의 김해 대
성동2호분 철촉과도 흡사하다. 이것
으로 볼 때 3중 환호 출토 철촉은 4세
기3/4분기로 편년하면 안정적이며, 4
세기 전반으로는 소급시킬 수 없다.

3중 환호에서 출토된 도48-5·6의
단경호는 구경부에서 완만하게 동
체로 연결되어 견부기미가 전혀 없
는 속성을 가지며 동체 최대경은 중
하위로 예상된다. 이러한 기형은 도
48-2와 유사하다. 도48-2의 단경호와
동반된 심발형 토기는 도32의 수청
동Ⅲ단계로 4세기3/4분기로 편년된
다.

도48-9·10의 중도식 무문토기 옹은
도48-11의 장현리56호주거지 출토
토기와 유사한데, 도48-9는 거의 흡
사하다. 장현리56호주거지에서는 도
20의 Ⅲb단계로 편년되는 도48-12의
단경호가 동반되었다. 또한 도48-13
의 소형호는 수청동5-1-3호 주구묘에
서 출토된 도48-14의 소호와 거의 유
사한 것으로 한 단계 정도의 차이만
인정되거나 동 단계 내의 신구차이

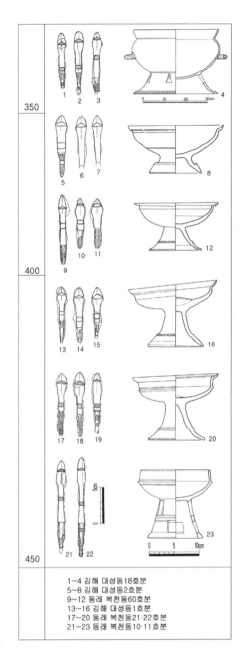

1~4 김해 대성동18호분
5~8 김해 대성동2호분
9~12 동래 복천동60호분
13~16 김해 대성동1호분
17~20 동래 복천동21·22호분
21~23 동래 복천동10·11호분

도 47 | 금관가야 사두형 철촉의 형식편년

정도로 예상된다. 동반된 장동호가 4세기2/4분기 후반의 형식이고, 수청동5-1-3호 주구묘에서는 도32의 수청동Ⅳ단계의 타날 심발형 토기가 동반되므로, 도48-13이 보다 고식에 해당된다. 그러므로 장현리56호주거지의 연대는 4세기2/4분기 후반~4 세기3/4분기로 편년하면 안정적일 것이다. 따라서 3중 환호 출토 도48-9·10의 중도 식 무문토기 옹은 350년을 전후한 4세기 중엽으로 편년된다.

도46-7은 대형호의 구경부인데, 도46-28의 대형호와 동일 계열로 볼 수 있다. 구 연 단이 두껍게 처리되고, 경기부에서 동체로 곧바로 내경 하는 속성에서 차이가 있 을 뿐 그다지 큰 형식차이는 보이지 않는다. 도46-28의 수청동5-2-21호 주구묘는 도 32의 수청동Ⅴ단계인 5세기1/4분기로 편년되므로 환호출토 대형호의 연대는 이와 큰 격차가 없는 4세기 후반으로 편년할 수 있다.

3중 환호 출토유물의 연대를 검토한 결과 환호는 4세기 중엽까지 사용되었으며 폐기시점의 상한은 4세기3/4분기 후반을 상회할 수 없다.

⑵ 東壁 初築 土壘 내부 출토 고구려토기

도48-16은 풍납토성 동벽 초축 토루 내에서 출토된 고구려토기이다. 암회색의 와 질 소성으로 약하게 외경하는 직립구경을 가지는데 견부에는 고구려토기의 특징적 인 문양인 垂帳文이 시문되어 있다. 이 기형은 집안 禹山JYM3161호에서 출토된 도 48-17의 기형과 거의 흡사하다. JYM3161호에서는 도48-18의 단경호가 동반되었다. 도48-18의 호는 안악3호분에서 출토된 도48-19의 호와 底徑이 보다 넓은 속성을 제 외하면 거의 유사하여 동일단계로 분류할 수 있다.

안악3호분은 벽화의 墨書에서 "永和十三年"의 357년 기년이 명확하므로 JYM3161호 또한 357년을 전후한 연대로 편년되며 4세기 중엽이전으로 소급시킬 수 없다. 따라서 도48-17의 JYM3161호 출토 직구호와 거의 유사한 기형인 풍납토성 동벽 초축 토루에서 출토된 고구려토기도 4세기3/4분기로 편년할 수 있다.

풍납토성 축성이전에 조성되어 사용된 3중 환호의 폐기시점 상한은 4세기3/4분

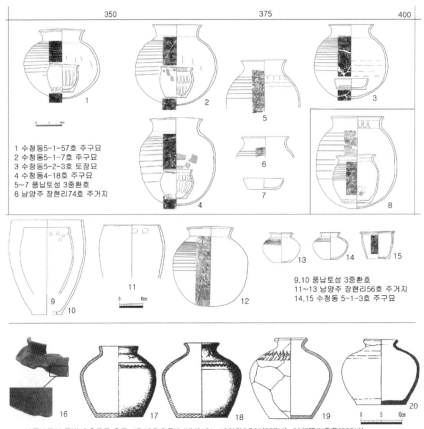

350　　　　　　　　375　　　　　　　　400

1 수청동5-1-57호 주구묘
2 수청동5-1-7호 주구묘
3 수청동5-2-3호 토장묘
4 수청동4-18호 주구묘
5~7 풍납토성 3중환호
8 남양주 장현리74호 주거지

9,10 풍납토성 3중환호
11~13 남양주 장현리56호 주거지
14,15 수청동 5-1-3호 주구묘

16풍납토성 동벽 초축토루 출토, 17,18集安禹山JYM3161, 19안악3호분(357년), 20朝陽崔遹墓(395년)

도 48 | 풍납토성 축성 상한연대 자료의 편년 비교자료

기이며, 동벽 초축 토루 내에서 출토된 고구려토기가 4세기3/4분기의 연대가 산정

되므로 풍납토성 축성시점의 상한은 4세기3/4분기 말 내지는 4세기4/4분기로 편년

하는 것이 가장 안정적일 것이다.[169]

---

169) 王志高는 풍납토성 경당지구 196호 출토 錢文陶器를 중국 南京 建康城의 南朝時代地層에서
　　출토된 전문도기와 비교하여 東晉晚期~劉宋代로 편년하고 풍납토성의 축성연대를 4세기
　　후반이후로 편년하였다.
　　王志高, 2012, 「風納土城의 세 가지 문제에 대한 試論」 『동북아시아 속의 풍납토성』 (제12회

(3) 풍납토성 경당지구 196호의 연대

풍납토성 경당지구 196호는 유구 내부에서 다수의 六朝時代의 錢文陶器 및 저장용 대호와 대옹이 출토되어 창고지의 가능성이 높은 유구이다.

도49-5의 대호는 196호에서 출토된 것인데 견부에 유두상의 꼭지가 대칭되게 있고, 저부는 조임 수법으로 제작된 것으로 영남지역의 도질토기로 분류할 수 있다.[170] 견부는 거의 수평적으로 형성되어 있고, 견부와 동체의 경계에 꼭지가 부착되어 있다. 경부는 거의 C자상으로 외반하며 구연하단은 돌대처리 되었다. 기형에서는 도49-2·3의 대옹과 동체의 형태가 유사하고, 도49-4의 대호와는 구경부가 거의 흡사하다. 도49-3의 대옹은 도49-1·2의 대옹과 비교하면 경부에서 직립기가 거의 없이 바로 외반 하므로 도49-5는 도49-1·2보다 도49-3의 대옹에 더 가깝다. 그러므로 도49-5의 대호는 5세기1/4분기로 편년된다. 196호에서 동반된 도49-5의 흑색마연직구호는 동체 최대경이 아직 상위에 있으며, 최대경에서 직립상으로 저부에 연결되고, 평저의 속성이 강한 것에서 도50-2·3과 유사한 기형으로 복원할 수 있다. 흑색마연직구호의 형식 또한 이와 같이 5세기 초엽으로 편년된다.

도49-6~9는 대옹의 형식변천 과정을 도식화 한 것이다. 동체는 최대경이 최상위에서 하위로 이행하면서 견부가 퇴화되며, 구경부는 직립상에서 외경도가 강해지는 속성으로 변한다. 이 변화과정에 의하면 풍납토성196호 출토의 도49-8은 일상토기 Va단계에 해당되는 장현리42호주거지 출토 도49-7번 옹과 VIa단계인 장현리75호 출토 도49-9의 사이에 위치되는 형식으로 일상 토기 Vb단계로 편년된다. 그런데 견부가 완전히 소멸되고 동체 최대경이 하위로 이행한 것에서 도49-9에 보다 가깝다. 전술한 바와 같이 한강 하류유역 일상 토기 V단계는 5세기 전반으로 편년되므로 풍납토성196호 출토 대옹은 5세기 전반에서도 중엽에 가깝게 편년하면 안

한성백제문화제 국제학술회의 발표논문집), 百濟學會.

170) 이성주도 이를 영남지역의 도질토기로 분류하고 4세기 후반 昌寧産으로 보았다.
이성주, 2014, 「風納土城의 年代와 百濟土器 漢城樣式의 成立」, 『쟁점, 중부지역 원삼국시대~한성백제기 물질문화 편년』제11회 매산기념강좌, 숭실대학교 한국기독교박물관.

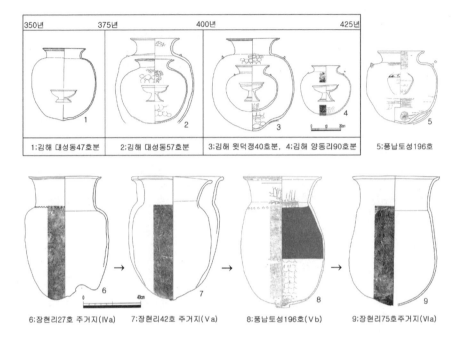

350년	375년	400년	425년

1:김해 대성동47호분　2:김해 대성동57호분　3:김해 윗덕정40호분, 4:김해 양동리90호분　5:풍납토성196호

6:장현리27호 주거지(Ⅳa)　7:장현리42호 주거지(Ⅴa)　8:풍납토성196호(Ⅴb)　9:장현리75호주거지(Ⅵa)

도 49 | 풍납토성 경당196호 출토유물의 편년

정적이다.

　이상에서 경당지구 196호 유구는 5세기 초엽을 상회하지 못하는 5세기 전중엽으로 편년된다. 따라서 196호에서 출토된 錢文陶器는 西晉代의 것이 아니라 南京 建康城의 南朝지층에서 출토된 시유도기와 동일한 형식으로 분류하여 東晉晚期~劉宋代로 편년한 王志高의 견해와도 일치한다.[171]

2) 풍납토성의 하한

　『三國史記』百濟本紀 蓋鹵王21年 장수왕에 의한 고구려 내침으로 한성이 일시 함락된 문헌기록은 백제사 시기구분에서 한성기 백제의 하한에 국한되지 않고 고고

---

171) 주167) 王志高, 2012의 전게문.

학적으로도 백제 한성양식 하한연대의 근거로 작용하고 있다. 즉 백제 고고학의 통설에서는 고고학적 방법론에 의한 연대결정보다는 단편적인 문헌사료에 고고자료를 대입하여 연대를 산정하고 있는 것이 현실이다. 이에 몽촌·풍납토성을 포함한 한성양식에 해당되는 모든 고고자료의 하한은 475년으로 고정되어 있다.

백제 한성양식의 편년에 대해서 최근 기존 통설과 다른 견해가 제시되었다[172]. 이 견해들은 모두 백제 한성양식의 상한은 4세기 중엽을 상회할 수 없는 것에 인식을 같이하며, 일부는 475년 이후에도 여전히 한성양식이 유지된다고 한다. 본 항에서는 이러한 견해를 참조하면서 백제 한성양식의 대표 기종인 흑색마연직구호와 삼족기의 형식편년을 시도하여 백제 한성양식의 하한에 대해서 살펴보겠다.

(1) 흑색마연직구호

흑색마연직구호는 그 출현에 대해서는 가락동2호분 출토 흑색마연토기에서 언급한 바와 같다. 5세기 중엽이 되면 도50에서 보듯이 흑색소성의 출토예가 감소되고, 대부분 회색의 색조가 많아진다. 또한 5세기 말 견부의 격자문대가 파상문대로

---

172) 金一圭, 2007, 「漢城期 百濟土器 編年再考」, 『先史와 古代』27.

김일규, 2011, 「봉명동유적을 통해 본 심발형토기의 출현의의」, 『考古廣場』8, 釜山考古學研究會.

김일규, 2013, 「가락동2호분 출토유물을 통한 조영시기 재검토」, 『백제학보』제10호,

김일규, 2013, 「한강 중·하류역 2~5세기 일상토기 변천」, 『考古廣場』12, 釜山考古學研究會.

李盛周, 2011, 「漢城百濟 形成期 土器遺物群의 變遷과 生産體系의 變動」, 『韓國上古史學報』第71號, 韓國上古史學會.

李盛周, 2011, 「南韓의 原三國 土器」, 『慶北大學校 考古人類學科 30周年 記念 考古學論叢』考古學論叢刊行委員會編.

이성주, 2014, 「風納土城의 年代와 百濟土器 漢城樣式의 成立」, 『쟁점, 중부지역 원삼 국시대~한성백제기 물질문화 편년』제11회 매산기념강좌, 숭실대학교 한국기독교박물관.

이창엽, 2007, 「中西部地域 百濟漢城期 木棺墓 變化」, 『先史와 古代』27.

李炳燁, 2011, 「천안 청당동분묘군의 재검토」, 『韓國上古史學報』第73號, 韓國上古史學會.

王志高, 2012, 「風納土城의 세 가지 문제에 대한 試論」, 『동북아시아 속의 풍납토성』(제12회 한성백제문화제 국제학술회의 발표논문집), 百濟學會.

柳本照男, 2012, 「漢城百濟期 編年 小考」, 『百濟研究』第55輯, 忠南大學校百濟研究所.

바뀐 이후 점차 동체 마연조정이 약화되고, 이후 도질 소성으로 변한다.

도51은 흑색마연직구호의 동반 유물과 교차편년 할 수 있는 유물을 조합한 것이다. 도51-2의 鑣轡는 인수봉을 꼰 것을 제외하면 김해 대성동 11호분과 흡사한데, 선술한 도6-20의 대성동14호분 출토 표비와도 인수의 길이차이를 제외하면 유사하다. 도51-3의 등자는 김해 양동리 429호분, 합천 옥전 67-B호분 출토 등자와 유사하다. 옥전 67-B호분은 5세기2/4분기, 김해 대성동11호분 및 동14호분, 김해 양동리 429호분은 5세기1/4분기로 편년되는 고분이다. 그러므로 화천 원천리33호주거지 출토 마구 역시 이와 동일한 5세기2/4분기의 연대를 부여할 수 있다.

도51-6·7의 천안 용원리9호 석곽묘 출토 등자와 성시구는 5세기2/4분기 전반으로 편년되는 부산 복천동21·22호분의 것과 유사하다. 등자는 도7에서 볼 수 있듯이 윤부 보강 철대가 윤부 상위에만 존재하고 윤부에 비해 병부가 길어지며 윤부의 크기가 작아지는 속성에서 복천동21·22호분 등자보다는 신식으로 분류되므로 용원리9호 석곽묘는 5세기2/4분기의 후반으로 편년 할 수 있다. 용원리9호 석곽묘의 성시구는 5세기2/4분기로 편년되는 오산 수청동 4-14호 목곽묘와 경주 월성로 가13호분 성시구와도 유사한데 특히 경주 월성로 가13분호 성시구와는 거의 흡사하다. 천안 용원리9호 석곽묘 출토 계수호는 406년 기년의 南京 謝溫墓 출토품과 거의 동형식인 점에서 5세기2/4분기의 연대를 보강한다. 도51-11의 오산 수청동 4-5호 주구목관묘의 성시구는 도51-12의 합천 옥전M1호분 출토품과 유사하다. 도51-10의 표비는 옥전M1호분 출토 판비와 비교하면 함과 인수 그리고 유환이 부착된 것에서 유사성이 인정되지만 함 외환이 보다 큰 속성에서 옥전M1호분 재갈보다 고식이다. 옥전 M1호분은 도51-12의 성시구와 동일계열의 후행하는 형식 및 이보다 후행하는 여러 형식의 성시구가 동반되어 전체 유물조합 양상으로 보면 5세기4/4분기 전반으로 편년된다. 그러므로 도51-9의 오산 수청동 4-5호 주구묘의 흑색마연직구호는 5세기 3/4분기로 편년된다.

도51-13~16은 천안 용원리1호 석곽묘 출토품이다. 도51-14의 행엽은 옥전M3호분

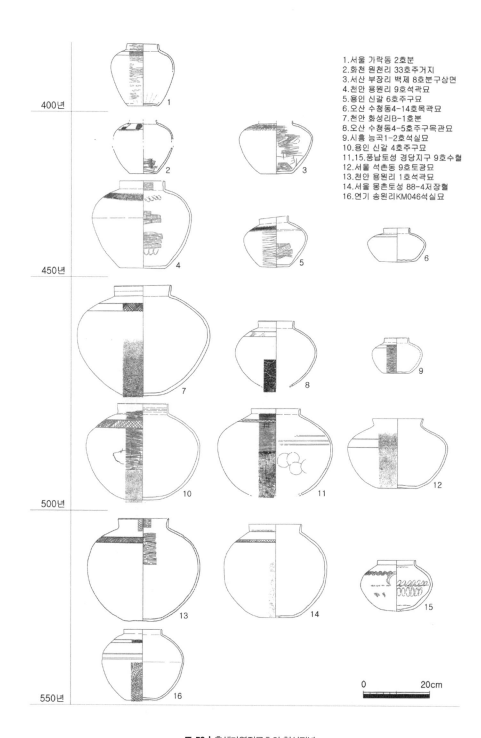

400년

450년

500년

550년

0   20cm

도 50 | 흑색마연직구호의 형식편년

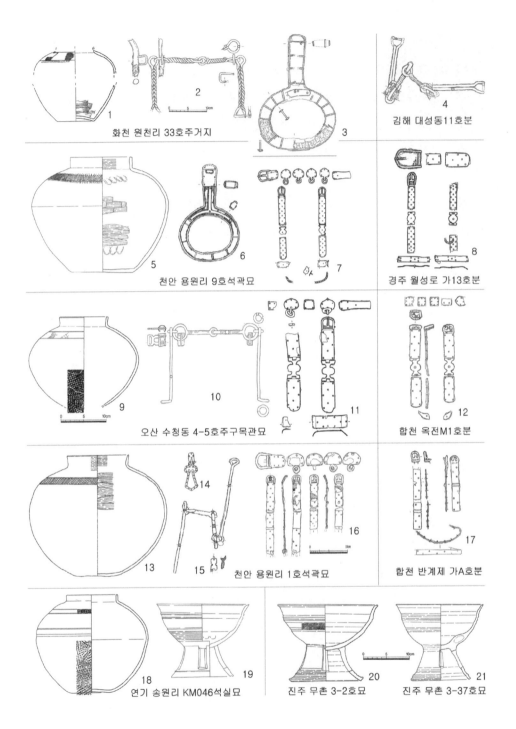

1 화천 원천리 33호주거지

2

3

4 김해 대성동11호분

5 천안 용원리 9호석곽묘

6

7

8 경주 월성로 가13호분

9 오산 수청동 4-5호주구목관묘

10

11

12 합천 옥전M1호분

13

14

15 천안 용원리 1호석곽묘

16

17 합천 반계제 가A호분

18 연기 송원리 KM046석실묘

19

20 진주 무촌 3-2호묘

21 진주 무촌 3-37호묘

도 51 | 흑색마연직구호의 교차편년

과 유사한데, 상대적으로는 용원리1호 석곽묘의 것이 보다 신식이다.[173] 도51-16의 성시구는 도51-17의 합천 반계제 가A호분 성시구와 동일한 형식이다. 또한 용원리1호 석곽묘 출토 용봉문 환두대도는 무령왕릉 출토품과 비교하면 1단계정도의 차이만 확인될 뿐이다.[174] 용원리1호 석곽묘의 연대는 5세기4/4분기 후반으로 편년되는 옥전M3호분보다 신식속성의 행엽, 6세기1/4분기로 편년되는 합천 반계제 가A호와 동일 형식의 성시구, 무령왕릉 출토 환두대도와 1단계의 차이만 확인되는 환두대도 등을 종합하면 6세기1/4분기의 전반으로 편년할 수 있다.

도51-18의 연기 송원리 KM046 석실묘 출토 도질 소성의 직구호는 도51-19의 소가야양식 토기와 동반 출토되었다. 이 소가야양식 토기는 6세기1/4분기로 편년되는 도51-20의 진주 무촌 3-2호묘 토기 및 6세기2/4분기로 편년되는 도51-21의 진주 무촌 3-37호묘 출토 토기와 유사하다. 도51-19의 토기는 도51-21과 비교하면 구경대비 수발부의 깊이가 얕고, 대각에 약하게 곡선기가 잔존하는 것에서 도51-21보다 약간 고식속성이 잔존하지만 전체적인 형태에서는 도51-20보다 51-21에 더 가깝다. 따라서 도51-19의 소가야양식 토기는 6세기1/4분기 말 내지는 2/4분기의 전반으로 편년된다. 그러므로 도50-13·14의 직구호보다 후행하는 도51-18의 송원리 KM046 석실묘 출토 직구호는 6세기2/4분기 전반으로 편년하면 안정적일 것이다.

(2) 삼족기

한성지역 출토 삼족기는 여러 기형이 있지만 본 항에서는 공주지역 출토품과 대비 가능한 기형에 한하여 형식조열과 편년을 시도해 보겠다.

도52-1·3·6의 기형은 구연부가 직립 → 내경으로 변하면서 그 길이도 짧아지고, 배신은 깊이가 얕아지는 속성으로 형식변화 된다.

---

173) 金斗喆, 2000, 『韓國 古代 馬具의 硏究』, 동의대학교대학원 박사학위논문.
　　李尙律, 2001, 「天安 斗井洞, 龍院里古墳群의 馬具」, 『韓國考古學報』45, 韓國考古學 會.
174) 金一圭, 2011, 「陶質土器의 觀點에서 본 初期須惠器의 年代」, 『國立歷史民俗博物館硏 究報告』 第163集.

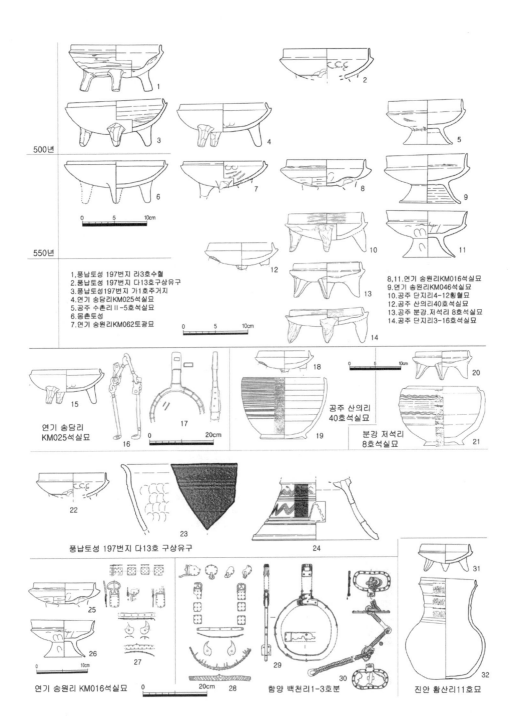

500년

550년

0 5 10cm

1.풍납토성 197번지 라3호수혈
2.풍납토성 197번지 다13호구상유구
3.풍납토성197번지 가1호주거지
4.연기 송담리KM025석실묘
5.공주 수촌리 II-5호석실묘
6.몽촌토성
7.연기 송원리KM062토광묘

8,11.연기 송원리KM016석실묘
9.연기 송원리KM046석실묘
10.공주 단지리4-12횡혈묘
12.공주 산의리40호석실묘
13.공주 분강.저석리 8호석실묘
14.공주 단지리3-16호석실묘

0 5 10cm

연기 송담리
KM025석실묘

공주 산의리
40호석실묘

분강 저석리
8호석실묘

0 5 10cm

풍납토성 197번지 다13호 구상유구

0 20cm

연기 송원리 KM016석실묘

0 10cm

0 20cm

함양 백천리1-3호분

진안 황산리11호묘

도 52 | 삼족기와 고배의 형식편년

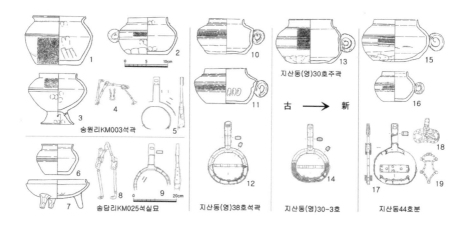

도 53 | 송원리 KM003 석곽묘 출토 대가야 토기의 편년

　도52-4의 연기 송담리 KM025 석실묘 출토 삼족기는 도52-3과 동일한 형식이다. 그런데 도52-4와 동반되는 도52-17, 도53-9의 송담리 KM025 석실묘 출토 등자는 도53-5의 연기 송원리 KM003 석곽묘 출토 등자와 유사하지만 평저호를 비교하면 도53-6이 도53-1보다 후행하는 형식이다. 연기 송원리 KM003 석곽묘에서 출토된 도53-2의 파수부호는 전형적인 대가야양식 토기이다. 이 토기는 도53-10·11의 고령 지산동(영)38호와 도53-13의 동 30호 주곽 출토품과 유사한 형식인데, 후자에 보다 가깝다. 도53의 파수부호의 형식변천 과정을 보면 도53-13의 지산동 30호 주곽 파수부호는 5세기3/4분기로 편년되는 지산동(영)38호 석곽묘 출토품보다 후행하고, 6세기1/4분기로 편년되는 도53-15·16의 지산동44호 석곽묘출토품보다는 선행하므로 지산동30호 석곽묘는 5세기4/4분기로 편년된다. 이처럼 송원리 KM003 석곽묘가 5세기4/4분기 전반으로 편년되는 것을 감안하면 송담리 KM025 석실묘는 5세기4/4분기로 편년하면 안정적이다. 이상에서 도52-4의 송담리 KM025 석실묘 출토 삼족기와 동형식인 도52-3의 풍납토성197번지 가1호주거지 삼족기 역시 5세기4/4분기로 편년되고, 이보다 후행하는 도52-6의 몽촌토성 출토 삼족기는 6세기1/4분기로 편년된다.

도52-2의 삼족기는 풍납토성 197번지 다13호 溝狀遺構에서 출토된 것이다. 이 구상유구에서는 도52-23·24의 낙동강 하류유역에서 출토되는 금관가야 양식의 기대가 출토되었다. 이 기대의 문양은 파상문 중에서도 양 끝단이 뾰족하게 처리된 소위 '山形波狀文'이 시문되었다. 이 문양은 주지하듯이 5세기2/4분기 후반으로 편년되는 복천동10·11호분과 5세기3/4분기 전반으로 편년되는 복천동53호분 단계에서만 확인되는 속성이다. 이를 감안하면 13호 구상유구는 5세기 중엽을 상회할 수 없으므로 5세기3/4분기로 편년하면 안정적일 것이다.

도52-8은 연기 송원리 KM016 석실묘 출토품이다. KM016 석실묘는 선술한 5세기4/4분기 전반으로 편년되는 KM003 석곽묘를 파괴하고 조성된 유구이므로 그 상한은 5세기대로 소급될 수 없다.

도52-10의 삼족기는 도52-31의 진안 황산리11호분 출토 삼족기와 동일한 형식이다. 황산리11호분에서는 고령 지산동44호분 장경호보다 약간 후행하는 도52-32의 대가야양식 장경호가 동반되어 6세기2/4분기로 편년된다. 도52-13의 삼족기가 출토된 산의리40호분은 대가야 종말기에 해당되는 도52-21의 토기가 동반 되었으므로 6세기2/4분기 후반~3/4분기 전반으로 편년된다.

이상에서 5세기 중엽부터 6세기 후반까지 삼족기의 변천과정을 살펴보았다. 도52-3·6과 같이 웅진천도 이후에도 한성지역에서 웅진지역과 동일한 삼족기가 존속되었던 것을 알 수 있다.

풍납토성과 몽촌토성, 석촌동고분군에서 출토된 도50-10~12·14·15의 직구호와 풍납토성과 몽촌토성에서 출토된 도52-3·6의 삼족기는 모두 475년 이후로 편년됨을 확인하였다. 따라서 한성지역에서는 475년 이후에도 여전히 백제토기양식이 유지되었으며 적어도 6세기1/4분기까지 한성양식 基調가 유지되었음을 알 수 있다.

3) 漢城의 하한에 대한 문헌사료 검토

문헌사료 상의 漢城을 비정하는 데는 많은 제약이 따르지만 현재까지 확인 조사된 고고자료에 의하면 몽촌토성과 풍납토성이 위치한 서울 강남일대를 한성기 백제의 중심지로 볼 수 있다. 따라서 풍납토성과 몽촌토성을 한성과 관련된 유적으로 비정할 수 있으며, 문헌사료에 나타난 한성에 대한 연대검토를 행하면 풍납토성과 몽촌토성이 유지된 시간의 방증자료로 삼을 수 있을 것이다.

백제 고고학 통설에서 한성·웅진기 백제의 영역 및 연대결정에 주로 이용된 史料는 다음과 같다.

『三國史記』「百濟本紀」

"二十一年九月 麗王巨璉 帥兵三萬 來圍王都漢城…"-蓋鹵王29년(475년).

"蓋鹵在位二十一年 高句麗來侵 圍漢城 … 麗兵雖退 城破王死 遂卽位 …(중략)…
冬十月 移都於熊津"-文周王元年(475년).

『三國史記』「高句麗本紀」

"六十三年 …(중략)… 九月 王帥兵三萬 侵百濟 陷王所都漢城 殺其王扶餘慶 虜
男女八千而歸"-長壽王63년(475년).

『日本書紀』「欽明紀」

"十二年春三月 …(중략)… 是歲 百濟聖明王 親率衆及二國兵(二國謂新羅·任那也)
王伐高麗 獲漢城之地 又進軍討平壤 凡六郡之地 遂復故地"- 551년 聖王의 故
地收復 史料.

『日本書紀』「神功紀」

"卌九年 …(중략)… 以賜百濟 於是 其王肖古及王子貴須 亦領軍來會 時比利 辟
中 布彌支 半古 四邑 自然降服…"- 近肖古王代의 영산강유역 진출 근거 史料.

이 史料들에 근거하여 첫째, 『三國史記』「百濟本紀」文周王 元年 기사와 『日本書紀』「欽明紀」12년 기사에 근거하여 475년~551년까지 한강에서 아산만에서 이르는 경기 남부지역은 고구려의 영역으로 비정하고 있다[175].

둘째, 서울을 중심으로 하는 경기지역 한성양식 백제 고고자료의 하한은 475년으로 한정시킨다.

셋째, 이 지역 출토 고구려 고고자료의 연대결정 근거로 이용되고 있다.

넷째, 몽촌토성에서 출토된 日本 古墳時代 TK23형식 須惠器가 日本 埼玉縣 '稻荷山古墳 辛亥銘철검 연대(471년) = 古墳築造연대 = 분구 출토 須惠器(TK23 또는 TK47) 연대'를 방증하는 자료로 이용되고 있다[176].

다섯째, 웅진기의 중심지인 공주를 비롯한 금강유역 고고자료의 연대와 연계시키고 있다. 즉 무령왕릉을 포함한 송산리고분군 출토품과 대비 가능한 고고자료를 제외한 이 지역 출토 대부분의 고고자료는 475년을 하한으로 하는 백제 한성양식 고고자료와 비교하여 한성기로 편년되는 것이 현재의 실정이다.

그런데 『三國史記』에는 상기의 기사 이외에도 文周王 元年이후 漢城, 漢山城 관련 기사가 여러 차례 확인되는데 다음과 같다.

『三國史記』「百濟本紀」

"二年春二月 修葺大豆山城 移漢北民戶 …"- 文周王 2년(476년).

"四年 …(중략)…秋九月 靺鞨襲破漢山城…"- 東城王4년(482년).

"五年春 王以獵出至漢山城…"- 東城王5년(483년).

---

175) 이 문제에 대한 제설과 문제점을 김현숙이 정치하게 정리하였다.
    김현숙, 2009, 「475년~551년 한강유역 領有國 論議에 대한 검토」, 『鄕土서울』第73號, 서울特別市史編纂委員會.
176) 木下 亘, 2003, 「韓半島 出土 須惠器(系)土器에 대하여」, 『百濟研究』第37輯, 忠南大學 校百濟研究所.

"二十一年 …(중략)… 漢山人亡入高句麗子二千 …" - 東城王21년(499년).

"七年 …(중략)… 高句麗將高老 與靺鞨謀 欲攻漢城 …" - 武寧王7년(507년).

"二十三年春二月 王幸漢城 …(중략)… 徵漢北州郡民年十五世已上 築雙峴城 三
月 至自漢城 夏五月 王薨 諡曰武寧" - 武寧王23년(523년).

"秋八月 高句麗兵至浿水 …(중략)… 出戰退之…" - 聖王元年(523년).

기존의 통설과 같이 475년을 기점으로 한성을 포함한 경기 남부지역이 고구려의
영역에 편입되었다면 위 사료에 등장하는 475년 이후의 漢城·漢山·漢山城과 聖王元
年의 浿水에서의 고구려와의 전투 기사와 같은 漢水 이북에서의 고구려와의 전투
기사에 대한 합리적 해석이 요구된다.[177] 또한 문주왕 원년의 "麗兵雖退 城破王死
遂卽位"와 장수왕63년 "虜男女八千而歸" 기사에서 확인되듯이 고구려병은 한성을
파한 후 바로 回軍했으며, 문주왕은 한성에서 즉위한 후에 웅진으로 천도한 기록에
대해서도 적합한 해석이 요구된다. 따라서 『삼국사기』의 해당시대의 기사를 신뢰한
다면 적어도 성왕 원년인 523년까지는 한성이 백제의 영유권 내에 있었다고 보는
것이 합당할 것이다.

3. 한성양식의 변화와 획기

이상 살펴본 바와 같이 한성양식은 4세기 말을 상한으로 하고 웅진으로 천도한
이후인 6세기 초엽까지 한성지역에서 그 기조가 유지되었음을 알 수 있었다.

이번 절에서는 한성양식의 성립과정과 성립 후 어떠한 변화 과정을 가지면서 발
전하고 종말에 이르는지를 일상취락 및 고분출토 유물, 주거와 분묘 등의 자료를 통

---

177) 김현숙, 2009, 「475년~551년 한강유역 領有國 論議에 대한 검토」, 『鄕土서울』第73號, 서울特別
市史編纂委員會.

해 살펴보고자 한다.

상기의 고고자료의 검토에서 먼저 한성양식 성립이전 즉 과도기적 양상을 보이는 4세기3/4분기를 여명기, 한성양식이 출현하여 틀을 이루기 시작하는 4세기 말~5세기 전반을 성립기, 한성양식이 완성되어 발전한 5세기 중후반을 발전기, 그리고 6세기 초엽을 종말기로 획기하여 각 단계별 변화와 특징을 살펴보겠다.

1) 한성양식 여명기(4세기3/4분기)

4세기3/4분기가 되면 일상 토기인 중도식 무문토기 기형에 타날수법이 도입된다. 이는 일상 토기 제작 시스템에 타날토기 제작 시스템이 유입되기 시작한 것을 의미하며 토기생산 시스템이 일원화 되어가는 과정으로 볼 수 있다.

이 단계에는 무덤과 부장유물에서도 앞 시기와는 다른 변화가 확인되는데 상대적으로 무덤에서 변화정도는 그다지 크지 않다. 오산 수청동유적의 5-5-38호 주구묘와 같이 대형화된 주구가 등장하지만 매장 주체부는 기존의 구조를 유지한다. 김포 운양동의 분구묘 유적에서는 주구가 없이 매장주체만 주구묘의 속성을 가진 무덤이 조영되기 시작한다. 부장유물에 있어서는 기승용 마구의 부장이 가장 주목된다. 선술한 도8-1·2·3에서 보듯이 인수는 북방적 요소가 강하지만, S자형 표와 리베팅하지 않고 한 쪽 끝을 다른 쪽 끝에 감아 인수를 제작한 속성은 재지화가 진행되는 과정으로 볼 수 있다. 1인 기승용 마구는 기마대를 이용하여 역내·외의 통치나 정복전쟁을 수행가능하게 하거나 지배계층의 신분과시용으로 이용되는 등 갑주와 함께 수용된 고대국가체의 성장[178]과 관련된 대표 유물이다.

이상과 같이 4세기3/4분기가 되면 이전과 다른 양상이 나타나기 시작하지만 묘제구조, 토기의 기종과 기형은 앞 시기의 속성을 완전히 탈피하지 못하고 전 시기의 속성이 아직 유지되고 있다. 따라서 4세기3/4분기는 한성양식의 출현을 암시하는

---

178) 金斗喆, 2000, 『韓國 古代 馬具의 研究』, 東義大學校 大學院 박사학위논문, 202쪽.

과도기 내지는 도입기로 설정할 수 있다.

2) 한성양식 성립기(4세기 말엽~5세기 전반)

이 단계가 되면 가락동2호분의 봉토분구묘, 수청동 유적의 목곽묘를 채용한 대형주구묘와 같이 묘제의 대형화가 이루어진다. 수청동 유적의 경우 대형주구묘에서는 모두 마구, 환두대도, 철정이 세트로 부장되어, 계층별 부장유물의 조합양상을 추정할 수 있다. 마구는 재갈과 함께 등자, 안교의 출토가 확인되었다. 재갈은 꼰 인수에서 재지화가 상당히 진행된 것으로 파악되며, 여러 차례 수리 보수한 흔적에서 실용화가 이루어졌음을 알 수 있다. 또한 이 단계에 판비가 출토되어 마구가 실용적인 면과 함께 신분과시의 역할로도 이용되었음을 충분히 짐작할 수 있다.

토기에 있어서도 이전과 다른 기종이 출현한다. 타날 심발, 장란형 토기, 흑색마연직구호 등이 대표적인데 타날 심발과 장란형 토기는 기존의 중도식토기를 대체한다. 시루 또한 증기공의 크기가 커지고 수가 적어진 기형으로 변하였다. 시루의 변화와 함께 주거지 오벽에 직교하게 설치된 부뚜막의 구조 또한 이전과 다른 양상이다. 이는 시루, 장란형 토기와 함께 취사방법의 변화를 의미한다.

이 단계에서 가장 주목되는 것은 풍납토성의 축성에 따른 성원취락의 성립이다. 이는 대단위 경제적 기반과 이를 통제할 수 있는 정치적 구조에서 국가적 단계로의 발전을 시사한다. 六朝瓷器의 출현 또한 이 단계의 가장 큰 특징인데 근초고왕 이래 東晉과 南朝에 견사, 교류한 史實을 방증하는 자료이다.

이처럼 4세기4/4분기에는 일상취락 내 취사구조의 변화, 성원취락의 형성, 묘제 구조의 변화와 대형화 및 부장양상의 변화, 새로운 토기기종의 출현, 토기제작 시스템의 통일 등 다방면에서 이전과는 완전히 다른 변화양상이 확인된다. 그러므로 4세기4/4분기를 기점으로 이전과 이후로 획기 지을 수 있다. 4세기4/4분기에 변화된 이러한 양상은 이후 5세기 전반이 되면 齊一性을 띠는데, 삼족반, 삼족기, 고배 등의

기종이 5세기 전반이 되어서야 본격적으로 출현하고[179] 이와 함께 六朝瓷器도 비로소 출토되기 시작한다. 따라서 4세기 말에 나타나기 시작한 제 변화양상이 일반화된 5세기 전반에 완전한 백제 한성양식이 완성되었다고 할 수 있다.

경기도 광주 신대리 유적과 가락동2호분에서 5세기 초엽과 중엽으로 편년되는 土師器系土器와 釘結式遮陽胄片이 출토되어 백제와 일본열도의 倭가 5세기 초엽 무렵부터 직간접적으로 교류하였음을 시사한다.

3) 한성양식 발전기(5세기 중후반)

4세기 말부터 확인되던 한성양식 토기의 기종이 완비된 단계이다. 일상 토기에서도 중도식 기종은 일부만 잔존할 뿐 거의 소멸된 것에서 토기 생산 시스템이 완전히 일원화되었음을 알 수 있다.

한성양식 토기는 5세기 중엽이 되면 금강유역을 비롯한 충청권역에서 출토가 확인되어 백제의 영역 권을 유추할 수 있다.

석촌동 고분군의 적석총은 이 단계에 조영된 것으로 편년되었으며, 시흥 능곡1-2호묘와 원주 법천리 1호분과 같은 횡혈식석실묘, 천안 용원리9호 석곽묘 또한 5세기 중엽으로 편년된다. 용원리9호 석곽묘는 상대적으로 선행하지만 5세기 중엽이 되면 한성중앙에서는 적석총, 주변지역에서는 적석총의 매장주체부시설인 횡혈식석실묘 및 대형 석곽묘가 지방 지배계층의 묘제로 조영되었음을 알 수 있다. 석촌동 고분군에서 확인되는 형태의 적석총은 공주 송산리고분군에서 1기가 확인된 것[180]을 제외하면 석촌동고분군에서만 확인되므로 한성중앙의 최고지배계층의 묘제일 가능성이 농후하다. 이처럼 한성중앙과 지방지배계층의 묘제 차이는 중앙과 지방

179) 金一圭, 2007, 「漢城期 百濟土器 編年再考」, 『先史와 古代』27.
180) 趙由典, 1991, 「宋山里 方壇階段形무덤에 대하여」, 『百濟文化』第21輯, 공주대학교부설 백제문화연구소

의 위계차가 뚜렷하다는 것을 보여준다. 주변 지역에서 조영된 석곽묘와 석실묘의 차이는 시기와 지역별 取捨選擇의 문제인지, 이 또한 위계차를 반영하는지, 아니면 해당 지역별 역학관계를 나타내는지는 보다 심도 있는 검토의 여지가 있다. 한편 용원리9호 석곽묘에서 금동관모편과 六朝瓷器 계수호가, 법천리1호분에서 금동식리와 청동초두, 동2호분에서는 청자양형기가 출토되었다. 또한 백제고분 출토의 六朝瓷器는 대부분 이 단계의 고분에서 출토되었다. 이러한 위세유물은 한성 중앙과의 정치적 관련성과 함께 지방에서도 위계화가 완성된 현상으로 볼 수 있다.

5세기 중엽에 한성주변의 경기지역에서 확인되던 횡혈식 석실묘는 5세기 말엽이 되면 경기지역은 물론이고 공주지역을 포함한 충청지역에서도 조영이 확인되는 것에서 웅진기 백제 지배층의 대표적 묘제로 자리매김하였음을 알 수 있다. 횡혈식 석실묘가 웅진기의 주묘제로 된 이후에도 주구묘와 분구묘는 여전히 조영되었다. 연기 송원리·송담리 유적에서는 횡혈식 석실묘와 주구묘가 동시간대의 동일공간에서 조영된 것이 확인되었는데, 이는 위계에 따른 묘제의 사용이 구분되었음을 의미한다고 볼 수 있다.

3) 한성양식 종말기(6세기 초엽)

도50·52에서 볼 수 있듯이 풍납토성과 몽촌토성에서는 6세기1/4분기까지 한성양식 백제토기 대표기종인 흑색마연직구호와 삼족기가 출토되었다. 웅진기 말 이후 한성양식의 대표기종이었던 흑색마연직구호는 대부분이 도질제이고 문양도 파상문 일색으로 변하며, 삼족기는 배신부가 皿에 가깝게 변하는데, 한강유역의 경기 일원에서는 더 이상 이러한 형식의 기종을 비롯한 백제토기의 출토가 확인되지 않는다. 따라서 물질적 측면에서는 6세기 초엽을 끝으로 한성양식은 종언을 고했다고 판단된다. 그러므로 한강~아산만유역이 고구려 영유권으로 넘어가는 시점은 6세기 1/4분기 이후로 볼 수 있으며, 이는 서언에서 언급한 529년 五谷전투를 그 시점으로

보는 견해[181]와 시간적으로 일치한다.

이상 살펴본 바와 같이 백제 한성양식의 상한은 4세기 말엽을 상회할 수 없으며, 475년 웅진 천도이후 6세기1/4분기까지 여전히 한성지역에서 그 기조가 유지된 것을 확인할 수 있었다. 웅진 천도이후 웅진지역의 유물상은 한성양식의 계보를 그대로 이어받은 것으로 한성양식과 비교할 때 획을 그어서 구분할 정도의 큰 형식적 구분은 확인되지 않는다.

---

181) 金榮官, 2000,「百濟의 熊津遷都 背景과 漢城經營」,『忠北史學』11·12合, 충북대사학회.
　　손영종, 2006,『조선단대사(고구려사1)』, 과학백과사전종합출판사.

V. 웅진기의 한성양식

1. 공주 수촌리 유적 II지점 백제고분 편년

수촌리 II지점 분묘는 토광목곽묘→ 석곽묘→ 횡구식석곽묘→ 횡혈식석실묘라는 변천과정에 의해 상대편년 되고 모두 475년 이전의 한성기 묘제로 인식하고 있다.[182] 이러한 수촌리 유적 묘제 변천양상의 모식은 영남지역 신라·가야의 묘제변천 양상과 동일한 변화과정을 가지는 듯하다. 이 모식도는 수촌리 고분군에 한정되는 양상인지, 아니면 공시성을 가지고 백제의 전 지역에서 동일한 양상인지 추후 보다 광범위하고 정치한 검토가 요구되는데, 현재로서는 다소 회의적 입장이다.

---

182) 朴淳發, 2005, 「公州 水村里古墳群 出土 中國瓷器와 交叉年代 問題」, 『충청학과 충청문화』4, 忠淸南道歷史文化院.

李勳, 2004, 「墓制를 통해 본 水村里遺蹟의 年代와 性格」, 『百濟史硏究活性化方案』, 百濟文化開發硏究院.

이훈, 2013, 「수촌리 고분군 발굴조사 성과와 의의」, 『수촌리유적의 고고학적 성과와 의의』공주 수촌리유적 발굴 10주년 기념 국제학술대회, 공주시·충청남도역사문화원.

成正鏞, 2010, 「백제 관련 연대결정자료와 연대관」, 『호서고고학』第22輯, 湖西考古學會.

김낙중, 2013, 「백제 묘제 연구에서 공주 수촌리 고분군이 갖는 의미」, 『수촌리유적의 고고학적 성과와 의의』공주 수촌리유적 발굴 10주년 기념 국제학술대회, 공주시·충청남도역사문화원.

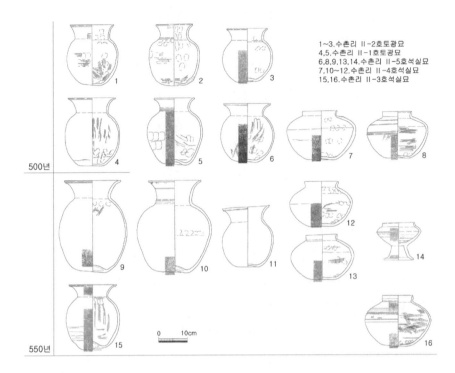

의 오른쪽 상단에 위치한 범례:
1~3.수촌리 Ⅱ-2호토광묘
4,5.수촌리 Ⅱ-1호토광묘
6,8,9,13,14.수촌리 Ⅱ-5호석실묘
7,10~12.수촌리 Ⅱ-4호석실묘
15,16.수촌리 Ⅱ-3호석실묘

도 54 | 수촌리 Ⅱ 지점 고분 출토 장경호와 직구호의 형식편년

도54는 수촌리 Ⅱ지점 고분출토 장경호와 직구호의 형식편년도이다. 기왕의 상대
연대와 같이 목곽묘가 석실묘보다 선행하는 것은 인정된다. 다만 토기의 형식조열
을 감안하면 Ⅱ-3호 석실묘가 가장 후행하는 것을 볼 수 있다.[183]

도54의 수촌리 Ⅱ지점 출토 장경호의 변천과정을 살펴보면 도54-1의 기형은 경부
의 외경도가 강해지고, 경 기부가 좁아지는 대신 구경이 넓어지며, 경부가 짧아지
는 속성으로 형식변화 된다. 도54-2의 기형은 동체 최대경이 중위에서 상위로 진행
되어 동체부가 말각 장방형에서 역제형의 속성으로 형식변화 양상이 확인된다. 도

183) 보고서와 상기의 논문에서는 Ⅱ-3호분은 횡구식석곽묘로 분류하고 있지만, 연도부와 묘도부
가 결실된 석실묘로 보는 김무중의 견해에 동감한다.
金武重, 2013, 「百濟漢城期橫穴式石室墳の構造と埋葬方法」, 『古文化談叢』第69集, 九州古文化
研究會.

54-3의 기형은 구경부의 외경도가 강해지면서 길어지고, 동체는 종타원상으로 길어지는 속성으로 변화된다.

직구호계 토기는 2종류가 출토되었는데 동체의 돌대유무를 제외하면 동일한 변화과정이 확인된다. 동체 최대경은 상위에서 중위로 변하면서 평저기가 약화되는 속성으로 형식변화 됨을 살필 수 있다.

이와 같은 토기의 형식조열에 의하면 수촌리Ⅱ지점의 분묘는 2호 목곽묘→1호 목곽묘→4호 석실묘·5호 석실묘→3호 석실묘의 순으로 상대편년 할 수 있다.

1) Ⅱ-1호 목곽묘

도55-2~5의 대금구는 도55-6·7의 합천 옥전M1호분과 유사하다. 山本孝文는 수촌리Ⅱ-1호의 것이 옥전M1호보다 선행하는 형식으로 분류하고 있다.[184] 물론 동감하는 바인데, 과판의 형태를 비교하면 1단계 이상의 차이는 인정되지 않는다.

마구를 비교하면 도55-8의 재갈은 도55-9와, 도55-15·16의 등자는 도55-19의 옥전 M2호분과 유사한 형식이다. 또한 지산동(영)3호·30호 석곽묘 출토 등자와도 유사하다. 선술한 도7과 같이 이 등자들은 5세기3/4분기로 편년되지만 이 등자들이 출토된 고분들은 동반유물의 검토에서 5세기3/4후반~4/4전반으로 편년된다.

한편 도55-11의 盛矢具는 土屋隆史의 短冊形C群으로 분류되는 형식이다.[185] 이와 같은 형식의 성시구는 합천 옥전M3호분, 눌지왕릉으로 비정되는 경주 황남대총 남분, 황남대총 북분, 임당2호분 북부곽에서 출토되었다. 도55-11의 성시구는 吊手金具가 3단으로 연결되어 있는데 이는 황남대총 남·북분 출토품과 동일한 형식으로 吊手金具가 2단으로 연결되고, 하반부가 돌출된 옥전M3호분 성시구보다 고식에

---

184) 山本孝文, 2013, 「수촌리 고분군 출토 대금구의 계통」, 『수촌리유적의 고고학적 성과와 의의』 공주 수촌리유적 발굴 10주년 기념 국제학술대회, 공주시·충청남도역사문화원.
185) 土屋隆史, 2011, 「古墳時代における胡籙金具の變遷とその特質」, 『古文化談叢』第66集, 九州古文化研究會.

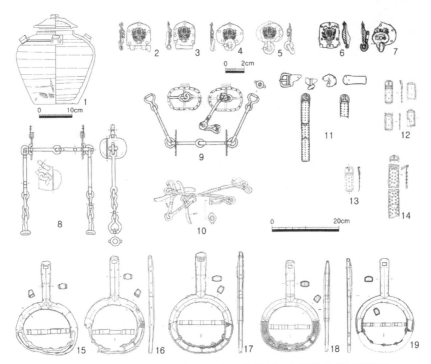

1~5,8,11,15,16.수촌리Ⅱ-1호. 6,7.옥전M1호.9,19.옥전M2호. 10,17.지산동(영)석곽묘3호.
12.황남대총 남분. 13.황남대총 북분. 14.경산 임당2호분 북부곽. 18.지산동(영)30호주곽.

도 55 | 수촌리Ⅱ-1호분의 편년 비교자료

해당된다. 6세기1/4분기로 편년되는 도55-14의 경산 임당2호분 북부곽 성시구 역시
못의 개수가 많고 각 단이 긴 속성에서 Ⅱ-1호분 성시구보다 신식이다. 각 단의 길
이가 도55-12·13의 황남대총 것보다 길고 못의 개수가 많은 것에서 5세기4/4분기 전
반으로 편년되는 도55-14의 황남대총 북분 출토 성시구와 유사하다. 그런데 吊手金
具 각 단의 길이가 황남대총 북분 것보다 길고, 못의 개수도 많으므로 엄밀히 구분
하면 황남대총 북분의 성시구가 상대적으로 선행한다고 볼 수 있다. 그러나 이는 동
단계 내에서 新古의 차이 정도인 것으로 판단된다.

이상과 같이 유물의 교차연대와 전체 유물의 조합양상에서 수촌리Ⅱ-1호 목곽묘

는 5세기4/4분기의 전반으로 편년할 수 있다.

2) Ⅱ-3호 석실묘

Ⅱ-3호 석실묘 토기는 도54-15·16에서 보듯이 수촌리Ⅱ지점 출토 토기 중 가장 후행하는 형식이다. 또한 도56-25의 壺鐙과 같이 상기 분묘 출토 마구와 비교해도 가장 신식의 마구가 동반되었다. 이러한 호등은 이상율의 목심호등Ⅰa식인 도56-28의 옥전75호분, 반계제 다A호분보다 후행하며, 목심호등Ⅰb식인 도56-30의 경산 임당 6A호분, 고성 내산리28-1곽 출토 호등과 동형식이다[186]. 씨의 목심호등Ⅰa식인 전자는 6세기1/4분기로 편년되고 Ⅰb식인 후자는 각각 6세기2/4분기 전반과 6세기2/4분기 후반~3/4분기 전반으로 편년된다. 그런데 도56-25의 호등은 윤부가 삼각형에 가깝고 답수부에 방두정이 있는 것에서 현수공의 형태를 제외하면 도56-26·27의 日本 和歌山縣 大谷古墳 출토 등자와도 유사한데, 大谷古墳은 6세기2/4분기로 편년된다[187].

이상에서 수촌리Ⅱ-3호 석실묘는 유물의 교차비교에서 6세기2/4분기로 편년되지만 도56-23의 토기는 도56-16 및 도56-15와 격단의 차이가 인정되지 않는 것에서 6세기2/4분기 전반의 연대가 산정된다.

3) Ⅱ-4호 석실묘

Ⅱ-4호 석실묘는 도56-1·2와 같이 두 형식의 직구호계 토기가 출토되어 추가장이 행해졌을 가능성이 아주 높다. 출토된 도56-3의 등자는 5세기4/4분기 전반으로 편

---

186) 李尙律, 2007, 「삼국시대 호등의 출현과 전개」, 『한국고고학보』 65輯, 韓國考古學會.
187) 金斗喆, 2006, 「三國·古墳時代 年代觀」, 『한일 고분시대의 연대관』 歷博國際研究集會, 國立歷史民俗博物館·韓國 國立釜山大學校 博物館.

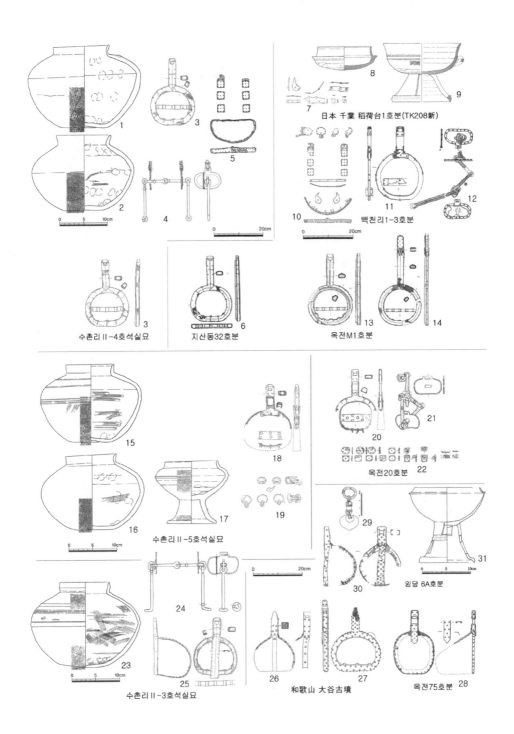

日本 千葉 稲荷台1호분(TK208新)

백천리1-3호분

수촌리Ⅱ-4호석실묘

지산동32호분

옥전M1호분

수촌리Ⅱ-5호석실묘

옥전20호분

옥전75호분

임당 6A호분

수촌리Ⅱ-3호석실묘

和歌山 大谷古墳

도 56 | 수촌리Ⅱ-3호·4호·5호묘 출토유물의 편년 비교자료

년되는 신라양식 고배가 출토된 도56-6의 지산동32호분 출토 등자 및 같은 시기로 편년되는 옥전M1호분 출토 등자와 유사하다.

도56-5의 성시구는 도56-10의 함양 백천리1-3호분 출토품, 합천 반계제 가A호분 출토품 및 도56-7의 日本 千葉 稻荷台1호분 출토품과 유사하다. 그런데 도56-7의 日本 千葉 稻荷台1호분 성시구의 수납부금구는 山字形 대금구의 초현 형태이므로 백천리1-3호분 성시구와 반계제 가A호분 성시구가 유사성이 더 강하다. 백천리1-3호분과 반계제 가A호분은 6세기1/4분기로 편년되고, 稻荷台1호분은 도56-8·9의 TK208新相의 須惠器가 동반되어 5세기4/4분기 후반이전으로 소급시킬 수 없다.

그러므로 Ⅱ-4호 석실묘는 5세기4/4분기 후반~6세기1/4분기로 편년된다. 도56-1의 토기는 도50-12와, 도56-2는 도50-15와 비교되는 것에서 도56-1의 토기가 보다 고식이며, 도56-2의 토기는 보다 신식으로 성시구와 함께 추가장 때 부장된 것으로 볼 수 있다.

이처럼 출토 유물의 검토에서 수촌리Ⅱ-4호 석실묘는 5세기4/4분기 후반에 조영되고, 6세기1/4분기에 추가장이 행해졌을 가능성이 높다.

4) Ⅱ-5호 석실묘

Ⅱ-5호 석실묘는 도56-15·16과 같은 토기의 양상으로 볼 때 Ⅱ-4호 석실묘와 동일단계에 해당된다. 도56-17의 대부호는 도53-3의 송원리 KM003 석곽묘 출토 대부호와 동일 계열의 토기이다. 송원리 KM003 석곽묘는 앞에서 언급한 바와 같이 5세기4/4분기로 편년된다. 따라서 Ⅱ-4호 석실묘와 동일 단계인 Ⅱ-5호 석실묘에서 출토된 도56-17의 대부호는 도53-3의 송원리 KM003 석곽묘 출토품보다 후행하는 형식이며 추가장의 부장유물로 판단된다. 성시구는 5세기4/4분기 전반으로 편년되는 도56-22의 옥전20호분 출토품과 비교되는데, 등자의 경우 6세기1/4분기로 편년되는 도56-11의 함양 백천리1-3호분 등자와 유사성이 강하다.

이상에서 II-5호 석실묘도 역시 5세기4/4분기에 조영되고, 6세기1/4분기에 추가 장 된 분묘로 편년된다.

2. 송원리 KM016 · KM046 석실묘의 연대

송원리 유적에서는 다수의 석실묘가 조사되었는데, 상기의 두 석실묘는 다른 유적에서는 잘 확인되지 않는 말각 방형에 현실벽면이 약간 볼록하게 돌출된 평면에 연도는 중앙에서 약간 좌측으로 치우쳐 있다. 이 두 고분에서는 해당시기의 영남고 고자료와 교차비교 가능한 유물이 출토되었다.

송원리 KM003 석곽묘는 KM016 석실묘와 중복되어있다. KM016 석실묘의 연도에 부속된 溝가 KM003 석곽묘의 일부를 파괴하고 조성되어 있다. 선술 한 바와 같이 KM003 석곽묘의 연대가 5세기4/4분기로 편년되는 것을 감안하면 KM016 석실묘의 연대는 6세기로 편년되며, 5세기대로 소급될 수 없다.

도52-27의 KM016 석실묘 출토 성시구는 6세기1/4분기로 편년되는 도52-28의 함양 백천리1-3호분 성시구와 아주 유사하다. 또한 도52-11의 출토 고배는 동일한 유구형태를 가진 KM046 석실묘에서 출토된 도52-9의 고배와 비교하면 구연부의 외경도가 강하고 배신부가 더 얕아지는 것에서 KM016 석실묘 고배가 보다 신식임을 알수 있다. KM046 석실묘는 앞서 언급한 바와 같이 6세기2/4분기의 소가야양식 토기가 동반되고, KM016은 성시구가 6세기1/4분기로 편년되는 백천리1-3호분 출토 성시구와 동일 형식인 것에서 두 분묘는 동 단계로 편년된다. 즉 KM016 석실묘는 고배가 추가장 때의 부장유물이고, KM046 석실묘는 소가야양식 토기와 직구호가 추가장의 부장유물일 가능성이 높다.

이처럼 두 석실묘는 6세기 전반으로 편년되는데, 6세기1/4분기에 조영되고 2/4분기에 추가장 된 것으로 판단된다. 또한 도52-5의 수촌리 II-5호 석실묘 출토 고배

가 두 고분에서 출토된 고배보다 고식인 것도 역시 두 고분이 6세기 전반으로 편년되는 연대를 방증한다.

이상에서 송원리 KM016 석실묘와 KM046 석실묘는 보고서와 기왕의 연구[188]와 같이 한성기가 아니라 6세기 초엽에 조영된 고분임을 알 수 있다.

3. 수촌리 유적 출토 금공품

1) 금제 이식

도57은 수촌리 유적에서 출토된 이식과 동일한 계통을 가진 이식을 형식 조열한 것이다.

이 변천과정에 의하면 도57-3의 수촌리Ⅱ-1호 목곽묘 출토 이식은 도57-2의 원주 법천리1호분 이식보다 형식화 된 것이다. 원주 법천리1호분은 금동제 이식과 청동제 초두 등이 출토되어 유물 부장양상에서 수촌리Ⅱ-1호에 비견되는 유구이다. 동반된 등자는 수촌리Ⅱ-1호와 유사한 형식이지만, 표비는 함에 철사를 감고 함 외환의 직경이 큰 속성으로 수촌리Ⅱ-1호 재갈보다 고식이다. 이러한 재갈은 도51-10의 오산 수청동4-5호 주구목관묘의 재갈과 동일한 형식이다. 따라서 등자의 유사성은 인정되지만 재갈과 이식의 형식에서 원주 법천리1호분이 수촌리Ⅱ-1호보다 선행한다. 법천리1호분은 오산 수청동4-5호 주구묘와 동일한 5세기3/4분기로 편년되므로, 수촌리Ⅱ-1호 이식은 5세기4/4분기 전반으로 편년된다.

도57-5의 수촌리Ⅱ-4호 석실묘 이식은 수하식이 물방울 모양의 선행 형식과 달리 열쇠구멍의 모양으로 변한 형태이다. 환 부분도 꼰 정도가 강한 것에서 가장 후행하

---

188) 金武重, 2013, 「百濟漢城期横穴式石室墳の構造と埋葬方法」『古文化談叢』第69集, 九州古文化研究會.

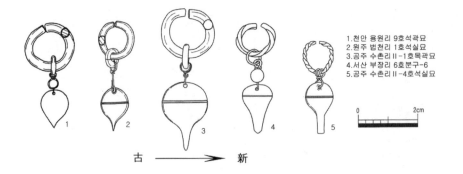

1.천안 용원리 9호석곽묘
2.원주 법천리 1호석실묘
3.공주 수촌리Ⅱ-1호목곽묘
4.서산 부장리 6호분구-6
5.공주 수촌리Ⅱ-4호석실묘

0   2cm

古 ———→ 新

도 57 | 백제고분 출토 이식의 변천양상

는 형식으로 볼 수 있다. 수촌리Ⅱ-1호와 수촌리Ⅱ-4호 사이에 도57-4의 부장리6-6호 이식과 도39-18의 부장리5-1호 출토 이식이 게재된다[189]. 따라서 금동제 식리가 동반된 부장리6-6호는 5세기4/4분기 후반, 금동제 관모와 식리, 초두가 부장된 부장리5-1호는 6세기1/4분기 전반으로 편년된다. 수촌리Ⅱ-4호 이식보다 선행하는 부장리 출토 이식을 감안하면 수촌리Ⅱ-4호 이식은 6세기1/4분기 후반으로 편년되므로 추가장의 부장유물일 가능성이 높다.

2) 금동제 위세품의 검토

수촌리 유적에서 출토된 대표적인 금동제 위세품은 관모와 식리를 들 수 있다. 이 유물들은 기존의 통설에 의하면 한성 중앙에서 효과적인 지방통제를 위해 사여된 것으로 해석하고 있다[190]. 그리고 한성백제 지방통치체제인 檐魯制의 관련물품

---

189) 부장리 5-1호 이식은 동 단계 내에서 新古차이로 볼 수 있다.
190) 李漢祥, 2009,『裝身具 賜與體系로 본 百濟의 地方支配』, 서경문화사.
　　이훈, 2012,「금동관을 통해 본 백제 지방통치와 대외교류」,『百濟硏究』第55輯, 忠南大學校 百濟硏究所.

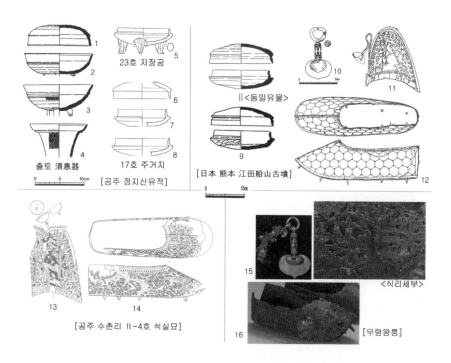

도 58 | 백제 유적 출토유물과 日本 江田船山古墳 출토유물의 비교

또는 王·侯·將軍號와 같은 관작제와 관련된 물품으로 해석하기도 한다[191].

그런데 이러한 해석은 수촌리를 비롯한 입점리, 부장리 등에서 출토된 금동제 위세품들을 모두 475년 이전 한성기의 것으로 편년하고 내린 결론이다.

吉井秀夫는 도58-11의 日本 熊本 江田船山古墳 출토 관모가 도58-13의 수촌리 Ⅱ-4호 금동관모와 동일한 문양구성과 구조적 특징을 가지는 것에서 계통적으로 관련된다고 하였다[192]. 이훈은 이러한 계통적 관련성을 인정하여 江田船山古墳 관모가

---

191) 이훈, 2012,「금동관을 통해 본 백제 지방통치와 대외교류」,『百濟硏究』第55輯, 忠南大學校百濟硏究所.
　　　이훈, 2013,「수촌리 고분군 발굴조사 성과와 의의」,『수촌리유적의 고고학적 성과와 의의』공주 수촌리유적 발굴 10주년 기념 국제학술대회, 공주시·충청남도역사문화원.
192) 吉井秀夫, 2011,「百濟의 冠과 日本의 冠」,『百濟의 冠』, 국립공주박물관.

수촌리 II-4호 관모보다 약간 후행하는 것으로 두면서 두 유구 모두 5세기 전반으로 편년하였다.

본장에서는 江田船山古墳의 연대를 검토하여 수촌리 유적을 비롯한 인근 유적 출토 관모와 식리의 연대가 과연 한성기에 한정되는지 살펴보겠다.

江田船山古墳의 연대는 김두철에 의해 정치한 연구가 행해진바 있으며, 씨는 이 연구에서 일본 내의 편년연구사도 함께 검토하였다[193]. 씨는 江田船山古墳의 연대를 6세기2/4분기 전반으로 편년하고, 추가장이 있었다면 6세기2/4분기 후반 혹은 6세기 중엽에 한 번의 추가장을 고려하고 있다. 또한 씨는 연구사검토에서 일본 내에서의 江田船山古墳의 연대는 5세기 말~6세기 후반으로 편년된다고 하였다.

주지하다시피 도58-10의 江田船山古墳 이식과 도58-15의 무령왕릉 이식은 동일한 형식의 것임은 틀림없다.

도58-9의 江田船山古墳 출토 개배는 도58-6~8의 공주 정지산 17호주거지 개배 및 도58-5의 정지산 23호저장공 출토 삼족기의 배 부분과 아주 유사하다. 23호저장공에서는 삼족기와 함께 사격자문이 양각으로 압인되고 승문이 타날 된 塼片이 출토되었다. 보고서에서는 백제 塼의 초현이 6세기 초임을 감안하여 이 塼片의 상한을 6세기 초로 보고 중심지의 대벽건물들의 조성시점을 520년 전후로 편년하고 있다[194]. 따라서 23호저장공 출토 塼片을 기준으로 한다면 동반된 삼족기는 6세기1/4분기가 상한이고, 도52-10·12의 삼족기와 유사한 것에서 6세기 2/4분기로 편년할 수 있다.

또한 공주 정지산에서 출토된 도58-1~4의 須惠器는 모두 TK47형식에 한정된 것이다[195]. TK47형식 須惠器는 현재 일본 연대에 의하면 5세기 후반으로 편년되지

---

193) 金斗喆, 2001, 「大加耶古墳의 編年 檢討」『韓國考古學報』45輯, 韓國考古學會.

194) 國立公州博物館, 1999, 『艇止山』, 국립공주박물관·(주)현대건설.

195) 木下 亘, 2003, 「韓半島 出土 須惠器(系)土器에 대하여」, 『百濟研究』第37輯, 忠南大學校 百濟研究所.

만,[196] 田辺昭三의 고전적 연대는 6세기 초,[197] 낙동강 하류역의 도질토기와 교차연대에 의하면 6세기1/4분기 후반으로 편년된다[198].

정지산 유적의 대벽건물은 왕과 왕족의 장례와 관련된 빈전 내지는 국가적 의례를 위해 특수 목적으로 조성된 건물이었다면 주변의 소형수혈과 주거유구들은 그와 관련된 부속시설일 가능성이 높을 것이다. 이 대벽건물지의 조성시점이 백제에서 塼의 출현시점 및 무령왕릉 출토 塼의 연화문과 비교되는 연화문 와당 그리고 무령왕과 왕비의 장례시점을 감안하여 520년경으로 편년된다면 주변의 부속시설과 출토유물의 연대 역시 이 연대를 크게 벗어나지는 못할 것이다. 그러므로 정지산 출토 TK47형식의 須惠器 역시 520년을 전후한 시기로 편년되며, 이는 일본의 고전적 須惠器연대 및 도질토기와의 교차연대에 더욱 부합된다[199].

도58-12의 江田船山古墳 출토 식리는 6각형의 벌집모양의 문양구조인데, 도58-16의 무령왕릉 식리 역시 벌집모양의 6각형 내부에 투조된 문양이 있는 구조이다. 따라서 식리 역시 이식처럼 무령왕릉 출토품과 공통속성이 확인된다.

이상의 검토에서 江田船山古墳의 연대는 김두철이 편년한 바와 같이 6세기2/4분기로 편년됨을 알 수 있다. 따라서 江田船山古墳의 관모와 동일한 문양구성과 구조

---

196) 田中淸美, 2007,「연륜 연대법으로 본 초기 須惠器의 연대관」,『한일 삼국·고분시대의 연대관 (Ⅱ)』, 부산대학교박물관·국립역사민속박물관 제2회 국제학술회의.

197) 田辺昭三, 1966,『陶邑古窯址群Ⅰ』, 平安學園.
田辺昭三, 1981,『須惠器大成』, 角川書店.

198) 金斗喆, 2006,「三國·古墳時代 年代觀」,『한일 고분시대의 연대관』歷博國際硏究集會, 國立歷史民俗博物館·韓國 國立釜山大學校博物館.

洪潽植, 2006,「加耶·新羅土器, 須惠器의 竝行關係」,『한일 고분시대의 연대관』歷博國際硏究集會, 國立歷史民俗博物館·韓國 國立釜山大學校博物館.

申敬澈, 2009,「韓國考古資料로 본 日本 古墳時代 연대론의 문제점」,『한일 삼국·고분 시대의 연대관(Ⅲ)』歷博國際硏究集會, 日本國 人間文化硏究機構 國立歷史民俗博物館· 大韓民國 國立釜山大學校博物館.

金一圭, 2011,「陶質土器의 觀點에서 본 初期須惠器의 年代」,『國立歷史民俗博物館硏究報告』第163集.

199) 이는 무령왕릉 호석 아래에서 TK23형식의 須惠器가 출토된 것에서도 뒷받침된다.

Ⅴ. 웅진기의 한성양식

적 특징을 가지고 약간 선행된다는 수촌리Ⅱ-4호의 관모는 5세기4/4분기~6세기1/4 분기의 연대를 벗어날 수 없을 것이다.

금동제 관모와 식리 등의 위세품은 위에서 검토한 연대를 감안하면 백제 한성기에 한성 중앙에서 지방 지배를 위해 사여한 물품이라고 단언 할 수 없다. 만약 한성 중앙에서의 賜與品이라고 한다면 장시간의 전세를 제외하고는 달리 해석할 방법이 없다. 현재 자료로서는 용원리9호 석곽묘 출토 금동관모편이 5세기2/4분기로, 원주 법천리1호의 식리가 5세기3/4분기로 편년될 뿐 나머지는 모두 웅진기에 해당된다. 따라서 수촌리 유적과, 부장리 유적, 입점리 석실묘 등에서 출토된 금동제 유물들의 성격에 대한 재해석의 여지는 충분하다고 생각한다.

4. 소결

풍납토성, 몽촌토성, 석촌동고분 출토 토기자료에 의하면 적어도 6세기1/4분기까지 한강유역에서 한성양식은 유지되었다. 따라서 『삼국사기』의 475년 한성의 일시적 함락과 웅진천도는 한성양식 백제고고자료의 하한이 될 수 없으며, 또한 475년~523년까지 확인되는 한성, 한산성의 문헌기사도 무시될 수 없는 사료임을 알 수 있었다. 그러므로 최소한 6세기1/4분기까지 한성지역은 백제의 영유권에 있었다고 보는 것이 더 합당할 것이다.

475년 이후 한성지역의 영유권이 고구려로 넘어갔다는 설에 근거하여 몽촌토성 85-3호저장공 출토 TK23형식 須惠器가 475년 이전에 수입된 것이며, 이를 日本 埼玉縣 '稻荷山古墳의 辛亥銘철검 연대(471년) = 古墳築造연대 = 분구 출토 須惠器 (TK23 또는 TK47)연대'의 방증자료로 제시한 견해[200]는 재고되어야 할 것이다.

---

200) 木下亘, 2003, 「韓半島 出土 須惠器(系)土器에 대하여」, 『百濟研究』第37輯, 忠南大學校 百濟 研究所.

수촌리 유적 Ⅱ지점의 분묘와 연기 송원리 유적의 KM016·KM046 석실묘를 검토한 결과 수촌리Ⅱ-2호 목곽묘를 제외하고는 기존의 통설과 달리 모두 웅진기로 편년되었다. 따라서 수촌리 유적을 비롯한 입점리, 부장리 등에서 출토된 금동제의 위세품은 한성기에 한성 중앙에서 지방 지배를 위해 사여한 물품으로 볼 수 없다.

왕과 왕족의 빈전 내지는 국가적 의례를 위해 특수목적으로 조성된 정지산의 대벽건물들은 그 조성시점이 520년 전후로 편년되었다. 이 의례건물과 관련된 부속시설의 유구에서 日本 熊本 江田船山古墳 출토 토기와 유사한 개배와 삼족기가 출토되었는데, 이 토기들은 6세기2/4분기로 편년되어 江田船山古墳의 연대를 보강할 수 있었다. 또한 정지산에서 출토된 日本 須惠器는 TK47형식에 한정되므로 정지산유적의 연대를 감안하면 일본 須惠器의 고전적 연대와 낙동강 하류유역 도질토기와의 교차연대가 현재 일본에서 주로 통용되는 須惠器 연대보다 더 타당한 연대임을 알 수 있다.

결어

한 사회가 국가적으로 발전하는 데는 큰 획기가 존재한다. 사회발전은 개개의 특징을 가진 다양한 부분들이 상호 결합되어 전체를 구성하는 과정에서 이루어지는데 개개의 부분들은 각각 그 발전과 변화과정이 반드시 동일한 시간적 속성을 가지지는 않는다. 이러한 불균등한 변화과정이 전체적으로 통합되어 제일성을 나타내는 시점이 바로 획기이며 이 단계부터 한층 진화된 사회로 접어들었다고 할 수 있다. 그러므로 사회가 변화 발전된 단계를 시간 축 상에서 획을 긋기 위해서는 반드시 편년작업이 우선되어야 한다.

이 책에서는 삼국시대의 대표적인 표준연대자료로 제시되어 온 중국의 六朝瓷器를 형식편년하고, 이에 근거하여 삼국시대 마구연대의 근거자료로 이용되고 있는 안양 효민둔154호묘와 조양 원대자벽화묘의 연대의 정합성을 재확인하였다. 이를 기반으로 하여 고구려, 가야, 백제의 마구를 형식편년 하여 표준연대자료로 제시하고 각 해당지역 연대의 정합성을 검토하였다. 이 결과 백제 유적 출토 六朝瓷器는 해당유적과 유구의 절대연대의 표준자료로 이용될 수 없었다. 고구려 우산M3319적석총 전실묘 출토 六朝瓷器를 편년한 결과 적석부에서 출토된 와당연대와 시차가 크지 않아 동 단계로 볼 수 있는 4세기2/4분기 후반의 것 및 한 단계의 격차가 나는 4세기3/4 후반~4/4 전반의 것이 확인되어 두 단계 형식으로 구분되었다. 마선2100

호 출토 六朝瓷器 또한 기존의 와당연대와 큰 격차가 확인되어 우산M3319 와당을 제외한 기년명 와당의 간지연대는 기존의 연대보다 一周 甲 내린 연대로 편년하였다. 이 편년에 근거하여 마구의 형식편년을 행한 결과 가야, 백제마구의 형식변천 양상과 동일함을 알 수 있었다.

중국의 六朝瓷器를 형식편년 하고 이를 백제 유적과 고분에서 출토된 六朝瓷器와 비교한 결과 풍납토성에서 출토된 청자완 1점만이 4세기2/4분기로 편년될 뿐 나머지 六朝瓷器는 모두 4세기 중엽 이후로 편년되었다. 특히 東吳 내지는 西晉代의 유물로 편년되던 錢文陶器는 錢文과 黑釉의 형태가 東晉 中期 이후의 속성이며, 중국 내에서도 西晉代에 이와 같은 기형의 출토 례는 확인되지 않았다. 또한 최근 南京 建康城 南朝地層에서 출토된 전문도기와 기형, 시유방법, 제작기법 등의 비교검토에서 동일한 형식이라는 논지[201]를 감안하면 이 역시 東晉 晩期~劉宋代로 편년하는 것이 합당하다. 따라서 백제 유적 출토 六朝瓷器는 근초고왕27년(372년) 東晉에 견사 한 시점부터 이후 東晉, 南朝와의 조공과 사신왕래 과정에서 입수된 유물로 보는 것이 합당할 것이다. 그러므로 통설의 3세기 말엽 마한의 西晉遣使 주체가 백제이며 그 근거로 錢文陶器를 제시한 설은 폐기되어야 할 것이다. 六朝瓷器가 출토된 고분은 동반된 마구와 성시구 등의 유물을 교차편년 한 결과 六朝瓷器의 연대와 짧게는 30년 길게는 100년의 시간차가 확인되었다. 그러므로 백제 유적 출토 六朝瓷器는 유구와 동반유물의 상한을 제시하는 자료에 한정될 뿐 백제 고고자료의 절대연대를 제시하는 표준연대자료로는 적합하지 않음을 알 수 있다.

통설에서 한성양식 백제토기 출현시점의 근거로 되어온 미사리A-1호주거지 출토방제경은 중국 三國~西晉時代에 유행한 방격사유경을 모방한 것으로 방제경인 점을 감안하면 그 상한은 西晉 이전으로 소급할 수 없다. 미사리A-1호주거지는 방제경의 상한연대와 동반유물의 검토에서 4세기 초엽으로 편년되며 이보다 후행하

---

201) 王志高, 2012,「風納土城의 세 가지 문제에 대한 試論」,『동북아시아 속의 풍납토성』(제12회 한성백제문화제 국제학술회의 발표논문집), 百濟學會.

결 어

는 중도식토기 기형에 타날수법이 혼재된 토기 즉 중도식에서 백제토기로의 과도 기적 기형이 출토된 하천리F-1호주거지와 장현리29호주거지는 한강 중하류유역 일상 토기 Ⅳ단계인 4세기3/4분기로 편년되어 한성양식 백제토기의 상한은 4세기4/4 분기를 상회할 수 없음을 알 수 있었다.

4세기3/4분기에 중도식 기형에 타날수법이 더해진 토기의 등장은 중도식토기 제작 시스템에 타날문 토기 제작 시스템이 도입되기 시작하였음을 의미한다. 이후 4세기 말엽이 되면 한성양식 백제토기로 분류되는 타날 심발과 장란형 토기가 출현한다. 또한 시루의 변화와 함께 주거지 오벽 또는 장벽 내측에 벽면과 거의 직교되게 부뚜막이 설치되는 등 취사구조에서도 변화가 나타난다. 그리고 4세기4/4분기를 시점으로 풍납토성의 성원취락이 시작되는 등 일상생활의 측면에서는 4세기4/4분기에 획을 그을 수 있는 변화가 확인되었다.

4세기 전반의 중엽부터 아산만 일대의 경기 서남부지역과 미호천유역에서는 매장주체와 유물부장공간을 별도로 하고, 타날 단경호와 심발형 토기를 유물조합으로 하는 주구묘가 동시기적으로 조영되었다. 4세기3/4분기에 이 주구묘는 해당지역의 기존의 재지 묘제를 완전히 구축하고 일반화되었다. 동시에 중도식 무문토기 속성을 탈피한 심발형 토기와 마구가 부장되기 시작한다. 4세기4/4분기가 되면 격자문타날 심발로 대체되고, 유적 내에서 규모가 구별되는 대형주구묘가 조영되는데 매장주체는 목곽묘 구조이며 대부분 마구와 철정, 환두대도가 부장된 양상이다. 이처럼 4세기 말엽 한성 외곽지역인 아산만~미호천유역 고분에서 이와 같은 통일된 무덤양상이 확인된다.

아산만이남~금강유역에는 주구묘와 다른 분구묘 형태의 무덤이 조영되었는데, 5세기 초엽이 되어서야 격자문타날 심발형 토기와 흑색마연직구호와 같은 한성양식 백제토기가 출현한다. 그러나 여전히 재지속성이 강한 토기가 동반되는데, 5세기 중엽이 되어서야 재지속성이 희석되고 한성양식 백제토기가 주로 부장된다.

이상의 양상으로 볼 때 아산만~미호천유역에는 4세기 중엽이후 기존의 재지세

력과는 완전히 다른 정치세력이 존재하였음을 알 수 있다. 4세기 말부터 분묘 부장 토기유물의 양상이 전형적인 한성양식 백제토기인 점을 감안하면 이 세력은 백제 중앙과 직접적으로 관련된 세력으로 유추되며 이 단계부터 백제의 영역 권으로 편입되었다고 볼 수 있다. 그러나 그 이남의 금강유역은 5세기 중엽이 되어서야 본격적으로 백제의 영역 권에 편입되었음을 알 수 있다.

석촌동고분을 비롯한 한성지역의 백제 중심고분은 급격한 도시화로 대부분 멸실되어 그 양상을 확인할 수 없지만, 4세기 말엽부터 가락동2호분과 같은 즙석봉토분이 조영되었다. 가락동2호분은 4세기 말에서 5세기 전반에 걸쳐 조영된 유구이다. 가락동2호분에서 출토된 흑색마연직구호는 4세기 말에 출현하지만 삼족반과 삼족기, 고배 등 전형적인 한성양식으로 분류되는 토기는 5세기 전반이 되어서야 완비된다. 석촌동고분군의 적석총은 적석부 주변과 적석부 내부 출토유물을 검토한 결과 5세기 중엽을 상한으로 하는 연대가 도출되었다. 따라서 적석총은 5세기3/4분기를 중심으로 하는 5세기 중엽 무렵에 조영된 묘제임을 알 수 있었다. 또한 적석총의 상한연대결정 자료로 이용되어온 3호분 동쪽 토광묘군은 역시 5세기 후반으로 편년되어 적석총과 동 단계 내지는 후행하는 분묘군임을 확인하였다.

풍납토성은 축성이전의 3중 환호의 폐기시점과 성벽 초축토루 내부 출토 고구려 토기의 검토에서 그 축성 상한이 4세기4/4분기로 편년되므로 4세기 말 또는 5세기 초엽에 성원취락이 성립되었음을 알 수 있었다.

풍납토성과 같은 대형성곽의 축성은 막대한 노동력과 경제력을 기반으로 한다. 이 정도의 노동력과 경제력을 확보할 수 있는 사회라면 일정수준 이상의 경제구조와 사회적 이데올로기가 완성된 단계로 볼 수 있다. 이는 일정한 발전단계의 생산력과 동질성을 가진 개개의 집단이 동일한 생산관계 속에서 영위하고, 이 생산관계들의 총체가 사회의 경제구조를 형성한 단계임을 의미한다. 경제적 구조는 정치·법률적 상부구조의 토대가 되고 또한 그 실질적 토대에 상응하는 사회적 의식이 생겨난다고 하는 국가적 개념의 일면으로 해석할 수 있다.

백제 한성양식으로 취급되던 각각의 요소들이 시간적으로 제일성을 띠는 시점은 5세기 전반부터이다. 백제가 정치체로서의 국가적 성격을 갖추기 시작하는 것은 4세기 중후반부터이지만 일상적·경제적·이데올로기적 모든 부분에서 齊一性을 띠는 즉 백제의 정치체적 국가시스템이 완성된 시점은 5세기 전반임을 알 수 있다.

흑색마연직구호 계열의 토기와 삼족기, 고배, 장동호 등의 토기를 형식편년 한 결과 풍납토성과 몽촌토성은 물론, 경기도 화성시 석우리 먹실 유적 등에서 6세기 1/4분기로 편년되는 백제토기가 존재함을 알 수 있었다. 이는 이 단계까지 한성유역에서 한성양식이 유지되었다는 것을 의미한다. 그러므로 475년 장수왕에 의한 한성의 일시적 함락사건은 더 이상 백제 한성양식의 하한이 될 수 없다. 이는 다만 백제토기의 편년문제에만 머물지 않는다. 몽촌토성을 비롯한 한강 이남의 경기지역에서 출토된 고구려 고고자료의 연대 또한 475년이라는 틀에 얽매여있는 것이 현실이므로 이에 대한 편년적 재검토도 동시에 행해져야 할 것이다.

공주지역의 대표적 한성기 고분으로 편년되어온 공주 수촌리 유적 II 지점 고분과 연기 송원리 유적의 KM016·KM046 석실분은 상기의 유물 형식편년 및 동반된 가야양식 토기를 비롯하여 신라, 가야고분 출토 자료와 교차편년을 행한 결과 475년 이후의 웅진기에 해당되는 고분으로 편년되었다. 한편 금동관모, 식리 등의 위세 유물이 출토된 고분은 원주 법천리1호분, 천안 용원리9호 석곽묘를 제외하면 모두 웅진기로 편년되었다[202]. 따라서 기존의 통설에서 한성중앙의 지방지배 방식의 일환으로 취급되어온 이러한 위세 유물들의 성격에 대한 재해석이 필요하다. 이와 동시에 공주지역에서 기존에 한성기로 편년되던 고고자료들에 대한 연대의 재검토도 행해져야 할 것이다. 이러한 웅진기 고고자료에 대한 재검토가 행해지면 영산강유역의 봉토분구묘와 전방후원형 고분에 대해서도 기존의 견해와 방식과는 다른 새로운

---

202) 최근 발굴 조사된 화성 요리고분에서 출토된 금동관모는 동반철기유물로 보아 5세기후반으로 편년되는데, 그 형식이 옥전23호분과 유사한 것에서 5세기3/4분기로 편년될 가능성도 있다. 그러나 보다 정확한 연대는 보고서가 간행된 후에 검토해야 알 수 있을 것이다.

접근과 해석이 가능할 것으로 생각된다.

이상 백제 고고학에서의 쟁점으로 되고 있는 부분들에 한하여 그 편년을 검토하여 새로운 연대를 제시해 보았다. 이 편년은 백제 고고학 전체를 아우를 수 있는 것이 아니라 아주 일부분적인 것에 불과하다. 백제 고고학 전체의 편년을 행하는 것은 요원한 문제이다. 이 문제를 해결하기 위해서는 서두에서 언급하였듯이 소지역별 고고자료의 정치한 분석을 통한 재정리의 필요성이 요구된다. 한성중앙의 영역화 과정 내지는 지방지배 방법 등의 정의에 앞서 해당 소지역별 고고자료에 대한 공간적·시간적 양식설정 작업이 우선되어야 할 것이다. 이러한 해당 소지역별 고고학적 편년작업이 완료되면 이들의 횡적 비교를 통한 상대연대작업이 진행되어야 할 것이다. 이러한 기초적 작업이 완료된 연후에 해당시기 타 지역자료와 이전 또는 이후 시대 고고자료와의 비교연구 및 사회상 복원 등의 고고학적 정의가 다루어져야 할 것이다.

| 참고문헌 |

(국문)

姜元杓, 2004, 「百濟 三足土器의 擴散·消滅過程에 대한 一考察」, 『湖西考古學』제 10집, 湖西考古學會.

강인구, 1994, 『三國時代 遺蹟의 調查研究2-華城白谷里 古墳-』韓國精神文化研究院.

강종원, 2013, 「공주 수촌리 백제고분군 조영세력」, 『수촌리유적의 고고학적 성과 와 의의』공주 수촌리유적 발굴 10주년 기념 국제학술대회, 공주시·충청남도역사 문화원.

高口健二, 1995, 『樂浪古墳文化 研究』, 學硏文化社.

顧蘇寧, 2011, 「百濟遺蹟 出土 中國靑瓷와 南京出土 靑瓷와의 비교」, 『中國六朝 의 陶磁』, 국립공주박물관·남경시박물관.

邱曉勇·朱敏, 2011, 「六朝靑瓷의 재임기술(際燒工藝)에 관한 연구」, 『中國六朝의陶磁』, 국립공주박물관·남경시박물관.

國立公州博物館, 1999, 『艇止山』, 국립공주박물관·(주)현대건설.

국립공주박물관, 2005, 『백제문화 해외조사 보고서Ⅴ』, 공주박물관 연구총서 제16 책.

權五榮, 2002, 「풍납토성 출토 외래유물에 대한 검토」, 『百濟研究』36, 충남대학교 백제연구소.

權五榮, 2011, 「漢城百濟의 時間的 上限과 下限」, 『百濟研究』53, 충남대학교 백제 연구소.

권학수, 2003, 「청당동유적의 고고학적 특징과 사회적 성격」, 『湖西考古學』제8집, 湖西考古學會.

吉井秀夫, 2011, 「百濟의 冠과 日本의 冠」, 『百濟의 冠』, 국립공주박물관.

金光億, 1988, 「國家形成에 관한 人類學이론과 모형」, 『韓國史 市民講座』, 一潮閣.

김기섭, 2007, 「백제의 건국 시기와 주체세력」, 『-2007년 추계 학술대회- 한성 백 제의 역사와 문화』, 한국고대학회.

김기섭, 2011, 「백제 漢城都邑期 연구 동향과 과제」, 『百濟文化』제44집, 공주대교 백제문화연구소.

김길식, 2014, 「2~3世紀 漢江 下流域 鐵製武器의 系統과 武器의 集中流入 背景」, 『百濟文化』제50집, 공주대학교 백제문화연구소.

김낙중, 2013, 「백제 묘제 연구에서 공주 수촌리 고분군이 갖는 의미」, 『수촌리유 적의 고고학적 성과와 의의』공주 수촌리유적 발굴 10주년 기념 국제학술대회,공주시·충청남도역사문화원.

金斗喆, 2000, 『韓國 古代 馬具의 研究』, 동의대학교대학원 박사학위논문.

金斗喆, 2001, 「大加耶古墳의 編年 檢討」, 『韓國考古學報』45輯, 韓國考古學會.

金斗喆, 2006, 「三國·古墳時代 年代觀」, 『한일 고분시대의 연대관』歷博國際研究集 會, 國立歷史民俗博物館·韓國 國立釜山大學校博物館.

金斗喆, 2011, 「皇南大塚 南墳과 新羅古墳의 編年」, 『韓國考古學報』80輯, 韓國考 古學會.

金武重, 2006, 「江原地域 原三國時代 土器編年」, 『江原地域의 鐵器文化』2006년 추계학술 대회 발표논문집, 강원고고학회.

김무중, 2013, 「戰國灰陶 및 樂浪土器와 中部地域 打捺文土器의 展開」, 『中部地 域 원삼국시대 타날문토기의 등장과 전개』제10회 매산기념강좌, 숭실대학교 한 국기독교박물관.

金새봄, 2011, 「原三國後期 嶺南地域과 京畿·忠淸地域 鐵矛의 交流樣相」, 『한국고 고학보』제81집, 한국고고학회.

金成南, 2000, 「中部地方 3~4世紀 古墳群 一研究」, 서울대학교 대학원 석사학위 논문.

金成南, 2004, 「백제 한성양식토기의 형성과 변천에 대하여」, 『考古學』3-1, 서울 경기고고학회.

金成南, 2006, 「百濟 漢城時代 南方領域의 擴大過程과 支配形態 試論」, 『百濟研 究』44, 충남대학교 백제연구소.

金榮官, 2000, 「百濟의 熊津遷都 背景과 漢城經營」, 『忠北史學』11·12合, 충북대사 학회.

金一圭, 2007, 「漢城期 百濟土器 編年再考」, 『先史와 古代』27.

김일규, 2011, 「남해안지역 須惠器(系)토기의 출현배경과 의의」, 『삼국시대 남해안 지역의 문화상과 교류』2011 第35回 韓國考古學全國大會 發表資料集, 韓國考古 學會.

김일규, 2011, 「봉명동유적을 통해 본 심발형 토기의 출현의의」, 『考古廣場』8, 釜 山考古學研究會.

金一圭, 2011, 「陶質土器의 觀點에서 본 初期須惠器의 年代」, 『國立歷史民俗博物 館研究報告』第163集.

김일규, 2012, 「考察」, 『可樂洞二號墳』, 고려대학교박물관·서울문화유산연구원.

김일규, 2013, 「한강 중·하류역 2~5세기 일상토기 변천」, 『考古廣場』12, 釜山考古 學硏究會.

김일규, 2013, 「가락동2호분 출토유물을 통한 조영시기 재검토」, 『백제학보』제10 호.

김일규, 2014, 「웅진기 백제양식 연대시론」, 『百濟文化』第50輯, 公州大學校 百濟 文化硏究所.

金壯錫, 2010, 「忠淸北道地域 原三國時代土器 相對編年:淸州, 淸原, 天安을 중심 으로」, 『한국고 고학보』제77집, 한국고고학회.

金志硏, 2013, 「小加耶樣式 土器의 編年 硏究」, 『考古廣場』12, 釜山考古學硏究會.

김현숙, 2009, 「475년~551년 한강유역 領有國 論議에 대한 검토」, 『鄕土서울』第 73號, 서울特別 市史編纂委員會.

노태돈, 2005, 「고구려의 한성 지역 병탄과 그 지배 양태」, 『鄕土서울』66, 서울特 別市史編纂委員會.

桃崎祐輔, 2006, 「馬具からみた古墳時代實年代論」, 『한일 고분시대의 연대관』歷博 國際硏究集會.

桃崎祐輔, 2009, 「고구려 왕릉 출토 기와·부장품으로 본 편년과 연대」, 『고구려 왕 릉 연구』, 동북 아역사재단.

東潮, 2009, 「고구려 왕릉과 능원제」, 『고구려 왕릉 연구』, 동북아역사재단.

藤井康隆, 2013, 「대성동 88호분의 진식대금구(晉式帶金具)와 중국·왜」, 『최근 大 成洞古墳群의 발굴성과』대성동고분박물관 10주년 기념 국제학술회의·공청회, 김 해시·인제대학교 가 야문화연구소.

柳昌煥, 2007, 「加耶馬具의 硏究」, 동의대학교대학원 박사학위논문.

柳昌煥, 2013, 「三燕·高句麗 馬具와 三國時代 馬具」, 『한일교섭의 고고학-고분시 대-』제1회 공동 연구회, 「한일교섭의 고고학-고분시대-」연구회.

木下亘, 2003, 「韓半島 出土 須惠器(系)土器에 대하여」, 『百濟硏究』第37輯, 忠南 大學校百濟硏究所.

木下亘, 2011, 「百濟와日本의文物交流」, 『백제 사람들, 서울 역사를 열다』2011년 도 국제학술회 의, 한성백제박물관.

박순발, 1993, 「한강유역의 청동기, 초기철기문화」, 『한강유역사』, 민음사.

박순발, 1993, 「우리나라 초기철기문화의 전개과정에 대한 약간의 고찰」, 『고고미 술사론』3.

朴淳發, 1997,「漢江流域의 基層文化와 百濟의 成長過程」,『韓國考古學報』第36輯, 韓國考古學會.

박순발, 1998,『백제 국가의 형성연구』, 서울대학교대학원 박사학위논문.

朴淳發, 1999,「漢城百濟의 對外關係」,『百濟研究』第30輯, 忠南大學校 百濟研究 所.

박순발, 2001,『한성백제의 탄생』, 서경문화사.

朴淳發, 2005,「公州 水村里古墳群 出土 中國瓷器와 交叉年代 問題」,『충청학과 충청문화』4, 忠清南道歷史文化院.

박순발, 2009,「Ⅴ. 유적 종합고찰, 硬質無文土器의 變遷과 江陵 草堂洞遺蹟의 時間的 位 置」,『주요유적 종합보고서Ⅰ 강릉 초당동 유적』, (사)한국문화재조사연구기관협회.

박순발, 2012,「백제, 언제 세웠나-고고학적 측면-」,『백제, 누가 언제 세웠나-백 제의 건국시기와 주체세력』2012'백제사의 쟁점'집중토론 학술회의, 한성백제박물 관.

박진석·강맹산, 1994,『고구려 유적과 유물 연구』, 동북조선민족교육출판사.

白種伍, 2005,「高句麗 기와 研究」, 단국대학교대학원 박사학위논문.

白寧, 2011,「靑瓷鷄頭壺에 대한 초보적 연구(淺析)」,『中國六朝의 陶磁』, 국립공 주박물관·남경시박물관.

山本孝文, 2013,「수촌리 고분군 출토 대금구의 계통」,『수촌리유적의 고고학적 성 과와 의의』공주 수촌리유적 발굴 10주년 기념 국제학술대회, 공주시·충청남도역 사문화원.

成正鏞, 2000,「中西部 馬韓地域의 百濟領域化過程 研究」, 서울대학교 대학원 박 사학위논문.

成正鏞, 2003,「百濟와 中國의 貿易陶磁」,『百濟研究』38집, 忠南大學校 百濟研 究所.

成正鏞, 2010,「백제 관련 연대결정자료와 연대관」,『호서고고학』第22輯, 湖西考 古學會.

成正鏞·權度希·諫早直人, 2009,「淸州 鳳鳴洞遺蹟 出土 馬具의 製作技術 檢討」,『湖西考古 學』20, 호서고고학회.

손영종, 2001,『광개토왕릉비문 연구』북한의 우리 역사 연구 알기3, 사회과학원.

손영종, 2006,『조선단대사(고구려사1)』, 과학백과사전종합출판사.

孫長初, 2013,「수촌리출토 중국제 도자기 연구」,『수촌리유적의 고고학적 성과와 의의』공주 수촌리유적 발굴 10주년 기념 국제학술대회, 공주시·충청남도역사문화 원.

宋桂鉉, 2005, 「桓仁과 集安의 고구려 갑주」, 『北方史論叢』3호, 高句麗研究財團.

申敬澈, 1992, 「金海 禮安里160號墳에 대하여」, 『伽耶考古學論叢』1.

申敬澈, 1994, 「加耶 初期馬具에 대하여」, 『釜大史學』18.

申敬澈, 1998, 「嶺南의 資料에서 본 前期馬韓土器의 問題」, 『馬韓史研究』百濟研 究叢書 第6輯, 충남대학교출판부.

申敬澈, 2000, 「金官加耶土器의 編年」, 『伽耶考古學論叢』3, 駕洛國史蹟開發研究 院.

申敬澈, 2009, 「韓國考古資料로 본 日本 古墳時代 연대론의 문제점」, 『한일 삼국· 고분시대의 연대관(Ⅲ)』, 歷博國際研究集會, 日本國 人間文化研究機構 國立歷史民 俗博物館·大韓民國 國立釜山大學校博物館.

申敬澈, 2012, 「陶質土器의 발생과 확산」, 『考古廣場』第11號, 釜山考古學研究會.

申敬澈, 2013, 「大成洞88,91號墳의 무렵과 의의」, 『考古廣場』第13號, 釜山考古學 研究會.

신종국, 2002, 「백제토기 형성과 변천과정에 대한 연구」, 성균관대학교 석사학위논 문.

심재용, 2013, 「中國系遺物로 본 金官加耶와 中國 東北地方」, 『中國 東北地域과 韓半島 南部의 交流』第22回 嶺南考古學會 學術發表會, 嶺南考古學會.

沈載龍, 2013, 「金海市 大成洞88號墳과 91號墳의 性格」, 『한일교섭의 고고학-고 분시대-』제1회 공동연구회, [한일교섭의 고고학-고분시대-]연구회.

王志高, 2012, 「風納土城의 세 가지 문제에 대한 試論」, 『동북아시아 속의 풍납토 성』(제12회한성 백제문화제 국제학술회의 발표논문집), 百濟學會.

禹炳喆, 2005, 「영남지방3~6세기 철촉의 지역성 연구」, 경북대학교 대학원 석사학 위논문.

魏楊菁, 2011, 「六朝靑瓷의 特徵에 대하여」, 『中國六朝의 陶磁』, 국립공주박물관· 남경시박물관.

윤세영, 1974, 「可樂洞 百濟古墳 第一, 二號墳 發掘調査 略報」, 『考古學』第三輯, 韓國考古學會.

禹枝南, 2005, 「Ⅲ. 考察. 晋州 武村 遺蹟 出土 陶質土器의 檢討」, 『晋州 武村Ⅳ』, 慶南考古學研究 所.

柳本照男, 2012, 「漢城百濟期 編年 小考」, 『百濟研究』第55輯, 忠南大學校百濟研 究所.

李尙律, 2001, 「天安 斗井洞, 龍院里古墳群의 馬具」, 『韓國考古學報』45, 韓國考古 學會.

李尚律, 2007,「삼국시대 호등의 출현과 전개」,『한국고고학보』제65집, 한국고고학 회.

李盛周, 2011,「漢城百濟 形成期 土器遺物群의 變遷과 生産體系의 變動」,『韓國 上古史學報』第71 號, 韓國上古史學會.

李盛周, 2011,「南韓의 原三國 土器」,『慶北大學校 考古人類學科 30周年 記念 考 古學論叢』, 考古 學論叢刊行委員會編.

이재현, 1995,「Ⅴ. 考察」,『利川 孝養山遺蹟 발굴조사 보고서』, 湖巖美術館.

李廷仁, 2011,「魏晋時代 靑瓷羊形器 硏究」,『中國六朝의 陶磁』, 국립공주박물관·남경시박물관.

이창엽, 2007,「中西部地域 百濟漢城期 木棺墓 變化」,『先史와 古代』27.

李昶燁, 2011,「천안 청당동분묘군의 재검토」,『韓國上古史學報』第73號, 韓國上古 史學會.

李澤求, 2008,「한반도 중서부지역 馬韓 墳丘墓」,『한국고고학보』제66집, 한국고 고학회.

李漢祥, 2009,『裝身具 賜與體系로 본 百濟의 地方支配』, 서경문화사.

李賢惠, 2013,「百濟 古爾王代 聯盟王國說 檢討」,『百濟硏究』第58輯.

李勳, 2004,「墓制를 통해 본 水村里遺蹟의 年代와 性格」,『百濟史硏究活性化方 案』, 百濟文化開 發硏究院.

이훈, 2010,「금동관을 통해 본 4~5세기 백제의 지방통치」, 공주대학교대학원 박 사학위논문.

이훈, 2012,「금동관을 통해 본 백제 지방통치와 대외교류」,『百濟硏究』第55輯,忠南大學校百濟硏 究所.

이훈, 2013,「수촌리 고분군 발굴조사 성과와 의의」,『수촌리유적의 고고학적 성과 와 의의』공주 수촌리유적 발굴 10주년 기념 국제학술대회, 공주시·충청남도역사 문화원.

李熙濬, 2006,「太王陵의 墓主는 누구인가?」,『한국고고학보』59, 한국고고학회.

임기환, 2009,「고구려의 장지명 왕호와 왕릉 비정」,『고구려 왕릉 연구』, 동북아 역사재단.

林永珍, 1993,「百濟初期 漢城時代 古墳에 관한 硏究」,『한국고고학보』제30집, 한 국고고학회.

임영진, 2012,「中國 六朝磁器의 百濟 導入背景」,『한국고고학보』제83집, 한국고 고학회.

田立坤, 2001,「袁臺子壁畵墓의 再認識」,『서울大學校博物館 年報』13.

田中淸美, 2007,「연륜 연대법으로 본 초기 須惠器의 연대관」,『한일 삼국·고분시 대의 연대관

(Ⅱ)』, 부산대학교박물관·국립역사민속박물관 제2회 국제학술회의.

井上主稅, 2006, 『영남지방 출토 왜계유물로 본 한일교섭』, 경북대학교대학원 박 사학위논문.

정인성, 2014, 「낙랑·대방과 마한 제국(諸國) 내 백제와의 관계를 보여주는 고고자 료 검토」, 『백 제의 성장과 중국』'쟁점 백제사'집중토론 학술회의의 Ⅴ, 한성백제박물 관.

정재윤, 2011, 「백제의 웅진도읍기 연구현황과 과제」, 『百濟文化』제44집, 공주대학 교 백제문화 연구소.

정주희, 2011, 「고찰. 2) 4세기대 판상철부형 철정·철정의 지역성」, 『東萊福泉洞古墳群-第5 次發 掘調査38號墳』.

趙由典, 1991, 「宋山里 方壇階段形무덤에 대하여」, 『百濟文化』第21輯, 公州大學校 附設 百濟文化 研究所.

崔夢龍, 1989, 「漢城時代 百濟의 領域과 文化」, 『韓國考古學報』第22輯, 韓國考古學會.

최종택, 1995, 「漢江流域 高句麗土器 研究」, 『韓國考古學報』第33輯, 韓國考古學會.

土田純子, 2004, 「百濟 有蓋三足器의 編年 研究」, 『한국고고학보』제52집, 한국고 고학회.

土田純子, 2012, 「百濟遺蹟 出土 中國 瓷器에 대한 傳世論 檢討」, 『한국고고학보』 제82집, 한국고 고학회.

土田純子, 2013, 『百濟土器 編年 研究』, 충남대학교 대학원 박사학위논문.

한지선, 2013, 「漢城百濟期 聚落과 土器遺物群의 變遷樣相」, 『중앙고고연구』12, 中央文化財研究院.

한지수, 2010, 「百濟 風納土城 출토 施釉陶器 연구-경당지구 196호 유구 출토품 과 중국 자료와 의 비교를 중심으로-」, 『百濟研究』51집, 충남대학교 백제연구소.

한지수, 2011, 「백제 유적 출토 중국제 施釉陶器 연구」, 『中國六朝의 陶磁』, 국립공 주박물관·남 경시박물관.

현남주·권윤경, 2011, 「중서부지역 출토 마형대구의 검토」, 『선사와 고대』35, 한국 고대학회.

洪潛植, 2006, 「加耶·新羅土器, 須惠器의 並行關係」, 『한일 고분시대의 연대관』歷 博國際研究集 會, 國立歷史民俗博物館·韓國 國立釜山大學校博物館.

(중문)

姜林海·張九文, 2000, 「南京象山8號, 9號, 10號墓淸理簡報」, 『文物』第7期, 文物出 版社.

江西省文物工作隊, 1987, 「江西靖江虎山西晉,南朝墓」, 『考古』第6期, 科學出版社.

江西省博物館考古隊, 1962, 「江西淸江南朝墓」, 『考古』第4期, 科學出版社.

江蘇省文物管理委員會, 1966, 「南京象坊村發現東晉墓和唐墓」, 『考古』第5期, 科學 出版社.

耿鐵華, 2006, 「集安新出土文字瓦當及釋讀」, 『北方文物』第4期.

耿鐵華·尹國有, 2001, 『高句麗瓦當硏究』, 吉林人民出版社.

顧蘇寧, 1991, 「南京邁皐橋小營村發現東晉墓」, 『考古』第6期, 科學出版社.

古運泉, 1990, 「廣東新興縣南朝墓」, 『文物』第8期, 文物出版社.

贛州市博物館, 1984, 「江西贛縣南齊墓」, 『考古』第4期, 科學出版社.

贛州地區博物館·贛縣博物館, 1990, 「江西贛縣南朝末墓」, 『考古』第11期, 科學出版 社.

孔祥星·劉一曼, 2003, 『中國古代銅鏡』.

官維良, 2006, 『中國銅鏡史』, 重慶出版社.

廣東省文物管理委員會, 1964, 「廣東佛山市郊瀾石東漢墓發掘報告」, 『考古』第9期.

廣東省博物館·汕頭地區文化局·揭陽縣博物館, 1984, 「廣東揭陽東晉, 南朝, 唐墓發 掘簡報」, 『考 古』第10期, 科學出版社.

廣西將族自治區文物工作隊, 1984, 「廣西融安安寧南朝墓發掘簡報」, 『考古』第7期, 科學出版社.

廣西壯族自治區文物工作隊·鐘山縣博物館, 1998, 「廣西鐘山張屋東漢墓」, 『考古』第 11期.

衢縣文化館, 1974, 「浙江衢縣絍路村西晉墓」, 『考古』第6期, 科學出版社.

吉林省文物考古硏究所, 1987, 『楡樹老河深』, 文物出版社.

吉林省文物考古硏究所·集安市博物館, 2004, 『集安高句麗王陵』, 文物出版社.

吉林省文物考古硏究所·集安市博物館, 2005, 「洞溝古墓群禹山墓區JYM3319號墓發 掘報告」, 『東 北史地』第6期.

吉林集安縣文管所, 1982, 「集安萬寶汀墓區242號古墓淸理簡報」, 『考古與文物』第6 期.

洛陽博物館, 2007, 「洛陽東漢光和二年墓發掘簡報」, 『洛陽考古集成 秦漢魏晉南北 朝 卷下』.

洛陽市文物工作隊, 2007, 「洛陽李屯東漢元嘉二年墓發掘簡報」, 『洛陽考古集成 秦 漢魏晉南北朝 卷下』.

洛陽市文物第二工作隊, 2007, 「洛陽市南昌路東漢墓發掘簡報」, 『洛陽考古集成 秦 漢魏晉南北朝 卷下』.

洛陽市第二文物工作隊, 2007, 「嵩縣果酒廠晉墓發掘簡報」, 『洛陽考古集成 秦漢魏 晉南北朝 卷下』.

南京博物館·南京市文物保管委員會, 1976, 「南京栖霞山甘家巷六朝墓群」, 『考古』第 5期, 科學出版社.

南京博物館·雨花區文化院, 1998, 「南京南郊六朝謝溫墓」, 『文物』第5期, 文物出版社.

南京博物館·雨花區文化院, 2000, 「南京司家山東晉, 南朝謝氏家族墓」, 『文物』第7期, 文物出版社.

南京市文物保管委員會, 1966, 「南京邁皐橋西晉墓淸理」, 『考古』第4期, 科學出版社.

南京市博物館, 1972, 「南京象山 5號, 6號, 7號墓 淸理簡報」, 『文物』第11期, 文物 出版社.

南京市博物館, 1981, 「南京北郊郭家山東晉墓葬發掘簡報」, 『文物』第12期, 文物出 版社.

南京市博物館, 1990, 「南京幕府山東晉墓」, 『文物』第8期, 文物出版社.

南京市博物館, 1998, 「江蘇南京市北郊郭家山東吳紀年墓」, 『考古』第8期, 科學出版 社.

南京市博物館, 2000, 「南京呂家山東晉李氏家族墓」, 『文物』第7期, 文物出版社.

南京市博物館, 2004, 『六朝風采』, 文物出版社.

南京市博物館·南京市雨花台區文管會, 1998, 「江蘇南京市花神廟南朝墓發掘簡報」, 『考古』第8期, 科學出版社.

南京市博物館·南京市玄武區文化局, 1998, 「江蘇南京市富貴山六朝墓地發掘簡報」, 『考古』第8期, 科學出版社.

代尊德, 1981, 「太原北魏辛祥墓」, 『考古學集刊』4, 中國社會科學出版社.

陶正剛, 1975, 「山西祁縣白圭北齊韓裔墓」, 『文物』第4期, 文物出版社.

藤現文化局·藤現文物管理所, 1991, 「廣西藤縣跑馬坪發現南朝墓」, 『考古』第6期, 科 學出版社.

馬鞍山市文物管理所安·馬鞍山市博物館, 1993, 「徽馬鞍山桃沖村三座晋墓淸理簡報 」, 『文物』第11期, 文物出版社.

萬良田·萬德强, 1993, 「江西豊城龍霧洲瓷窯調査」, 『考古』第10期, 科學出版社.

綿陽博物館, 1990, 「四川綿陽西山六朝崖墓」 『考古』第11期, 科學出版社.

潘知山, 1993, 「浙江瑞安梁天監九年墓」 『文物』第11期, 文物出版社.

福建省博物館·政和縣文化館, 1986, 「福建政和松源,新口南朝墓」 『文物』第5期, 文物出版社.

山東省文物考古研究所, 1999, 『考古學報』第1期.

山西省考古研究所·太原市文物管理委員會, 1990, 「太原南郊北齊壁畵墓」 『文物』第 12期, 文物出版社.

山西省古古研究所·呂梁地區文物工作室山·离石縣文物管理所, 1992, 「山西省离石馬 茂庄東漢畵像石墓」 『文物』第4期.

胥浦六朝墓發掘隊, 1988, 「楊洲胥浦六朝墓」 『考古學報』第2期, 科學出版社.

孫仁杰·迟勇·張雪岩, 1993, 「集安洞溝古墓群禹山墓區集錫公路墓葬發掘」 『高句麗 研究文集』, 延邊大學出版社.

楊作龍·毛陽光 主編, 2007, 「漢代墓葬」 『洛陽考古集成 秦漢魏晋南北朝 卷上』.

深圳博物館, 1990, 「廣東深圳宝安南朝墓發掘簡報」 『文物』第11期, 文物出版社.

偃師商城博物館, 1993, 「河南偃師兩座北魏墓發掘簡報」 『考古』第5期, 科學出版社.

黎瑤勃, 1973, 「遼寧北票西官營子北燕馮素弗墓」 『考古』第3期, 科學出版社.

葉定一, 1996, 「江蘇泰州出土一組南朝靑瓷器」 『文物』第11期, 文物出版社.

阮國林·李毅, 2000, 「南京司家山東晉,南朝謝氏家族墓」 『文物』第7期, 文物出版社.

王軼凌, 2008, 「浙江省博物館藏六朝黑釉瓷标本」 『東方博物』第26輯, 浙江大學出 版社.

遼寧省文物考古研究所·朝陽市博物館, 1997, 「朝陽十二·臺鄕磚廠88M1發掘簡報」 『 文物』第11期, 文物出版社.

遼寧省文物考古研究所·朝陽市博物館·北票市文物管理所, 2004, 「遼寧北票喇嘛洞墓 地1998年發掘報告」 『考古學報』第2期, 考古雜誌社.

遼寧省文物隊·朝陽地區博物館文物隊·朝陽縣文化館, 1984, 「朝陽袁臺子東晉壁畵墓 」 『文物』第6期, 文物出版社.

魏正瑾·易家胜, 1983, 「南京出土六朝靑瓷分期探討」 『考古』第4期, 科學出版社.

魏存成, 1994,『高句麗考古』, 吉林大學出版社.

李京華, 1976,「澠池縣發現的古代窖藏鐵器」『文物』第8期.

李桃元·徐勁松, 1996,「湖北鄂州市塘角頭六朝墓」『考古』第11期, 科學出版社.

李展福 1981,「集安高句麗墓研究」『考古學報』第4期, 科學出版社.

李展福 1984,「集安卷雲紋銘文瓦當考辨」『社會科學戰線』第4期.

林至德·耿鐵華, 1985,「集安出土的高句麗瓦當及其年代」『考古』第7期.

林忠干·林存琪·陳子文, 1990,「福建六朝隋唐墓葬的分期問題」『考古』第2期, 科學 出版社.

田立坤, 1991,「三燕文化存在的初步研究」『遼海文物學刊』第1期.

田立坤, 2002,「袁臺子壁畫墓的再認識」『文物』第9期, 文物出版社.

傳亦民, 2003,「浙江奉化市晋紀年墓的清理」『考古』第2期, 科學出版社.

浙江省文物管理委員會, 1958,「浙江省秀嶺水庫古墓發掘報告」『考古學報』第1期, 科學出版社.

浙江省文物管理委員會, 1961,「杭州晋興寧二年墓發掘簡報」『考古』第7期, 科學出 版社.

浙江省博物館, 2000,『浙江紀年瓷』, 文物出版社.

程亦胜, 1995,「浙江安吉天子崗漢晋墓」『文物』第6期, 文物出版社.

朱蘭霞, 1983,「南京北郊東晋墓發掘簡報」『考古』第4期, 科學出版社.

中國社會科學院考古研究所洛陽漢魏城隊·洛陽古墓博物館, 1994,「北魏宣武帝景陵 發掘簡報」,
　　　『考古』第9期, 科學出版社.

中國社會科學院考古研究所安陽工作隊, 1983,「安陽孝民屯晋墓發掘報告」『考古』第6期, 科學出
　　　版社.

中國社會科學院考古研究所河南第二工作隊, 1985,「河南偃師杏園村的兩座魏晋墓」『考古』第8期.

曾凡, 1994,「關于福建六朝墓的一些問題」『考古』第5期, 科學出版社.

鎮江博物館, 1984,「鎮江東吳西晋墓」『考古』第6期, 科學出版社.

鎮江博物館, 1986,「鎮江市東晋晋陵羅城的調査和試掘」『考古』第5期, 科學出版社.

鎮江博物館, 1988,「江蘇鎮江諫壁磚瓦廠東晋墓」『考古』第7期, 科學出版社.

陳大爲·李宇峯, 1982,「遼寧朝陽後燕崔遹墓的發現」『考古』第3期, 科學出版社.

陳定榮·許智范, 1984, 「南昌市區淸理一座東晋墓」, 『考古』第4期.

集安縣文物保管所, 1979, 「集安縣兩座高句麗積石墓的淸理」, 『考古』第1期.

湯蘇嬰, 2000, 「浙江出土紀年瓷槪述」, 『浙江紀年瓷』, 文物出版社.

馮先銘, 1959, 「略談魏晋至五代瓷器的裝飾特征」, 『文物』第6期, 文物出版社.

馮先銘, 1960, 「瓷器淺說(續)」, 『文物』第4期, 文物出版社.

馮普仁·錢宗奎, 1985, 「无錫赤墩里東晋墓」, 『考古』第11期, 科學出版社.

河南省文化局文物工作隊, 1966, 「河南新安古路溝漢墓」, 『考古』第3期.

湖南省博物館, 1984, 「湖南資興東漢墓」, 『考古學報』第1期.

河北省文化局文物工作隊, 1964, 『考古學報』第2期.

何志國, 1992, 「四川六朝瓷器初論」, 『考古』第7期, 科學出版社.

郝明華, 1987, 「江蘇吳縣何山東晋墓」, 『考古』第3期, 科學出版社.

湖南省博物館, 1984, 「湖南資興晋南朝墓」, 『考古學報』第3期, 科學出版社.

湖北省博物館, 1966, 「湖北漢陽蔡甸一號墓淸理」, 『考古』第4期, 科學出版社.

華國榮, 1998, 「南京南郊六朝謝琰墓」, 『文物』第5期, 文物出版社.

華國榮·張九文, 1998, 「南京南郊六朝謝溫墓」, 『文物』第5期, 文物出版社.

黃道華, 1990, 「湖北枝江縣拽車廟東晋永和元年墓」, 『考古』第12期, 科學出版社.

黃立水, 1993, 「垓下遺址出土一批漢代鐵器」, 『考古』第1期.

湖南省博物館, 1984, 「湖南資興東漢墓」, 『考古學報』第1期.

淮南市博物館, 1994, 「安徽淮南發現南朝墓」, 『考古』第3期, 科學出版社.

(일문)

岡內三眞, 1996, 「雙鳳八爵文鏡」, 『東北アヅアの考古學 第二[權域]』, 깊은샘.

江上波夫, 1976, 「考古學はどんな學問か」, 『考古學ゼミナール』山川出版社.

高倉洋彰, 1994, 「漢鏡と東アジア世界」, 『倭人と鏡』, (第35回 埋藏文化財硏究會別册), 埋藏文化
　　　財硏究會.

谷豊信, 1996,「漢三國兩晋南北朝紀年塼の分布と銘文」『東北アヅアの考古學 第 二樻域』,깊은샘.

龜田修一, 2005,「百濟の考古學と倭」『古代を考える 日本と朝鮮』,吉川弘文館.

近藤義郎, 1993,『前方後圓墳の時代』,岩波書店.

金武重, 2013,「百濟漢城期横穴式石室墳の構造と埋葬方法」『古文化談叢』第69集, 九州古文化研
　　　究會.

都出比呂志, 1989,『日本農耕社會の成立過程』,岩波書店.

東京大學文學部 考古學研究室, 1985,『增補 大谷古墳』,同朋舍出版.

東潮, 1997,『高句麗考古學研究』,吉川弘文館.

柳田康雄, 1987,「2 九州地方の彌生土器- 2. 高三瀦式と西新式土器」『彌生文化 の研究4 彌生土
　　　器Ⅱ』,雄山閣.

武末純一, 2004,「第2章 彌生時代の年代」『考古學と實年代』,ミネルヴァ書房.

北條芳隆, 1999,「讃岐型前方後圓墳の提唱」『國家形成期の考古學』大阪大學考古 學研究室10周
　　　年記念論集, 眞陽社.

寺井 誠, 2008,「中繼地の形成」『九州と東アジアの考古學』,九州大學校考古學研 究室50周年記
　　　念論文集.

山尾幸久, 1989,『古代の日朝關係』,塙選書.

小田富士雄, 1996,「九州地方の3世紀後半~4世紀の土師器」『日本土器事典』,雄山閣.

(財)市原市文化財センター·市原市教育委員會, 1988,『「王賜」銘鐵劍 概報-千葉縣市 原市稲荷台
　　　一號墳出土』,吉川弘文館.

野守健·榧本龜次郎·神田惣藏, 1930,「平安南道大同郡大同江面梧野里古墳調査報告 」『昭和五年
　　　度古蹟調査報告』第一册, 朝鮮總督府.

田辺昭三, 1966,『陶邑古窯址群Ⅰ』, 平安學園.

田辺昭三, 1981,『須惠器大成』,角川書店.

田中由理, 2004,「f字形鏡板付轡の規格性とその背景」『考古學研究』第51卷 第2號.

田中由理, 2005,「劍菱形杏葉と6世紀前葉の馬具生産」『待兼山考古學論集』,大阪 大學考古學研

究室.

鄭仁盛, 2002,「樂浪土城の靑銅器」『東京大學考古學硏究室硏究紀要』第17號, 東京大學考古學硏究室.

- 佐々木憲一, 1999,「日本考古學における古代國家論」『國家形成期の考古學』大阪大學考古學硏究室10周年記念論集, 眞陽社.

村上恭通, 2007,『古代國家成立過程と鐵器生産』, 靑木書店.

土屋隆史, 2011,「古墳時代における胡籙金具の變遷とその特質」『古文化談叢』第66集, 九州古文化研究會.

土屋隆史, 2012,「日本における胡籙金具の展開」『考古學研究』第59卷 第1号.

樋口隆康, 1980,『古鏡』, 新潮社.